中国跨年度预算平衡管理机制研究

Research on China's Multi-year Budget Balance Management Mechanism

黄 鹏◎著

企业管理出版社
ENTERPRISE MANAGEMENT PUBLISHING HOUSE

图书在版编目（CIP）数据

中国跨年度预算平衡管理机制研究 / 黄鹏著 . —北京：企业管理出版社，2023.9

ISBN 978-7-5164-2891-7

Ⅰ . ①中… Ⅱ . ①黄… Ⅲ . ①预算管理－研究－中国 Ⅳ . ① F812.3

中国国家版本馆 CIP 数据核字（2023）第 175877 号

书　　名：中国跨年度预算平衡管理机制研究
书　　号：ISBN 978-7-5164-2891-7
作　　者：黄　鹏
策　　划：杨慧芳
责任编辑：杨慧芳
出版发行：企业管理出版社
经　　销：新华书店
地　　址：北京市海淀区紫竹院南路 17 号　　**邮编**：100048
网　　址：http://www.emph.cn　　**电子信箱**：314819720@qq.com
电　　话：编辑部（010）68420309　　发行部（010）68701816
印　　刷：北京亿友创新科技发展有限公司
版　　次：2023 年 9 月第 1 版
印　　次：2023 年 9 月第 1 次印刷
开　　本：710mm × 1000mm　　1/16
印　　张：16.25 印张
字　　数：224 千字
定　　价：78.00 元

前　言

改革开放40多年，中国经济总体保持了高速增长。同时，财政体系基本与经济的高增速相适应，培育出了稳定的财政收入汲取体系。财政收入稳步增长维系财政支出的持续扩张。在经济高速增长的黄金时代，中国有效地应对了国家治理上的多次挑战。然而，中国财政的转折点已经到来，财政富裕的黄金时代渐渐逝去，收支缺口逐渐扩大。并且，在经济的中低速增长成为常态后，财政收支吞吐固化为一种支出刚性，演化成形，难以回缩。正如中国古语所言，“由俭入奢易，由奢入俭难”！

如何实现预算的中长期平衡，成为新时期考验国家社会治理的一个重要命题。跨年度预算平衡管理是我国预算改革的主要方向，同时，它也是一个复杂而系统的工程，有必要对其内在机理、要素构成、制度运行条件作仔细研究。中国有着不同于世界其他国家的国情条件，这意味着不可照搬他国经验，“衣有款型”，尚需“量体裁衣”，即便是借鉴他国的优秀制度，也仍需考察本国国情。在某种程度上，本研究是在就跨年度预算之“衣”，“量”中国国情之“体”。而这一“体”便是中国庞大的经济总量、政治体制、历史文化、财政体制、人口结构、地区差异等因素。基于这样的思考线索，本书的内容安排如下。

第1章是绪论。首先阐述本书的研究背景和研究意义。在此基础上，选择与本研究相关的若干主题作文献综述，学习和借鉴国内外学界的研究成果。继而概括本书的研究内容及框架，最后总结本书使用的研究方法，以及创新点和研究不足。

第 2 章阐释了跨年度预算平衡管理的相关理论。首先从预算的定义与职能出发，重新检视并回答了“预算是什么？预算要干什么？”的问题，并基于当代预算的主要特征提出，现代意义的预算是政府治理社会的工具，同时也是社会监督政府的途径，而“预算平衡”则是社会处于“良治”的重要标志。进而，对预算平衡加以探析，认为现代预算平衡可以从 3 个维度加以刻画：“政府与市场的平衡”“中央与地方的平衡”“在某一时间跨期上的平衡”。这三个平衡维度的综合即为“跨年度预算平衡”。预算平衡是一个综合性较强的主题，本研究选择从政府主体、预算行为、制度产权成本 3 个角度作理论铺陈，它们从不同角度与预算平衡产生联系，事实上是从预算管理主体、预算活动特征、预算的制度交易属性这 3 个视角分析了预算运行的结果，有助于我们认识预算平衡，并为建构跨年度预算框架提供有益的见解。

第 3 章构建了跨年度预算平衡一般性框架。这部分内容参考了世界银行的中期预算框架，设计了一个由三大要素组成的跨年度预算平衡管理的一般性框架。基本要素设计主要是对跨年度预算基本形态的设计，勾勒出了跨年度预算平衡的基本原则、改革目标、覆盖范围、架构体系以及滚动模式的基本形态。技术要素设计是对跨年度预算平衡框架在技术上的安排。本研究对技术要素设计主要从以下 5 方面展开介绍：支出管理、收入管理、债务管理、预算的稳定管理与预算预测。组织要素设计是分析制度改革推行的环境下，各行动主体的角色。

第 4 章梳理了中国预算平衡管理进程与平衡态势。这部分内容主要从预算平衡管理的角度截取了中国预算平衡管理历程中的一些重要事件与文本，并试图从中整理出预算平衡管理的阶段性线索。本研究将中国的预算平衡管理划分为 4 个阶段，并对各阶段的重要事件、文本及其意义加以分析梳理。

这部分内容还对我国预算平衡水平分两部分作实证研究。第一部分是对我国财政可持续性的分析。本书使用跨期预算约束模型检验了我国财政的可持续性状态，研究发现我国目前的财政是可持续的。然而，通过动态分析30年、25年、20年以及15年的时间移动跨期发现，我国的财政可持续性在走弱，特别是自2008年以来财政可持续性明显变弱。这或许与多数人的观感不一致，但是，随着经济体量在逐渐增大的同时，经济运行中的不确定性也同样增加，包括最近两次较大的国际金融危机，都可从不同层面解释中国财政的可持续性在走弱的推断。第二部分是对预算余额的分析。本书将我国的预算余额分解为周期性预算余额与结构性预算余额两部分，结合预算余额与我国的经济周期变化，提取出其中的周期性因素与结构性因素。研究发现这两部分因素都对预算余额的形成有明显的影响，而结构性因素的影响更为显著。由于财政收支政策的时滞效应，预算赤字仍可能处于较高的水平。为有效控制预算余额，保持财政可持续，应当注意分析当前财政政策的中远期效果。

此外，这部分内容还总结了整个预算平衡管理的演进规律：一是我国的预算平衡管理改革历程体现出了中央主导下中央与地方上下制衡的特色；二是预算改革从渐进积累转为综合加速，预算平衡管理体系日渐复杂与成熟；三是随着公共财政理念日益深入人心，社会各主体权利意识逐渐生成，预算主体权利观念也日渐形成发展，并促进了预算平衡朝着更多元的层面发展，而非单一的整体性平衡；四是财政风险演化及应对是推动中国迈向跨年度预算平衡管理的重要因素。

第5章是对跨年度预算平衡的国际经验分析。在一般性框架的理论建构下，这部分内容在发达国家、转型与发展中国家中选取介绍了7个国家跨年度预算改革或施行的情况，并提炼出4项经验启示：一是各国应当灵活调整跨年度预算方法，不可生搬硬套；二是重视法律架构的规范性作用，法律在制度变革初期能够有效地约束各方，使各方朝着共同的改革方向前进；三是预算平衡本身是财政稳健与谨慎的表现，因此，在预算预测中要做到准确、审慎；四是跨年度预算平衡是一整套综合、复杂的框架体系，其建成非一日之功，难以毕其功于一役，要接纳跨年度预算平衡管理在方式、方法上的摸索，容许其渐进成长。

第6章基于我国的具体国情，提出了跨年度预算平衡机制具体构建思路。这部分内容从6个方面讨论了我国如何由年度预算迈向跨年度预算。一是从政府职能履行的角度来讨论预算平衡管理，主要从政府与市场的边界、政府的垂直关系两个角度探视其职能履行及其对预算产生的影响，这一环节可视为预算平衡的基础性环节。二是有效地管理财政支出以促进预算平衡，可从支出总额控制、支出结构优化、项目支出规范、或有负债管理以及支出绩效管理5个方面实现支出管理。三是从财政收入方面讨论其与预算平衡相关的若干管理范畴，它们分别是收入规模、收入预算管理、合理统筹利用存量现金、地方主体税种培育等。四是讨论预算稳定性，它构成了对预算平衡最为直接的管理。五是对中国地方政府债务这一紧迫现实提出对策建议，分别从常规管理制度建设、存量债务偿还计划、约束规范增量债务3个方面进行了讨论。六是跨年度预算编制实施，分别从组织内构架、编制流程以及增强预算约束3个方面提出建议。

目 录

第1章 绪论

1.1 研究背景及意义

1.1.1 研究背景

2013年，学者马骏在《国家行政学院学报》发表的文章中指出：过去的30多年，中国经济总体保持了高速的增长，同时，财政体系也基本与经济的高增速相适应，培育出稳定的财政收入汲取体系。财政收入的稳步增长，满足了财政支出的扩张。在经济高速增长的黄金时代下，中国从容而有效地应对一次又一次国家治理上的挑战。中国财政的转折点已经到来[①]。中国古语有言，“由俭入奢易，由奢入俭难”。尽管在由穷变富的过程中，包括政府财政的可持续性、预算的透明性、政府债务规模等预算平衡问题并不突出，经济的高速增长将其抹平了。但是，在经济的中低速增长成为常态后，之前财政的大规模收支吞吐形成了固化的支出结构，演化成为某种不可变的支出刚性。近年来，预算平衡成了新时期国家社会治理的重要命题。无论是政府自身还

① 马骏．中国公共预算面临的最大挑战：财政可持续[J]. 国家行政学院学报，2013（10）：19-30.

是社会都热切关注预算平衡。从表 1-1 可以看出，我国近年来一般公共收支缺口在放大，财政赤字的规模与增速均增长较快，地方债规模也达到较高的水平。

表 1-1　2013—2017 年财政收支平衡数据

年　度	一般公共收入		一般公共支出		财政赤字		地方债规模（亿元）	
	规模（万亿元）	增　速	规模（万亿元）	增　速	规模（万亿元）	增　速	一般债	专项债
2013	12.92	10.20%	14.02	11.30%	1.2	2.00%	3500	0
2014	14.04	8.60%	15.18	8.30%	1.35	2.10%	4000	0
2015	15.23	5.80%	17.59	13.20%	1.62	2.30%	5000	1000
2016	15.96	4.50%	18.78	6.40%	2.18	3.00%	7800	4000
2017	16.86	5.00%	19.49	6.50%	2.38	3.00%	8300	8000

数据来源：根据 2018 年统计局与财政部数据整理得。

预算管理水平在很大程度上反映了国家治理水平，从“税收国家”成功转型为“预算国家”甚至被认为是现代国家的重要标志（王绍光，2009）。分析现代国家建设发展史，可以发现大多数国家都选择以财政改革作为突破口，以谋求国家治理向现代化转型。财政改革千头万绪，而预算改革是其中的纲目，预算改革思路厘清了，则纲举目张。公共预算关乎国家治理，是国家治理的核心。

2013 年 11 月，《中共中央关于全面深化改革若干重大问题的决定》中提出“实施全面规范、公开透明的预算制度，建立起跨年度预算平衡机制”，从而规定了在预算收支管理上，要从单一的年度管理朝着中期预期性管理转变，提高财政政策的动态性、前瞻性以及可持续性，使其更加符合现代财政管理的目标和未来的发展方向。2014 年新修订通过的《预算法》建设性地提出，“各级政府应当建立跨年度预算平衡机制”。同年 10 月，国务院发布《深化预算管理制度改革的决定》，进一步细化了跨年度预算平衡机制。收入端，要在依法征税的基础上，减少征收“过头税”，避免税收压库。支出端，做到“先有预算、后有支出”，实现支出硬约束。财政预算管理上做到“微观放开，宏观控制”。2015年1月，国务院下发了《实行中期财政规划管理的意见》(以下简称《意见》)。党中央、国务院指出，我国财政可持续发展正面临诸多挑战，支出刚性增强与财政收入增速下降矛盾日渐突出，支出结构固化、僵化、短期化特征明显，地方政府性债务风险暗流涌动，各类专项规划与财政规划衔接度不足。对此,《意见》中提出,应编制三年滚动财政规划，分析预测未来三年重大财政收支，以财政规划约束年度预算，提高财政的可持续性。

最近几年，预算管理制度改革一直沿着如何落地实施、细化、优化的路径推进。2020年12月30日，中央审议通过了《关于进一步深化预算管理制度改革的意见》，财政部就此文件出台会同有关部门和地方积极改进预算管理制度、大力推进中期财政规划等一系列重大改革举措，并落地实施。2022年，刘昆部长在《不断提升积极财政政策的效能》一文中提出，应克制地作赤字率安排，赤字主要是出于防范债务风险、增强预算平衡以及财政可持续性的考虑。他在《关于2022年中央和地方预算执行情况与2023年中央和地方预算草案的报告》中进一步提出，要将“五年总体赤字率控制在3%以内，政府负债率控制在50%左右，显著低于其他世界主要经济体，为应对新的困难挑战预留政策空间”。2024年，国务院印发《关于进一步完善国有资本经营预算制度的意见》，要求扩大国有资本经营预算覆盖范围，健全国有独资企业和国有独资公司收益上交机制，优化国有控股、参股企业国有股收益上交机制。这实际上就是以全口径预算思维综合并强化预算的平衡管理。

当前，我国预算管理从原来国家体系的内部制度规范，成为广受社会各方共同关注的热点议题。预算管理制度改革既应是政府与社会实现双向探视的窗口，也当是国家现代化治理的重要支撑。然而，建设预算国家的历史过程是漫长曲折的，法国、英国、美国等预算发达国家的建设正是如此，当代转型与发展中国家的预算制度建设也莫不如此。预算可谓是政治、经济、社会等问题的“交叉神经”，我国正向预算国家转型。我国的预算改革面临着多重挑战，需要较长时间促使我国预算管理走向制度化，嵌入国家治理结构。

1.1.2 研究意义

跨年度预算平衡管理是我国预算改革的大方向，同时，它也是一个极为复杂而系统的工程。我们有必要对其内在机理、要素构成、制度运行条件等作仔细研究。中国有着与世界其他国家都不一样的国情条件，包括政治条件、历史条件、经济条件等。这意味着不可照搬他国经验，对优秀制度的借鉴还需结合本国国情。衣有样本，尚需“量体裁衣”。在某种程度上，本书是在就跨年度预算平衡管理的这件“衣”，量我国的“体”。而这一“体”表现为中国庞大的经济总量、政治体制、历史文化、财政体制、人口结构、地区差异等因素，不顾现实，强行推进制度，只会是“削足适履”。

本研究的意义主要集中体现在以下几点。

一是从理论上增进对预算平衡的认识。预算平衡这个话题永远不会过时，随着时代的变迁，预算平衡总能焕发出新的意蕴，必须对其进行不一样的时代讨论。综观世界各国的财政实践，预算平衡在不同的历史时期，有着不同的概念内涵。对预算平衡的阐释处于动态流变之中，试图将预算平衡理解为一种既定不变的模式，将不可避免地导致僵化的财政实践，带来不利的后果。在日益复杂的国民经济运行体系下，预算平衡早已不再是简单地维持预算收支相抵，而是具有了多维特征。本研究将有助于进一步厘清预算平衡的概念，明晰预算平衡的多维特征。研究中国当前的跨年度预算平衡管理，既是对预算平衡理论贡献中国经验，也是对中国中长期预算平衡管理实践作理论铺垫。

二是立足大国财政格局，探索中国的预算平衡管理之道。改革开放为我国了解、吸收以及借鉴其他国家的治国经验提供了可能 。然而，中国作为一个人口、地理面积以及经济体量上的真正大国，有其自身的制度，这决定了直接套用别国经验都是不现实的，甚至可能是相悖的，也决定了我国的预算管理改革需从大国财政格局出发，探索一条适合自己的道路。事实上，在国际交融日益加深的背景下，认识自身似乎比模仿别人更为重要，但这并不容易。因此，我们需要知道我国的预算平衡管理从哪里来，到哪里去。作为一个大国，中国从来不缺乏自己的实践，实践出真知，实践出理论。因此，笔者对我国预算平衡管理实践历程的梳理，正是一个重要着力点。

三是加强预算制度构建，提升国家治理能力。党的十八届三中全会提出了实现国家治理体系和治理能力现代化的改革总目标，财政被定义为国家治理的基础和重要支柱。在现代财政制度中，预算居于核心地位，预算改革在完善国家治理体系，改进国家筹集、分配和使用资金的方式上起基础性作用。优化跨年度预算平衡机制及其实现形式，将会有效增强我国财政支出的可持续性，确保国家社会发展政策、宏观经济调控政策和对外开放政策的连续性与稳定性，实现国家治理能力的提升。

四是加强财政风险的防控。在现代国家治理中，风险因素可谓数不胜数，政府的各种作为(抑或不作为)都有可能从风险因素演变为现实的危机。然而，风险的类型、风险的演化与作用机制却可能各不相同。因此，需要对风险作更为深入的检视。当代政府存在的合法性基础已经由原来的对国家机器的掌控，逐渐向为政府提供公共服务的能力上转变，主要的风险因素由外向内转移。进而，在某种程度上，可以说政府的合法性在于其财政资源的获取能力与提供公共服务之间的均衡控制能力上，当代政府的风险管理重要任务便集中在对财政风险的管理上。就此，本书对跨年度预算平衡管理机制的研究，特别是对地方政府债务的研究，将有助于加深对财政风险的理解，进而提高财政风险的防控能力。

1.2 国内外相关文献综述

1.2.1 跨年度预算与中期预算的关联

跨年度预算与年度预算相对应，其预算周期跨度超过一年。尽管跨年度预算（Multi-year Budget）这一概念在国际上使用已久，但其更多的是作为中期预算框架下的一个子概念使用，从属于中期预算，中期预算的“中期”跨度超过一年，事实上便构成了多年度预算或跨年度预算。目前，学界还多有使用中期支出框架（MTEFs）等概念①②，这些概念总体上是一回事，预算均基于未来社会经济发展规划，在某一预算总额内分配时间涵盖3~5年的预算资金。实际上，在中期预算框架内也会经常出现“跨年度预算”的字眼。由于我国特殊的国情与语言使用习惯，在新《预算法》（2014）中似乎倾向于使用跨年度预算替代中期预算框架的概念。当前，把跨年度预算与中期预算框架二者放在一起进行比较的研究较少，仅见于邓淑莲（2015）在《跨年度预算平衡机制与中期预算框架是否是一回事》，该文提出跨年度预算与中期预算框架在根本上是两种不同的预算机制，但是该文并没有很好地回答二者的根本不同之所在。

根据国际货币基金组织（IMF）的说明，中期预算框架的关键特征有：一是说明相关财政政策目标；二是预测中期宏观经济和财政态势；三是各部门对预算年度后2~4年的收支进行估计；四是各部门的预算拨款具有硬约束力。在我国，跨年度预算设计主要有三部分法律法规相关内容：一是新《预算法》（2014）；二是《关于深化预算管理制度改革的决定》；三是《关于全面深化改

①《中期预算框架研究中术语体系的构建、发展及其在中国应用中的流变》对整个MTEFs体系的通用术语作了系统讨论（李俊生，2016）。

②《中期支出框架是否降低了宏观经济波动？——基于跨国数据的实证分析》一文提出，中期支出框架可以通过加强预测、政策、规划与预算之间的协调，增强资金结构效度，保障财政政策的落实，实现宏观经济稳定和发展（陈凯，肖鹏，2021）。

革若干重大问题的决定》。新《预算法》(2014)第三十二条规定“各级预算应根据年度经济社会发展目标、国家宏观调控总体要求和跨年度预算平衡的需要，参考上一年预算执行情况、有关支出绩效评价结果和本年度收支预测，按照规定程序征求各方面意见后，进行编制”。在以上规定的基础上，国务院提出“改进预算管理和控制，建立跨年度预算平衡机制”，明确了跨年度预算平衡机制建设思路，使其与中期财政规划、年度预算控制并行，成为预算管理控制的措施之一。2014年10月8日发布的《关于深化预算管理制度改革的决定》(以下简称《决定》)中与跨年度预算相关的规定有：编制三年期滚动财政规划；中期财政规划与发展规划、宏观调控政策衔接；强化财政规划对现有年度预算的约束；编制部门的三年滚动规划，健全项目预算审核，加强项目库管理。在《决定》要求下，我国各地方政府及部门已经明确编制中期预算的基本方向：以3年为期滚动编制，与国家发展规划相结合，旨在加强各级财政预算管理、降低财政风险、提高公共资源使用效率。

邓力平（2014）提出在跨年度预算平衡机制中，预算由约束性转为预期性，预算的执行结果和年初预期产生差异将可能成为常态，预算审查重点不再是简单的财政收支平衡，而年度预算赤字可能会被突破，这就需要建立新的预算平衡机制。该机制当有以下特征：一是年度超收收入的使用得到规范，原则上不安排当年支出；二是年度预算执行出现超赤字，要建立跨年度弥补机制；三是总赤字规模应设立警戒线，以确保财政的可持续；四是编制财政三年滚动规划，以滚动规划约束年度预算，增强财政前瞻性和可持续性。邱泰如（2014）则考虑了经济周期、总供求平衡、就业与多年期建设项目支出之间的关系，认为跨年度预算平衡是政府在必要时每隔若干年实现一次预算基本平衡。张文春（2015）则认为跨年度预算平衡升级了单一年度的预算平衡，在财政预算编制、执行、依法征税等环节，建立起了具有硬约束力的预算平衡机制，且其能更好地发挥财政宏观调控作用。苏明（2016）认为跨年度预算平衡的本质是实施一系列业务：通过政府的资产、负债、预算权责发生制事项、公共预算超短收调节等跨年度期间性收支业务的统筹协调处理，提高政府财政持续性运作管理能力。马蔡琛和张莉（2016）认为，跨年度预算平衡机制是一种财政政策的相机变化，进行多年期的收支预测并安排收支，使其在动态经济周期内保持大体均衡，而不再过多强调单一年度内的收支平衡。

长期以来，年度预算存在缺乏持续性、前瞻性以及不能与经济周期紧密结合的弊端，使得研究中远期预算问题具有现实意义。中期预算对总量控制和财政纪律的强调，有助于激活预算资源的再分配，实现及早鉴别和确认财政风险（肖文东，2007）。以中期视角、预算预测、政策联结、绩效导向等为特征的中期预算能够改进和弥补年度预算的缺陷（王雍君，2011）。

在国际经验借鉴方面，国内学者分别介绍了俄罗斯（童伟，2008），澳大利亚、美国、英国和非洲九国（王雍君，2011），以及法国、德国、日本（白彦锋，2009）等国家在中期基础预算实施方面的经验和改革情况。在实践方面，中期预算的主要内容是财政政策报告书、中期宏观经济和财政态势预测、支出部门对未来 2~4 年的支出预测，主要特征是导向性而非强制性（王雍君，2008）。另外，中期支出框架细分为中期财政框架、中期预算框架和中期绩效框架这 3 个由低到高的层级，适当的中期框架的层次选择可提高中期预算的可操作性（杨志勇，2014）。

本研究认为，跨年度预算与中期预算的基本诉求与本质内涵高度一致，如强调预算周期的非单一年度、预算安排与经济规划相适应、预算支出受约束等，甚至在中期预算框架内直接使用“跨年度预算”的概念，而且在我国新近发布的预算管理法规文件中也使用了“中期预算”的字眼。因此，可以认为，跨年度预算平衡实际上就是中期预算在中国语境下的新表述，跨年度预算平衡机制就是对中期预算框架更为通俗的表达。虽然，多年来我国学界对中期预算框架的讨论甚多，但是，仍然难以系统地在实践层面加以操作与推广。其主要原因正是以“框架”形式学术表达特色明显，框架所包括的内容条块较多，虽然这一表述较为科学，但学理气息过于浓厚，难以被大众与一线预算执行者从字面理解和接受，存在理论与执行的"隔膜"。另外，由于中期预算框架在众多国家都有施行，但是各自的具体方式又有差异，版本较多，这也造成了对中期预算框架具体模式的理解与选择困难。但是，认真分析各国中期预算框架，不难发现框架具体内容虽有差异，但是更多的还是特征共通，否则就不能统称为中期预算框架了。因此，二者虽有称谓上的不同，但实质内涵是相同的。

综合上述国内外有关中期预算与跨年度预算的具体内容，我国目前使用的跨年度预算机制与国外流行的中期预算框架无明显本质区别。并且，本书主张当前研究不宜将主要精力放在"称谓差异"的辨析上，而应关注"实质相同"，这有利于为跨年度预算平衡管理提供建设性意见。

1.2.2 财政预算管理政治性及其应用

经济分析聚焦于经济资源的稀缺性，较关注投入产出、成本收益等经济效益问题；政治分析着眼于经济资源约束条件下的利益冲突，相应地，其更关心的是各利益主体在成本摊派和收益分享上的行为互动问题。对财政预算体制的研究若不考虑其中的政治因素，将难以全面理解中国政府的预算行为，这就需要对财政及预算体制进行政治分析。财政学因为常用经济学的研究方法，所以通常被视为经济学的分支学科，但财政学常研究诸如财政体制、财政职能等问题，涉及政治领域，因此，财政学实际上属于经济学与政治学的交叉学科。蒋洪（1996）等指出："财政学要研究政府行为对经济的影响，这种影响是政府通过履行财政职能来实现的。"哈维 · S. 罗森（2000）明确提出仅仅进行经济分析是不够的。他认为财政学习惯从经济学的视角对财政政策进行分析和评价，却对其赖以存在的制度体系缺乏系统的研究，而是将其假设为一个既定的事实。实际上，对财政政策进行分析，"并不仅仅以经济分析为依据"，政府进行或不进行某一系列活动，究竟是否合适，必然要部分地依赖于伦理和政治判断①。

① 哈维·S. 罗森 . 财政学 [M]. 平新乔，董勤发，杨月芳，等译 . 北京：中国人民大学出版社，2000.

其中，中央与地方首先是一种重要的政治对应关系，其政治关系自然构成了财政预算研究的重要内容。杨小云（1997）提出，央地关系实质上就是一种社会公共利益的法定分配关系。权力关系及利益关系分别是央地关系的外在表现与内在实质，也是二者关系中最基本、最重要的两个问题①。谢庆奎（2008）认为中央与地方关系建立在一定利益基础上。中央政府代表着国家利益，地方政府则代表着地方利益，二者关系的核心便是中央与地方政府之间的利益均衡问题。自地方政府产生之初，利益关系就构成了央地关系的基础。在政府多层级下，蒋洪（1996）则从政府分工的角度看待政府间关系，他认为“履行财政职能涉及政府分工。而财政职能的分工、分工程度与结构影响到财政的集权与分权”②。基于财政对政府的重要性，林尚立（1998）强调财政是政府政治行动的基础，央地间的财政分配直接决定其各自实现其职权的能力，从而决定其在整个公共事务管理活动中的地位与权威③。周刚志（2005）也认为：“国家（政府）对于财政有较深的依赖性，该依赖性建立在两个事实基础之上：一是人类依赖于物质资料，二是资源的稀缺性④。”

因此，想要搞清楚财政体制中存在的问题，应当从规则与行为方面探讨财政体制中的问题，分析中央与地方关系中机会主义行为的影响因素。正如 W-Brooke Graves（1961）所指出的那样：“良好的政府间活动规则是政府得以良性运行的标志。没有什么比政府间关系（包括垂直关系）更重要。”就这一意义而言，只有把握了中央与地方关系的作用规律，方能以更广阔的视野审视国家事务、社会经济文化事务，把握国家结构的功能及其运行。

周雪光（2005）发现政府官员晋升及考核与以 GDP 的增长为核心的指标联系紧密，而债务余额规模和债务结构等指标未被纳入官员升迁考核体系。官

---

① 杨小云 . 论我国中央与地方关系的改革 [J]. 政治学研究，1997（3）：7.

② 蒋洪 . 财政学教程 [M]. 上海：三联书店，1996.

③ 林尚立 . 国内政府间关系 [M]. 杭州：浙江人民出版社，1998.

④ 周刚志 . 论公共财政与宪政国家——作为财政宪法学的一种理论前言 [M]. 北京：北京大学出版社，2005.

员在任期内可通过实施资源和资本密集型工程展现政绩，以期快速升迁。张庆才（2012）认为预算改革应研究改革的政治动机。目前，已有的研究较少考察实施（或不实施）跨年度预算的真实动机。从应然（Should be）的角度来看，跨年度预算改革理当实施，但是为什么诸多学者疾声呼吁却收效甚微呢？因此，还要从实然（Actual be）的角度探视制度改革的真正动机。在现有财政体制下，公共预算改革的动力来自多个维度，例如科学化决策、支出绩效评价、民主意识、预算透明度、政治控制等。这些动机被行动者赋予了不尽相同的权重，就跨年度预算改革而言，其直接动因可能是某种特定的危机情境。一旦危机情境的迫切性消除，制度创新设计就可能无法持续下去。因此，跨年度预算改革就落在了一个多学科交叉点上，它是一个需多方相互配合的综合性改革，既是经济学中的政治问题，又是政治学中的经济问题。

1.2.3 预算改革职能取向与财政平衡

预算改革的职能取向回答的是一个国家应当建立什么样的财政体制的问题。著名公共预算专家希克（Schick, 1996）提出政府预算有三种职能取向：控制取向、管理取向和规划取向。其中，控制取向致力于削减支出，限制支出机构内部的配置资源；管理取向致力于提高支出机构的管理水平；规划取向则致力于协助机构预测并实施多年的项目计划。Willoughby 和 Thurmaier（2014）则在上述3种取向的基础上增加了政策取向，此时，预算部门的工作焦点由支出变为政策调整，鼓励支出部门内部权衡取舍支出项目，在部门内进行职能分工①。在国内研究中，王绍光（2000）则认为我国经历了由计划经济向市场经济的转型。因此，我国的公共预算改革的主线之一是拓展公共控制，促使政府对公众负责。1999年以来，我国预算改革首先是实施政府内部的集中行政控制，以财政部门作为行政控制的“核心预算机构”，由它对各部门进行预算控制和

① 王金秀．国家预算管理 [M]. 北京：科学出版社，2017.

支出控制；然后是人大对政府预算施加外部控制，促使其履行公共责任；最后是对整个预算实行纵向控制。因此,我国的预算职能表现为控制取向（牛美丽，2012）。马蔡琛（2014）则认为我国政府预算管制过于宽松，立法监督机构对政府的约束很弱,带来了资金浪费与低效率支出。现阶段预算改革仍需坚持“控制取向”为主。王绍光（2007）则提出控制取向和结果（绩效）导向是一枚硬币的正反面，是控制当属预算的基础职能，当控制内化为习惯后，绩效管理才是高效的，风险也才最小。

尽管预算改革的管理职能取向的讨论并不集中于预算的年度跨期，但是对于跨年度预算改革具有启发意义。李慈强（2015）提出跨年度预算平衡机制的功能定位是更好地发挥预算制度的规划、控制和管理作用，从而提升预算绩效。李慈强（2015）认为，年度预算平衡法规的传统作用模式是安排预算程序、分配预算权、构筑预算责任，最终才是维护预算平衡。但是，年度预算平衡法规的缺陷明显，传统年度预算在职能上，不对财政年度之外的事项作预先安排，使得各年度预算在时间上被割裂开来。相较而言，从跨年度预算的预算职能定位来看，预算审核重点从收支平衡转向支出政策调整，收入管理从完成任务目标改为预期调控，从而增强了财政政策的可持续性与前瞻性，实现了预算职能在规划、控制和管理上的三位一体。

1.2.4 跨年度预算改革的前提与挑战

新《预算法》（2014）将跨年度预算平衡作为对预算编制的要求，试图改变原来只注重单一年度的预算平衡,克服年度预算平衡管理的种种不足。然而，跨年度预算改革是一项综合复杂的工程，即便是对“是否需具备跨年度预算改革的先决条件”这样的基本问题的回答也存在分歧：一种观点认为并不需要具备一定先决条件，理由是跨年度预算会自动识别并弥补预算编制实施各环节的缺陷；另一种观点则认为要成功推行跨年度预算,要有一系列的先决条件，否则所有的预算规划努力将化为泡影。

Le Houerou 和 Taliercio（2002）认为，提高预算规划和预算程序的先决条件是良好的公共预算体系基础，也是建设跨年度预算的重要前提。他们二人详细调研了非洲国家跨年度预算实践，发现在非洲实施了形式各异的跨年度预算管理方法，但效果迥异，于是提出预算管理、评价以及执行体系的建设要优先于跨年度预算框架的搭建，只有将预算外资金纳入预算管理体系，才能保证收入和支出信息的真实准确性[①]。

各国都希望能有一个稳定可期的预算，即使是贫穷国家也不例外。但是贫穷国家的预算过程却面临两方面的困难：一是贫穷本身导致其缺少足够的财政资源可以利用，使得即使是基本的财政支出在预算编制中也存在困难；二是变化的外部环境使得其预算经不起不确定事件的影响，他们难以预知下一年会发生什么，这使得他们本不够靠谱的预算变得更不稳定。学者们把失败归因于政治环境、框架设计和人员配置等方面。白彦锋和张静（2011）认为发展中国家在跨年度预算改革中涉及总额限额、预算项目管理、预算绩效评价等诸多环节。

改革路径选择要借助于一定的外部科学知识。因此，张庆才（2012）认为改革面临科学知识“方法论丛林”的挑战，即便改革参与者都追求决策的科学性，也并不缺少沟通意愿。但是，沟通建立在大家一致认同理念设想之上。而理念设想具有先验性和内在主观性。此外，专业知识与外行知识之间，甚至专业知识之间能否协商也存在问题。因此，能否沟通并形成协商共识是预算改革能否取得成功的关键因素，亦可认为其构成了跨年度预算改革的前提或挑战。

预算能力（Capacity to Budget）是实施跨年度预算平衡机制改革的前提。希克（Schick）在1990年率先提出了预算能力的概念，并对预算能力的重要性作了如下描述：“政府治理社会的能力很大程度上取决于其预算能力，同时，缺少预算的约束和规范，巨大的、积极的政府将难以想象。”国内对预算能力

① Houerou L, Taliercio. Medium Term Expenditure Frameworks: from concept to practice-preliminary lessons from Africa[J]. Africa Working Paper Series,2002(28):1-46.

的研究较早见于王绍光等人发布的《中国国家能力报告》（1993），该报告将财政汲取能力作为衡量国家预算能力高低的重要指标。李学军和刘尚希（2007）认为，政府预算能力包括财政资源的汲取、分配、使用过程中的组织及协调管理能力。马骏（2011）基于希克的研究，将预算能力分解为3种理财能力：把开支控制在既定收入限额内，并保持财政可持续的能力；有效为公众提供所需公共产品的能力；有效筹集财政收入的能力。刘再杰（2014）认为我国的现代公共预算制度改革在一定程度上改善了政府的预算能力，但是预算体系内的旧有积弊与改革进程中产生的新问题相互叠加，逐步导致政府预算能力的改善落入了财政总额控制乏力、预算与规划和政策分离的困局。并且，需进一步指出的是，各层级政府、各地方政府的财政规划能力有差异，这种差异导致了中央政府财政措施打折，不能有效地得以施行。各层级政府并不是上级政府在政府职能和规模上的简单降级，其财政规划能力会随着层级下降而衰减，次一级地方政府官员在理解上级政府政策意图时往往会出于主、客观原因而发生较大的偏离。预算能力最终落实到人的要求上便是要有大量的高素质人员队伍（白彦锋，2012）。借助计量经济学的方法，一些学者选择了具有代表性的指标实证来分析地方政府预算能力。例如，王雍君（2000）纵向比较了地方政府财政自给能力，指出地方财政自给能力与财政支出责任的不对称，扭曲了地方政府的财政决策；吴湘玲和邓晓婴（2006）借助预算收入占GDP比值与财政自给率这两个指标，分析了我国地方政府财政能力在地区间的非均衡状态；卢洪友（2009）通过因子分析法并基于省际面板数据比较，检验与评价了我国地方政府的财政能力，发现我国地方政府存在财政能力不一、弱多强少的局面。

1.2.5 预算平衡水平及可持续性研究

预算平衡水平及可持续性一直缺少独立的评价方法，主要还是用财政可持续性作为替代。财政可持续与预算平衡及可持续有着天然的内在关系，因此，现阶段对预算平衡水平及可持续性的研究实际上就是对财政可持续性的研究，而考察财政可持续性的最重要的方法是考察债务状态。Bohn（1998，2005）基于财政反应函数分析债务可持续性，他认为如果财政对债务负担率存在正向反馈，那么，政府债务便是可持续的。在方法上，Bohn 使用的财政反应函数分析方法抛弃了以往根据特定参考值进行判定可持续的方法，同时，也跳出了跨期预算约束框架（IBC），为后来者研究政府债务风险提供了新思路。值得说明的是，跨期预算约束框架的协整检验也是目前分析可持续性的常用方法，即分析财政收入与财政支出间的协整关系（Trehan and Walsh, 1988）或者研究基本财政和政府债务间的协整关系（Haug, 1991；Macdonald, 1992）以判定政府债务的可持续性。但是，基于跨期预算约束框架的协整检验方法忽略了债务利息率明显低于经济增长率的事实，其应用受到质疑。鉴于 Bohn（2007）提出了满足跨期预算约束框架的新条件，降低了财政变量平稳性要求以及财政变量间协整关系的要求，再次推进了债务的可持续性分析。其逻辑在于，如果公共债务能够做出有效的政策反应，那么通过降低财政赤字或者增加财政盈余以降低政府债务负担率，保证政府债务可持续性是可行的。

随后，兴起了基于线性财政反应函数的可持续性研究，但结果表明，财政与债务负担率二者有着一定的非线性关系特征。例如，Abiad 和 Ostry（2005）考察了新兴国家的财政反应函数，发现债务负担率一旦超过 50%，财政对负债的反馈效应将从显著变成微弱；Mendoza 和 Ostry（2008）同时对发达经济体和新兴国家样本作了分析，同样发现，债务负担率超过 50% 后，财政对负债的反应迅速转为微弱。Ostryetal（2010）则对财政与债务负担率的非线性关系特征作了刻画，并提出了财政空间（Fiscal Space）的概念，他指出一个理性的政府应通过财政调整保证政府债务负担率处在一个合理区间内。然而，以增加财政盈余来应对持续上升的政府负债，其调整能力存在上限，政府负债水平一旦超过某一临界值后将会无穷发散，债务将变得不可持续，而这一临界值水平与当前负债水平的差距可定义为财政空间。Ghosh 等（2013）在对欧洲主权债务危机研究中，对 Ostry 等（2010）发现的财政反应非线性特征的成因予以了解释，认为其是“财政疲劳”（Fiscal Fatigue）所致。在模型化的财政行为调整中，存在一个债务自动膨胀上限。超过这个上限，政府将无法再履行偿债义务。然而，线性模型的设定其实忽略了政府财政调整能力这一事实。很快，Ghosh 等（2013）认识到了线性模型这一设定有缺陷，于是借助债务负担率的三次项函数来拟合发达经济体财政反应函数，并成功地描述了其非线性特征，以实证手段证实了“财政疲劳”现象的存在，推进了政府债务风险的可持续性研究。

1.2.6 年度预算的扬弃与跨年度预算的接入

年度预算平衡的管理机制在我国运行多年，地方政府特别是基层地方政府对年度预算平衡理解起来没有困难，执行起来没有太多的挑战，具有比较强的适用性。然而，随着财政收支活动日趋复杂，年度预算平衡与宏观经济政策不协调显现，不少学者开始对年度预算的合理性产生质疑。韩增华（2012）认为按年度编制的政府预算未能对后续年度的财政收支做出提前的安排，年度预算未能与地方政府远期发展规划与政策实现对应，从而导致了财政政策与实际财政支出之间联系松散。年度预算的“短视”导致政府支出承诺与实际支出脱节，年度预算可能将远期大规模支出项目隐藏了起来，归到当年预算的政策活动的后续成本实际上将要延续到未来若干年（Vlaicu, 2014）。马蔡琛（2014）分析了年度预算决策模式与政府行为模式的内在联系，他认为年度预算的传统决策模式助长了短期机会主义，而漠视了财政收支的中长期可持续性。预算决策覆盖期间过短，还将导致预算调整过于频繁。肖文东（2014）对年度预算中财政收支的不确定性颇为不满，他认为年度预算造成了财政收支的波动。刘再杰（2014）认为年度预算下“酒徒行为”不仅极易导致财政资源的浪费，而且其行为违背了“逆周期”的宏观经济干预原则，从而加剧了宏观经济的不稳定性。但是，也有学者认为并不是所有问题都归结于年度预算本身，而认为问题的根源在于预算与政府中长期规划脱节，大量的政府规划未能顾及预算的实际支撑能力，或者预算分配随意。目前，不少国家已经步入老龄化阶段，还有学者从人口结构的视角来考察预算时期选择。老龄化问题将直接使养老金支出激增。遗憾的是，我国当前预算会计尚未能充分考虑代际转移的问题，仅仅是将劳动者的养老金成本作递延处理，这种支出递延将会加大后代人的偿债负担，形成代际不公平（周雪光，2005）。公共选择学派代表布坎南（1976）曾经指出，当代人的集体决策总倾向于将其项目筹资的负担转移到未来数代人身上，且不必经未来者同意。此外，刘骏等（2012）认为由于年度预算未能完整地披露与评估当前财政政策可能引发的未来财政风险，客观上提供了将风险转移给后代人的制度保护机制。

还有不少学者主张不宜完全否定年度预算。杨志勇（2011）认为其实年度预算本身也可以在一定程度上实现与政策的衔接，但是，需配合以中期预算为导向和约束。他还认为跨年度预算与年度预算应当相互补充、相互促进。中期财政规划和年度预算并非替代的关系。中期财政规划有助于扩展年度预算的编制和执行的长远视角，即使是继续采用年度预算的编制形式，其财政收支效率仍能提高。刘再杰（2014）提出实施中期预算框架可以弥补当前年度预算在总量控制上的缺陷，提高资金配置的优先排序考量。事实上，不必放弃年度预算的形式，仍可将其置于中期预算框架下进行准备和编制。李慈强（2015）提出在维持年度预算的完整性与独立性的前提下，可以参考跨年度预算平衡采用的某些运行机制，设计年度间的预算调节制度，跨年度预算不是为了替代年度预算而出现，相反，它强化了年度预算的约束力。由于跨年度预算安排的是超过一年的预算收支，给出了各个年度预算支出的限额，并通过严格地执行预算限额，从而改变了年度预算的控制方式。在我国尚缺少跨年度预算编制经验、宏观经济预算水平有待提高的背景下，董凤磊等（2015）认为为克服实行跨年度预算中的困难，应注重跨年度预算与年度预算相结合，注意新旧制度的衔接。李燕（2013）认为可通过设计具有跨年预算特征的预算稳定调节基金，调节年度预算间“盈亏”平衡，将年度预算逐步推向跨年度预算，以增强预算的可持续性。

本研究得出，在实施跨年度预算平衡管理改革的过程中，不应将跨年度预算与年度预算对立起来。事实上，二者的根本区别不在于是否以平衡为目标，某些平衡障碍也并不是简单拉长预算管理周期就能克服的。与其说跨年度预算是要取代传统的年度预算，不如说是改造年度预算，预算的不平衡需要实施多方面、多环节、多领域改革才可能从根本上加以克服。更合适的说法是，跨年度预算是对年度预算的接入改造，并且，这一接入改造的过程是复杂的，还应对跨年度预算的适用性加以一地一情的分析与调适。

1.3 研究内容及框架

1.3.1 研究内容

新《预算法》（2014）提出了建立跨年度预算平衡机制，成为未来我国的预算体制改革的基础性文本，然而，该文本中对跨年度预算平衡机制的构成、运行仍存在着诸多叙述不够明晰、具体的地方。跨年度预算平衡仍处在摸索改革阶段。事实上，跨年度预算平衡管理在我国甚至在国外（中期预算）仍是一个较新的事物。跨年度预算作为一种先进的预算管理机制，必将成为未来预算管理制度的主流。长期以来，我国一直以年度预算平衡作为预算管理的主要机制，而新《预算法》（2014）的颁布，预示着我国从年度预算平衡管理过渡到跨年度预算平衡管理，并构成了一个正式的议题，这正是本研究的主题。本书具体章节安排如下。

第 1 章是绪论。首先阐述本书的研究背景和研究意义。在此基础上，选择与本研究相关的若干主题作文献综述，学习和借鉴国内外学界的研究成果。继而概括本书的研究内容及框架，最后总结本书使用的研究方法，以及创新点和研究不足。

第 2 章为概念阐释及理论分析。从预算的概念展开到预算平衡，及至预算平衡的 3 个维度，说明了跨年度预算平衡代表着当前对预算平衡理解的最新阶段。跨年度预算平衡机制这一概念，仅在包括我国在内的为数不多的国家提出，明确的以跨年度预算平衡为关键词的基础性研究尚不多见。本章从预算以及预算平衡的概念内涵出发，阐释跨年度预算平衡机制。另外，作为后续章节的理论基础，本章还介绍了与预算平衡具有紧密联系的3个理论——政府理论、预算理论与新制度经济学预算理论。本章最后对缺失系统性的预算平衡理论进行了评论。

第3章从一般意义上讨论了跨年度预算平衡管理的框架机制。通过借鉴世界银行的中期预算框架，本章将跨年度预算平衡管理的框架概括为基本要素设计、技术要素设计以及组织要素设计三大方面。并就这三大方面对跨年度预算平衡管理的若干具体主题加以详细的讨论。

第4章研究了我国预算平衡管理进程与平衡态势。4.1节介绍了我国预算平衡管理进程，并将我国改革开放以来的预算平衡管理划分为4个阶段，截取了这几个阶段的重要事件，并对其意义加以分析梳理。4.2节对我国预算平衡态势进行了分析，分两部分对我国预算管理作了实证研究。第一部分是对我国财政可持续性的分析，使用了跨期预算约束模型检验我国财政的可持续性状态，研究发现我国目前的财政是可持续的。然而，通过动态分析30年、25年、20年以及15年的时间移动跨期发现，我国的财政可持续性在走弱，特别是自2008年以来财政可持续性明显变弱。第二部分是对预算余额的分析，将我国的预算余额分解为周期性预算余额与结构性预算余额两部分，结合预算余额与我国的经济周期变化，提取出其中的周期性因素与结构性因素。研究发现这两部分因素都对预算余额的形成有明显的影响，而结构性因素的影响更为显著。由于财政收支财政的时滞效应，预算赤字仍可能处于较高的水平。为有效控制预算余额，保持财政可持续，应当注意分析财政政策的中远期效果。4.3节讲解了中国预算平衡管理的演进规律。

第5章介绍了跨年度预算的国际经验，可谓是对跨年度预算框架理论的补充。虽然不同国家的跨年度预算框架的基本形态是相近的，但在实际推行中，各国跨年度预算的具体形式各有千秋，并且得到极不相同的实践效果。因此，有必要对不同国家的跨年度预算管理加以介绍。本章分别选取了发达国家、转型与发展中国家这两种类型，共 7 个国家，对跨年度预算平衡管理实践加以分析，并进行经验总结。

第 6 章为跨年度预算平衡机制具体构建。本章从 6 个方面讨论了我国如何由年度预算迈向跨年度预算。6.1 节是从政府职能履行的角度来讨论其与预算平衡管理之间的内在关联，主要从政府与市场的边界、政府的垂直关系两个角度探视其职能履行及其对预算产生的影响，这一环节可视为预算平衡的基础性环节。6.2 节提出有效地管理财政支出可以促进预算平衡，可从支出总额控制、支出结构优化、项目支出规范、或有负债管理以及绩效管理等 5 个方面实现支出管理。6.3 节与支出管理相对应，从财政收入方面讨论其与预算平衡相关的若干主题，它们分别是收入规模、收入预算管理、合理统筹利用存量现金、地方主体税种培育等。6.4 节则讨论的是预算稳定性，它构成了对预算平衡最为直接的管理。6.5 节对我国目前作用于预算平衡的最紧迫的地方政府债务进行了研究，分别从常规管理制度建设、存量债务偿还计划、约束规范增量债务 3 个方面作跨年度预算平衡制度构建。6.6 节讨论的是跨年度预算编制实施，分别从组织内构架、编制流程以及增强预算执行约束力 3 方面提出建议。

1.3.2 研究框架

本文采用了从理论抽象到具体实践的研究路径。第 1 章是绪论。第 2~ 第 3 章是理论抽象部分。其中，第 2 章研究什么是预算、预算平衡、跨年度预算平衡等基本问题，并介绍了与预算平衡相关的理论；第 3 章构建了包括三类要素设计的跨年度预算平衡机制的一般性框架。第 4~ 第 6 章是具体研究部分，即以我国为主体落实跨年度预算平衡机制建设。其中，4.1 节是中国预算平衡管理历史阶段分析，4.2 节是实证分析，4.3 节是中国预算平衡管理演进规律总结；第 5 章介绍了两种类型的国家的跨年度预算管理经验；第 6 章则是在规范研究与实证研究的基础上，搭建中国跨年度预算平衡管理框架。本书的研究框架如图 1–1 所示。

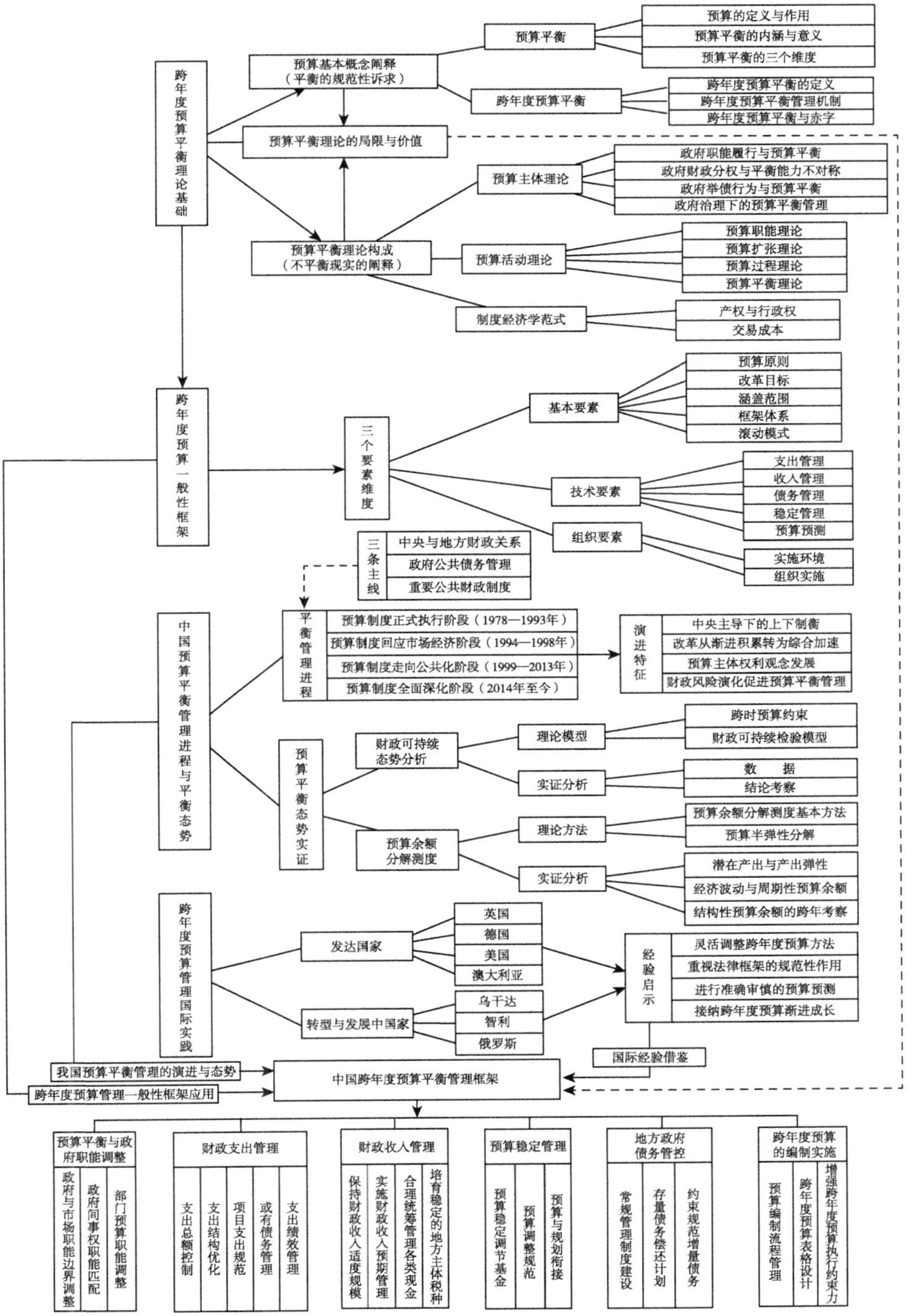
跨年度预算平衡理论基础
预算基本概念阐释（平衡的规范性诉求）
预算平衡
预算的定义与作用
预算平衡的内涵与意义
预算平衡的三个维度
跨年度预算平衡
跨年度预算平衡的定义
跨年度预算平衡管理机制
跨年度预算平衡与赤字
预算平衡理论的局限与价值
预算平衡理论构成（不平衡现实的阐释）
预算主体理论
政府职能履行与预算平衡
政府财政分权与平衡能力不对称
政府举债行为与预算平衡
政府治理下的预算平衡管理
预算活动理论
预算职能理论
预算扩张理论
预算过程理论
预算平衡理论
制度经济学范式
产权与行政权
交易成本
跨年度预算一般性框架
三个要素维度
基本要素
预算原则
改革目标
涵盖范围
框架体系
滚动模式
技术要素
支出管理
收入管理
债务管理
稳定管理
预算预测
组织要素
实施环境
组织实施
三条主线
中央与地方财政关系
政府公共债务管理
重要公共财政制度
中国预算平衡管理进程与平衡态势
平衡管理进程
预算制度正式执行阶段（1978—1993年）
预算制度回应市场经济阶段（1994—1998年）
预算制度走向公共化阶段（1999—2013年）
预算制度全面深化阶段（2014年至今）
演进特征
中央主导下的上下制衡
改革从渐进积累转为综合加速
预算主体权利观念发展
财政风险演化促进预算平衡管理
预算平衡态势实证
财政可持续态势分析
理论模型
跨时预算约束
财政可持续检验模型
实证分析
数 据
结论考察
预算余额分解测度
理论方法
预算余额分解测度基本方法
预算半弹性分解
实证分析
潜在产出与产出弹性
经济波动与周期性预算余额
结构性预算余额的跨年考察
跨年度预算管理国际实践
发达国家
英国
德国
美国
澳大利亚
转型与发展中国家
乌干达
智利
俄罗斯
经验启示
灵活调整跨年度预算方法
重视法律框架的规范性作用
进行准确审慎的预算预测
接纳跨年度预算渐进成长
国际经验借鉴
我国预算平衡管理的演进与态势
跨年度预算管理一般性框架应用
中国跨年度预算平衡管理框架
预算平衡与政府职能调整
政府与市场职能边界调整
政府间事权职能匹配
部门预算职能调整
财政支出管理
支出总额控制
支出结构优化
项目支出规范
或有债务管理
支出绩效管理
财政收入管理
保持财政收入适度规模
实施财政收入预期管理
合理统筹管理各类现金
培育稳定的地方主体税种
预算稳定管理
预算稳定调节基金
预算调整规范
预算与规划衔接
地方政府债务管控
常规管理制度建设
存量债务偿还计划
约束规范增量债务
跨年度预算的编制实施
预算编制流程管理
跨年度预算表格设计
增强跨年度预算执行约束力

图 1-1 研究框架

1.4 研究方法、创新点和研究不足

1.4.1 研究方法

本研究主要采用了以下三种方法。

第一，规范研究与实证研究相结合。本书的规范研究主要体现在第2~第3章。第2章对预算平衡相关的基本概念、内涵进行了深入剖析，并就预算平衡予以了3个维度的阐释；对于预算平衡与政府的活动关系，用政府理论、预算理论以及新制度经济学预算理论进行了分析。第3章则是基于前人研究的规范性建构，提出了跨年度预算平衡的一般性框架，回答了跨年度预算通常应当是怎样的问题。本书的实证研究集中体现在第4~第5章，具有鲜明的直接经验特征，分别回答了中国与国外的预算平衡管理是怎样的问题。其中，第4章不仅从历史演进的角度梳理了中国的预算平衡管理进程，还用计量实证方法研究了我国财政可持续性与预算余额的构成。上述章节中规范研究与实证研究的结合，论证了中国实施跨年度预算的必要性与紧迫性。

第二，纵向历史演进与横向国际比较相结合。纵向历史演进的分析方法，是通过对研究对象的历史资料进行科学的分析，说明其发生、发展过程及其中的因果关系。第4章以纵向视角聚焦于中国改革开放40多年来的预算平衡管理历程，刻画了其预算平衡管理制度的承继关系，以及当前所面临的预算平衡管理挑战。第5章是跨年度预算平衡管理的国际实践分类比较，搜集了国际上其他国家的跨年度预算平衡管理的案例，概括性地分析了这些国家的预算管理改革历程，形成横向比较，整理出其中的宝贵经验。

第三，宏微观分析相结合。本书的宏观分析主要着眼于作为上层建筑的预算制度的整体设计目的及其预算平衡效果，微观分析则着眼于各预算参与主体在预算过程中的活动及其对预算平衡结果的影响，这种研究方法零散地应用于全书的各章节中。

1.4.2 创新点

本书的整体叙述意图是清晰的，即推进跨年度预算平衡管理改革在中国的实施落地。但是，在这一叙述过程中，本书避免了仅在一般意义上讨论跨年度预算平衡管理的积极作用，提供“廉价”的改革建议。更为重要的是，本书在对跨年度预算理论的分析环节、跨年度预算框架的设计环节、中国预算平衡管理的实践环节、国际预算平衡管理的实践环节，以及最后具体到中国的跨年度预算平衡框架建构环节上，都保持了一种相对谨慎的态度，阐述了跨年度预算平衡管理的系统性、综合性及复杂性。实际上，本书不仅阐述了在中国推行跨年度预算平衡管理的紧迫性，亦说明了这一预算改革在推行过程中面临的挑战，并给出了符合中国国情的改革建议。

在一些具体的观点上，本书有以下一些创新之处。

第一，本书将跨年度预算平衡管理改革放在中国当前经济增速放缓、结构调整的新常态的大背景下来认识。特别地，本书认为中国跨年度预算平衡包括 3 个维度：政府与市场的平衡（市场化改革仍需继续）、中央与地方的平衡（分税制改革的进一步深化）以及时间跨期内短期与长期的平衡（拓展预算平衡视野）。在新的时代背景下，预算平衡的各维度之间相互交错、相互影响，单独以某一维度的平衡来概括跨年度预算平衡都可能失之偏颇。

第二，本书认为预算平衡是一种朴素的政府活动直觉，具有其内在价值。牺牲短期的预算平衡虽然可以换来宏观经济的短期增长，但是，这一所谓短期的起止点往往并不清晰，相机性的短期政策很可能趋于长期化，并造成预算的中长期失衡。因此，本书不赞同将预算平衡置于一个从属于宏观经济增长的次要位置，而是认为预算平衡应当具有一定的独立性，换言之，预算平衡应当是经济发展的预设约束条件，平衡预算应当是政府职能之一。同时，本书研究了“体之变”的内在机理，以及实现“体之变”的路径。

第三，本书提出了跨年度预算平衡管理改革的“体用之辩”，以及“用之变”重于“体之变”的观点。预算平衡管理的方法变革、体制变革构成了“体之变”，但改革的目的不是实现“体之变”，而是在于“用之变”。“用之变”中的“用”在于改变以往预算管理短视、粗糙、持续性弱等问题，实现预算的中长期平衡与可持续，并促进预算规划与国民经济、社会总体目标协调一致。在预算平衡管理改革中，只要是有利于预算的中长期平衡及可持续，就应允许预算平衡管理方法的多样性，允许在具体的管理体制上作适当的调整。

第四，基于地方政府债务发行权力与预算平衡管理有着内在对应关系，本书提出我国应先在省级政府系统地推行跨年度预算。目前，我国的省级政府已被赋予了相对独立的债务发行权力，这促使其有义务从多年期视角考虑政府债务的发行、使用、偿还等债务管理问题，引入跨年度预算的平衡管理恰逢其时。此外，省级政府处于较高的层级，专业技术人员配备相对充足，作为较为成熟的预算管理主体，具备了基本的多年期预算管理能力。而较低层级政府则可有选择地部分实施跨年度预算的管理方法，随着其预算管理逐渐成熟规范，再考虑全面系统地推行这项改革。

1.4.3 研究不足

预算平衡的实现是通过控制收支的两端，使其在总量上保持大体的相当。但是，收支活动受到多种因素、多个环节影响。尽管本书对这些影响收支的因素、环节进行了较为广泛的研究，但是本书对这些因素、环节的内在联系仍缺乏足够深入的分析，更多的是采用从一个局部到另一局部渐次讨论的方法进行研究。尽管本人认为本书已经对跨年度预算平衡管理的重要命题均有所涉猎，但也有可能是挂一漏万。

此外，本书初步搭建了跨年度预算平衡管理的基本框架，研究尚处于初级阶段，提出的预算组织、编制的具体措施不够完备，操作性有待增强，在理论和政策方面还需进行更深入的分析。显然，任何一项新制度的形成是需要在具体实践中逐步完善的，并且这一过程需要更为专业的行政管理、金融、会计、法律等相关的知识。这些不足，只能留待未来做好了更充足的知识储备后进行弥补。

第2章

跨年度预算平衡理论分析

本章首先从概念内涵上对预算、预算平衡及跨年度预算平衡进行描述，继而对跨年度预算平衡管理优势与跨年度预算平衡管理机制加以阐释，引出核心主题，并约束全书的研究范畴；接着对跨年度预算平衡改革的相关理论加以介绍，为进一步的研究分析提供充分的理论支持，这些理论有预算主体理论、预算活动理论、制度经济学范式。

2.1 基本概念界定

中国跨年度预算平衡的提出既源于国际背景，也源于中国国情，它的提出与应用都较为新近。因此，有必要对相关概念作学理分析，以为后续章节中跨年度预算平衡机制的构建做好铺垫。2.1、2.2 节将沿着“预算→预算平衡→跨年度预算平衡→跨年度预算平衡管理的优势→跨年度预算平衡管理机制”这一递进主线逐渐深入界定核心概念。

2.1.1 预算平衡

1. 预算的定义与作用

“预算”一词在多学科语境中使用，放在国家财政体系语境中，“预算”

则指国家预算，也称为政府预算。13 世纪初，英国新兴资产阶级向以国王为代表的专制统治争夺财政权力，起初聚焦于课税权上，后来慢慢地转移到对政府财政收支平衡表的编制上来。1217 年，英国《大宪章》的签署，使议会取得了租税的立法权。后来，议会又获得了控制政府支出的权力。这样一来，英国政府需每年编制一份收支表呈交议会，以求批准。1733 年，英国财政大臣在下议院做财政演讲时，携带“年度财政计划书”作为演讲稿，这一财政演讲后来成为宪政传统。1787 年，《统一基金法》在下议院通过，规定国家须将税收存进基金账户，用以拨付政府支出。1822 年，英国以一套完整的财政报表，说明每年收入、支出与盈亏状况，提呈议会审议。这种做法成为现代预算制度滥觞。1868 年，英国首相格莱斯顿主张“政府支出以预算为依归”。英国因此成为现代预算的发源地。在我国的各封建王朝时代，也有各式财政收支计划，但都不能称为现代预算。甲午海战之后，中国留洋归国学生、驻外使官以及外国传教士等都不同程度地引介了国外的预算制度，并借用了日本对“Budget”的翻译“预算”来命名这种财政制度①。所以，中国的国家预算制度出现于清朝垂末。1907 年，清朝颁布了“清理财政章程”，拟设清理财政局，并作预算编制。1910 年颁行的《预算册式及例言》规定了岁入岁出的分类方法、记账单位等预算编制具体事项，并且在当年由度支部试办了 1911 年的国家预算。

预算在形式上体现为反映财政收支的特定表格，而实际上，预算反映的是一国预算的编制、议定和执行等一系列活动。它是国家对会计年度内的收入与支出的事先估计，规定了政府活动的范围、分配、使用和管理的政策目标。简单来说，预算管理的整个过程便是预算的编制、审批、执行和调整以及决算的编制和批准过程。美国学者克利夫兰（Cleveland）对预算的特征做了较全面的描述，他认为：预算乃未来政府支出之计划，而非事后的报账；预算包括政府所有部门的开支计划，应是完整、统一的；预算应对各项目开支作

① 梁发芾 . 预算：谁的工具？ [J]. 新理财（政府理财），2013（1）：32-33+8.

分类；预算应对开支的轻重缓急加以区别；政府的行为当受约束，无列支不得开销，列支款项不得挪用；预算由权力机构（议会）批准；预算必须透明，接受监督。

事实上，预算有两类作用。一类是视预算为"管理政府的工具"，为此，要有一套约束政府的机制，以使公众能有效地监督和约束政府，督促其整体收支平衡。另一类是奉预算为"政府管理的工具"，有利于政府自身进行相关制度改革，实现政府对内部行为的管理和调控，从而有效进行社会治理、提供公共服务。这两类职能视角下的政府主客定位迥异，但却共存于人们对政府预算的理解与认识中，并且真实地作用于政府和社会。

2. 预算平衡的内涵与意义

平衡的概念相对复杂，在中国的用词变迁中，平衡可指二量齐平（Balance），代表着在衡器两端的重量相等。例如，《汉书·律历志上》中的"准正，则平衡而钧权矣"，唐代韩偓《漫作》中的"千钧将一羽，轻重在平衡"，明代马愈《马氏日抄·水火称毒》中的"称则以人、石平衡，视其轻重，虚则人低石举，实则石重人轻"。或者，平衡也有均衡（Equilibrium）之义，即为两种或多种方向不同的力或过程之间，相互作用后不再有加速度变化的状态。例如，唐代刘禹锡《上中书李相公启》中的"六辔在手，平衡在心"，五代王定保《唐摭言·自负》中的"今君坐青云之中，平衡天下，天下之士，皆欲附矣"。

观念上，人们常用平衡描述预算的属性，不考虑以收入弥补支出的支出计划不能称为预算。法国著名经济学家萨伊（Say, 1803）认为"国家需求和资源之间的平衡"即为预算。英国财政学家查尔斯（Charles, 1890）在《公共财政》一书中提出，若非紧急时期，应该保持预算在每一财年的平衡。预算平衡有如下特征：轻税、支出控制、争取结余、借款最少以及债务的迅速偿还等。作为对传统预算理论的补充，赤字是允许在战争爆发时存在的，这实际上仍然是在强调日常预算平衡的重要性。

在不同场合，人们对预算平衡的理解不尽相同。通常情况下，政府在预算年度内实现收支相等，称为预算平衡。政府公共预算与一般性个体预算差别很大，平衡预算可有力约束个体行为，具有道德规范的作用。亚当·斯密（Adam Smith，1776）早在《国富论》中就论及“量力而行”是个人和家庭的普世美德，收支相抵是企业生存及免于破产的底线。但是，平衡的公共预算并不能确保个人在收益与成本上的对等。个别决策者的主张能够提高其自身福利水平，而成本并不全由该决策者承担，有时甚至根本无须承担。如此一来，机会主义行为最终将演化为预算规模无原则的扩张。因此，亚当·斯密主张以年度预算平衡为准则，实行“小政府”管理社会，遵循“守夜人”模式，简化政府职能、减少政府支出、维护预算平衡，及至反对国家干预和公共债务。18世纪末期的英、法、德等国都将保持财政平衡作为“健全财政”规范加以遵守。可以认为，平衡预算要求是现代财政受宪法约束的开端。预算若不必保持平衡、可随意编列财政赤字，预算就没有编制与执行的理由了。

然而，现实并未按“健全财政”的方向发展。经济学家瓦格纳（Wagner，1880）通过大量实证研究发现，预算规模扩张现象在各个国家普遍存在，公共支出占GDP比重不断增长，并且，他还从经济结构性变革、社会民主化以及社会正义诉求等方面分析了公共支出扩张的原因。尽管瓦格纳没有否定预算平衡的意义，却突破了人们在健全财政下对预算的保守认知。马斯格雷夫（Musgrave，1973）则认为公共支出扩张是合理的，政府为合理配置资源、改善收入分配需要扩张公共支出。

20世纪30年代后期，世界经济大萧条，市场低迷、企业投资萎靡，很大程度上动摇了人们对古典经济理论的信任。凯恩斯主义兴起，平衡预算规范日渐式微，赤字与公债流行，形成了所谓“功能财政”的预算理论范式。该预算理论范式强调，以保证充分就业、降低通胀作为财政的首要目标，而预算是盈余或赤字则不作考虑。因此，凯恩斯（1936）大胆地突破了财政收支平衡的观点，开启了认识预算赤字（盈余）的新思维，认为当实际产出未达到潜在水平时，政府可采取扩张性财政政策，以增加国民产出，扩大就业；反之则采取紧缩性财政政策。总之，功能财政指导下的政府可自由安排赤字或盈余，而不以预算收支平衡束缚政策选择。然而，凯恩斯赤字预算理论并未被无条件追捧，到了20 世纪 40 年代，周期预算平衡理论修正了凯恩斯赤字预算理论，提出了预算收支要基于“繁荣—衰落”的循环周期灵活安排，并使盈余与赤字在年度间的分布保持大致相抵，实现周期内的基本预算平衡。然而，周期预算平衡理论显然过于自信，20 世纪六七十年代资本主义出现了普遍的滞胀，唤起了社会对就业的重视，出现了所谓的充分就业下的预算平衡理论，即要求依据失业率（4%）来决定采取扩张性还是紧缩性财政政策。当然，这在本质上仍然可以认为是凯恩斯主义的变种。20 世纪 80 年代，欧洲赤字规模或公共债务问题突显，人们又重新信任古典经济理论，再次重视对政府的约束，要求政府不但要力求预算平衡，还要在支出限额内开展活动。不同时期预算理念对比表 2–1 所示。事实上，早在 20 世纪六七十年代，公共选择学派便呼吁人们要警惕政府，关注预算平衡，以布坎南（Buchanan，1964，1966）为代表的公共选择学派致力于回归平衡预算。他提出预算平衡不仅是财政责任的象征，还必须是一种真实的规范。

表 2–1　不同时期预算理念对比

时　期	背　景	基本理念	核心观点（代表）
18 世纪末	西欧国家“收支相抵”的公共预算机制	预算平衡	平衡的财政政策与预算，主张自由市场，反对国家干预（亚当·斯密、李嘉图）
20 世纪 20 年代末、30 年代初	资本主义经济大萧条	赤字财政	扩张财政，提振经济（凯恩斯）
20 世纪 40 年代末	经济复苏，国家财政渐有盈余	周期性平衡	经济衰退期通过赤字财政刺激经济；繁荣期减少支出（美国于 1946 年颁布的《就业法案》）
20 世纪 60 年代	艾森豪威尔停滞	充分就业预算平衡	依据失业率（4%）来决定采取扩张性还是紧缩性财政政策（詹姆斯·托宾、沃尔特赫勒）

续表

时　期	背　景	基本理念	核心观点（代表）
20 世纪 80 年代至今	欧洲赤字规模或公共债务问题突显	上限管理预算平衡	财政赤字占 GDP 的 3% 以下；公共债务占 GDP 的 60% 以下（《马斯特里赫特条约》）

回望过去的近一个世纪，总体上是功能财政盛行、不平衡规范主导、平衡规范失势的世纪。但是平衡规范并没有消失，仍然是一种内在的公共道德秩序。欧盟把低赤字、低公债的《稳定与增长条约》（*Stability and Growth Pact*）规则作为区域财政活动的基准。平衡预算在《华盛顿共识》中被视为国家发展的必要前提。近 20 年来的多次金融危机，本源上可以归因为预算平衡理念的普遍失范。因此，平衡应当是预算的内在属性，无论是何形态的预算都不可能脱离平衡而存在。

2.1.2 跨年度预算平衡

1. 跨年度预算与中期预算辨析

预算管理对应着既定的管理期界，以一年为格式的期界是历史纪年传统在预算管理中的沿袭，它与政府早期简单的收支活动是相适应的。然而，随着公共经济活动内容日益增多，作用影响期间日益延长，以一年为格式的周期设计方案日渐不合时宜，因为大量的公共经济活动周期都超过一年，需要较长的时间跨期才能客观地评价其活动效益，同时，也只有在多年期视野下安排预算收支才更为合理。

目前，在国内学界定义超过一年期的预算，普遍被认为是“中期预算”，中期预算较早被引入国内，为业内人士熟知。大体上，早期实施中期预算的国家有两种类型：第一类是接受了国际支援的发展中国家，支援方要求受援国做出中长期政策的承诺，这种承诺常表现为受援国实施中期预算框架的预算改革；第二类是发达国家主动从控制预算总额、支出项目排序和提升支出绩效等角度考虑出发构建中期预算框架 (世界银行，2013)。

跨年度预算是转型期话语环境下具有中国特色的词汇，并非经济学教科书中标准的术语。跨年度预算在各国有着不同的指代表达，如跨年度预算（Multi-Year Budget）、多年开支计划（Multi-Year Budget Plan）、多年预测 (Multi-Year Forcast)、中期预算（Mid-Term Budget）、中期支出框架（Mid-Term Expenditure Framework，MTEF）、支出评价（Expenditure Review）、多年预测（Multi-Year Estimates）、远期预测（Forward Budget）等。表 2–2 所示为跨年度预算的起源与发展。

表 2–2　跨年度预算的起源与发展

阶　段	时　间	推动者	代表事件	指代表达
发端	20 世纪 50 年代	英国	对国防和基本建设方面的支出实行五年开支计划	五年开支计划
探索	20 世纪六七十年代	英国	从 1961 年起编制为期五年的公共支出计划	公共支出计划
		德国	1967 年颁布《促进经济稳定与增长法》，要求联邦及州政府编制为期五年的中期计划	五年中期计划
		美国	国会通过《立法改革法》（1970），规定行政主管单位预测未来五年的重大支出；《预算和扣押项控制法》（1974）要求总统、预算委员会、预算局在预算过程进行多年预算的收支预测	五年预测
确立	20 世纪八九十年代	澳大利亚	联邦政府于 1998 年开始编制中期预算管理	中期预算管理
		英国	1998 年正式推行“公共支出计划和控制框架”，包括“经济与财政战略报告”和“财务与预算报告”	公共支出计划和控制框架
		美国	里根政府在减少国内开支、增加军费开支和降低税收等目标之间力求实现预算平衡的目标	中长期预算计划
		法国	1998 年开始正式编制时间跨度为三年的中期财政计划	三年中期财政计划
壮大	20、21 世纪之交	世界银行	阿尔巴尼亚、贝宁、布基纳法索、喀麦隆、加纳、卢旺达等开始施行中期支出框架	中期支出框架

跨年度预算平衡管理的重点通常为支出，也可以将中期支出框架作为跨年度预算的指代，其意味着支出部门（机构）在中远期时间框架下安排支出。例如，联合国教科文组织（2009）[①]将泰国的“中期支出框架”定义为“用于预测未来四年财政负担的规划工具”。近年来，中期支出框架这一概念在发展中国家或转型经济体中越来越流行。

尽管“中期预算”与“中期支出框架”较早引入并为业界熟知，但是它们不如跨年度预算清晰易懂，跨年度预算直接点明了中期的所指即为跨越了一年期，更符合人们的理解习惯。中期预算显然是根据预算跨期长度来界定的，也就是说，根据跨期长短不同，另有短期预算、长期预算之谓。短期预算期长单位有月、季度、半年以及年，年度预算正是最常见的短期预算；长期预算则跨期更长，例如美国政府的75年期预算报告。宽泛来讲，跨期超过一年就是跨年，中期预算、长期预算都可算作跨年度预算。但过长的年限会增加跨年度预算管理的难度、降低预算管理的效率，从现实操作层面来说，跨年度预算实际指向的是中期预算。

2. 跨年度预算平衡与赤字财政

预算平衡与赤字二者存在着明显的内在关联，即财政赤字反映为收不抵支，或者公共预算收支两端不匹配，简言之就是“预算不平衡”。但是，实际上二者的内在逻辑关系又并非如同上面的推论那样简单。爱伦·鲁宾（2001）认为，在出现意外的经济衰退时，暂时财政赤字是可以接受的，并且以政府借贷来弥补财政赤字也是无害的。赤字是财政对环境保持敏感的表现。甚至，爱伦·鲁宾（2001）还提出，为应对经济的过度衰退，政府可以有意地通过政策安排赤字，被称为“赤字预算”或“赤字财政”。此时，尽管出现预算赤字，但赤字是可控的，因为从动态来看，在意外的经济衰退结束之后，经济会逐

① UNESCO. Education Financial Planning in Asia: Implementing Medium-term Expenditure Frameworks Thailand [R].2009:12.

步复苏，预算也将会再度恢复平衡。就这一意义来说，预算平衡会呈现出“平衡—不平衡—平衡”的周期性变换特征，预算能够在这种波动期间恢复平衡。可以认为，这样的预算从中长期来说仍是平衡的，或者说，即便在某些单一年度预算是不平衡的，这也并不会影响预算在多年期的平衡。

当然，抽离出经济波动因素，赤字还存在另一种情形，即在收入增长慢于支出增长时，决策者不愿意选择在政治上不讨好的增收减支，而是偏好于纵容赤字以取得短期收益。那么，这样的不平衡很可能是长期的，而不是暂时的，这种赤字所带来的后果将会比在经济萧条期间的财政赤字更严重，欧债危机在很大程度上便反映了这种情形。所以，不能机械地认为预算会自然地按“平衡—不平衡—平衡”的轨迹自动向平衡回归。纵容赤字将会使预算从不平衡向平衡回归的时间变得极其漫长，社会将不得不忍受由于预算不平衡所带来的长期负面影响。

值得补充的是，本研究认为跨年度预算平衡认可了个别年度赤字存在的合理性，同时还强调了赤字并非长期的、被动的，即使允许财政收入在多年期内的调剂，这一多年期也不能是被无限拉长与放大的，预算必须向平衡回归。

3. 跨年度预算平衡的 3 个维度

预算的收入与支出在量上的匹配，构成预算平衡的初始基本管理要求。然而，在当今市场经济作用日益复杂、现代政府治理结构日益深化等背景下，本研究认为，预算平衡在收支相等的初始平衡基础上，存在着 3 个平衡管理维度：政府与市场的平衡、中央与地方的平衡以及时间跨期内短期与长期的平衡。

（1）政府与市场的平衡

在有限的社会资源下，政府配置与市场配置作为两种资源配置方式存在替代关系，政府配置多一些，市场配置就少一些，反之则相反。然而，政府与市场处理经济信息的能力是不同的，政府会疲乏，而市场不会。政府以市场失灵为由大量介入市场，更积极地提供公共产品，政府公共职能得以彰显，但未必有效率。随着政府处理的事务内容增多，公务员工作压力加大，不仅工作任务多，而且工作任务变得更加复杂，工作过载现象成为常态①。对此，政府就必须投入更多的人力资源，以完成从市场转移过来的资源配置任务。这加剧了政府组织机构的人员膨胀，继而加重了财政人员负担。因此，政府配置边界的扩张，不仅仅扩展了政府的工作内容，更对政府维持预算平衡提出了挑战。事实上，部分地方政府由于介入市场过深，已经部分放弃预算平衡管理。在政府进入原来市场配置的领域后，由于没有标准的退出机制，退出异常困难，形成政府社会治理的两难困局。受制于各国的政治、历史以及地理等条件，各国在政府与市场职能边界上的划分往往需要逐步调适。但是，我们可以肯定的是政府并不是管得越多就越好。政府做出介入市场的决策应当谨慎，否则就可能是给自己“挖坑”，在林林总总的收支项目中顾此失彼。简单看来，要实现预算平衡，政府要尽可能轻装上阵，有所为，有所不为。

（2）中央与地方的平衡

政府预算既是整体宏观的，同时也是局部的以及微观具体的，当然，也可将这一语序倒过来，即政府预算既是微观具体的，同时是整体宏观的。在不同语境背景下，政府预算有着不同的重心强调。但可以肯定的是，一国政府职能的实现是多层面的，从中央到地方，各级政府有着不同的职能任务，各项职能任务的实现都要以一定的财政资源作为基础。我们把视线聚焦于主权统一的一国政府之内时，可以发现预算资金像是政府有机体的血液在政府的周身流动，并且在不同层级政府（也包括相同层级政府）的收支总量、结构与内容各不相同。严格意义上的预算平衡，自然就包括从中央到地方的各级政府的预算平衡。各级预算不会是截然分离、各不相干的，财税体制的上解、下拨、转移支付、跨区域性的公共支出等，都使得预算平衡是综合的、彼此关联的。在我国的财政话语背景下，这一维度的平衡管理就是自分税制的财税体制改革以来，

① 周卓华，项聪，罗瑜．公务员工作压力调查及管理研究 [J]. 领导科学，2015（14）：35-37.

中央与地方的财权与事权的匹配上的平衡命题，或者说，分税制的财政体制分蘖出了我国特有的央地预算平衡管理的重要命题。

（3）时间跨期内短期与长期的平衡

跨期平衡意味着可以在一个相对长的时间跨期内调剂预算收支，实现在该跨期内预算的总体平衡，即为了实现一个更长周期内的预算平衡，允许收入与支出在短期内（如半年、一年）不等。这构成狭义上的在某一时间跨期内的预算平衡。结合上述两个预算维度，在一定范围内，还允许中央与地方财政关系的暂时不平衡，只要未来能通过制度调整最终实现预算长期平衡即可；或许在某些特殊的时期，政府多支出一些，哪怕这可能超出了政府的短期财力范围，但只要未来政府的收入是可预期的，预算的远期平衡也是可期的。无论是哪种意义上的平衡，其基本原理均是在一个相对长的时间周期里调剂收支以实现预算的平衡与可持续。

应当补充的是，预算的跨期平衡并不意味着在一个固定的时间窗口内恰好平衡，而是试图在 3 年、5 年或某个时间跨期内实现预算平衡，其本质仍是年度平衡的管理思维。某个时间跨期只是一个可供观察或操作的时间窗口，不必拘泥于在此预算周期内的预算恰好平衡（当然，我们有理由认为长一些的预算管理期间有利于预算的综合平衡）。跨年度预算平衡管理提供了一种长期的、动态的理念管理，既坚守了预算平衡的内在约束，也赋予了预算管理相对灵活的弹性空间。本书的主题是跨年度预算平衡管理机制，从字面意义来看，是时间跨期上的平衡管理维度。但事实上，预算的跨年度平衡管理必须是综合的，同时还必须包括政府与市场协作维度、中央与地方政府治理维度上的平衡管理。

跨年度预算概念的提出，不仅打破了传统年度预算的期限桎梏，更重要的是采用了新的预算管理方法体系以维系预算的平衡，如支出上限管理、优先排序管理、预算收支预测等。所以，“跨年度预算”有时还缀以“平衡”或“平衡机制”使用，言下之意是跨年度预算追求多年期的平衡，辅以机制保障平衡。在本书后续的概念称谓上，如无特殊说明，跨年度预算自然是指平衡的跨年度预算。

2.1.3 跨年度预算平衡管理的优势

1. 增进预算制度的规划、控制与管理作用

跨年度预算平衡管理的首要功能定位当是更好地发挥预算制度的规划、控制和管理作用，从而提升预算绩效。传统年度预算平衡的作用在于安排预算程序、分配预算权、构筑预算责任，最终才是维护预算平衡。但是，年度预算平衡法则的缺陷明显，传统年度预算在职能上不对财政年度之外的事项作预先安排，使得各年度预算在时间上被割裂开来。从年度预算模式的实际效果来看，我国强化政府对预算的行政主导成为一种次优选择。相较而言，跨年度预算在预算职能定位上，其年度预算审核重点从收支平衡转向支出政策调整，收入管理从任务目标改为预期调控，增强了财政政策的可持续性与前瞻性，从而实现预算职能在规划、控制和管理上的三位一体。

2. 控制财政活动自身的风险

当代社会的风险已经变得越来越复杂，乌尔里希·贝克（Ulrich Beck, 1986）将后现代社会诠释为“风险社会”。“风险社会”不同于传统社会。在传统社会中，人们普遍相信人的理性力量能够控制自然和社会，并使人类社会处在有秩序、有规则的发展进程中①。然而，随着科学技术及全球化的发展，这种“常态”社会已经变得面目全非，社会的不确定性和不可预测性日益增强，人们不得不面对更多的风险。我们所处的社会充斥着组织化不负责任的态度，尤其是风险的制造者以风险牺牲品为代价来保护自己的利益。贝克（1986）认为西方的经济制度、法律制度和政治制度不仅卷入了风险制造，而且参与了对风险真相的掩盖。

① 乌尔里希·贝克．风险社会 [M]. 南京：译林出版社，2004.

跨年度预算平衡管理是从政府与市场的平衡、中央与地方的平衡以及时间跨期内短期与长期的平衡 3 个维度实施的综合平衡管理。事实上，这相当于承认了由于政府活动可能形成财政风险，政府试图进行自我约束、自我调整，以降低其活动的风险，从而改变人们以往认为政府是市场风险（失灵）的应对者的僵化认识，即政府的能力是有限的，因此政府应当有限度地介入市场，而非无原则地大包大揽。政府要从内部组织结构上提高运行效率，增强抗风险能力。中远期的预算平衡调剂增强了财政的逆周期作用，降低了市场剧烈波动的风险。

3. 减小对财政收入的压力

依法征税、依法获得财政收入是现代财政的一项基本特征，试图在不确定的经济周期波动中取得既定的财政收入是不现实的。我国的原《预算法》（1994）规定，地方政府不得列支赤字。在这样的约束下，为达成当年预算收支平衡的目标，政府会人为地控制财政收入规模，使用一切可能的办法维持收入，其中主要的方法便是增加非税收入，如提高土地出让金或者各类向企业摊派的政府性收费、罚没收入等。这样一来，财政收入确实得以稳定，但是其负面效果是明显的，土地出让金的提高事实上会导致房价高企，使无房者望房兴叹，而各类摊派等则增加了企业的经营成本，恶化了社会的营商环境。虽然短期内的财政收入具有一定的可预期性，但是要将其作为预算平衡的收入任务则是勉为政府之所难。跨年度预算平衡管理优化了各级预算收支的执行，在收入端坚持依法征税，应税尽税，而非人为调节或征收“过头税”；在支出端则硬化支出约束，追求支出绩效，以及灵活主动地利用财政政策，从而减小了财政收入的压力。

4. 增强财政的逆周期性

从农业时代开始，四季的自然轮回流转塑造了社会经济的年度性，也决定了国家进行国民财富管理的年度性。农业时代的经济供给与自然力供给紧密相关，供给与需求相比，有着极为明显的短缺性与非稳定性，这也迫使政府收支管理普遍以“量入为出”的年度平衡作为基本管理原则。然而，随着工业时代的到来，一些政府收支活动及其效果有了跨年度的特点，如基础设施、教育医疗、环境保护等活动。加之现代国家财税制度机理特点，传统的年度预算平衡管理变得越来越难以适应新的社会经济环境，如累进税制下，经济繁荣时税收会自动增长，年度预算平衡要求支出相应增加，这会造成经济过热、通胀压力变大；反之，在经济衰退期，收入自动减少了，而年度预算平衡则要求支出相应减少，结果是加剧了经济衰退，形成了所谓的年度预算顺周期问题。跨年度预算平衡管理尽管未必就能够完全与经济的运行相匹配，但是，由于其放宽了预算平衡的时间维度，跨年度预算已经有了“逆周期”特征。

2.2 跨年度预算平衡管理机制

跨年度预算平衡管理实则是一套机制体系。从表面看来，时间跨期不同是年度预算与跨年度预算的主要区别，但实际上，平衡机制上的差异才是二者的根本区别所在。简单地说，跨年度预算平衡管理机制就是通过一系列原则、过程（阶段）、方法实现在某个预算跨期内的收支总体平衡。其平衡的“机制”是在预算管理的多个环节构建中远期的动态预算平衡机制，约束支出，规范收入，使财政更好地起到宏观调控作用。具体地，跨年度预算平衡管理可以分解为以下四项机制。

2.2.1 预算支出的约束机制

政府支出扩张和债务、赤字增长本质上是预算公地悲剧（The Tragedy of the Commons）。某一从政府支出或减税中受益的群体未能充分将这种举措的成本内部化时，就会产生预算公地悲剧。将预算决策的未来影响更好地考虑进来，提前筹划预算的多年期财政收支水平，实施跨年度预算可以减少预算公地悲剧。具体地，将政府支出的重点从原来的单一年度总规模约束，转向将资源在不同年度、不同项目之间进行重新配置的约束上，以更具前瞻性的视角来审视政府的支出，约束政府的支出，使政府的支出得到更为科学合理的审查，提升对支出的硬约束力。

2.2.2 预算收支的调剂机制

在传统的年度预算平衡机制下，以税收为代表的财政收入在经济繁荣时期会自动快速增长，但是，税务部门为实现财政收入各年度增长的任务目标，会有意识地在某些年度将税款压库，“应征少征”或“应征不征”；在经济衰退时期，税收本应自动减少，但是，税务部门却有可能为完成基本目标而征收“过头税”。财政支出上，为保证年度收支平衡，支出部门会在收入丰年年底“突击花钱”，或者通过虚列支出来抵消结余；在收入歉丰年份则不列支出，把本应在本年支出的项目挪列至未来。跨年度预算平衡管理则在宏观经济预测的基础上，预测分析财政收支变动趋势和阶段性特征，确定某一时期可利用的资源总量及需保证的项目支出。在理论上，这样做能在一个更长的时间跨期内匹配财政收支。具体地，以科学的预测方法确定各支出机构的支出上限，在宏观层面（收入、支出、赤字、债务或盈余总量）上建立起严格的财政纪律，同时能根据经济形势允许在多年间作适当灵活的收支调剂。

2.2.3 预算赤字的弥补机制

在预算的跨期平衡中，某一年财政收支不等将会得到更妥善的安排。财政收入大于财政支出时，既可用于削减往年财政赤字，也可用于化解政府性债务，或将收入结转后续年度；在收入不足，出现预算赤字时，不必大幅度削减当年的各项目支出，而是在一个更长但仍有限的时期内，通过科学预测与形势分析、调整收支来弥补预算赤字，甚至某些年度的赤字是有意为之。然而，它又与一般的年度赤字不同，在跨年度预算平衡管理机制之下，赤字会在多年跨期的各年份中得到一定的"照顾"。个别年份由于实际需要增加支出所带来的赤字，会从其余年份的收入增加或者支出收缩中加以平衡，这是不同于年度预算的，赤字在传统的年度预算中一般是留待相对模糊的未来予以消解。

2.2.4 重大项目的论证机制

重大项目周期长，在支出上要保证一定的连续性。为有效控制中长期预算，维护预算平衡，关键是要对重大项目事先予以科学论证，有效衔接好支出政策与重大项目的选择。跨年度预算为财政当局的政策实施提供了一个更好的规划工具，为项目在过去、当前以及未来之间架设起一座桥梁，提高了财政决策稳定性。财政部原部长楼继伟在论述跨年度预算平衡管理机制时，有如下相近的阐述：跨年度预算平衡管理，要建立重大事项科学论证机制，对一些重大项目不能一年一定，要有长远考虑，通过实行中期财政规划管理，强化其对年度预算的约束性，增强财政政策的前瞻性和财政的可持续性[①]。

综合以上对跨年度预算平衡管理机制的描述，本研究主张跨年度预算是在政策—预算—规划间建立起的紧密的联结机制，不仅在中观层面（预算资源在政府部门内和部门间的分配）建立起资源配置的先后次序，提高公共支出效率，而且也在微观层面（对具体支出的合理性进行连续的系统评价）上关注支出绩效，以增加公共支出的效益。因此，在广义上，跨年度预算仍可以年为单位安排预算，辅以长期战略文件，与公共部门的长期目标保持协同一致，构成了预测部门未来预算收支的出发点。由于本书还将在第 3 章进一步具体讨论跨年度预算平衡管理框架的设计，故本节不再对此详述。

① 出自楼继伟接受人民日报记者采访时的讲话。

2.3　跨年度预算平衡理论构成

跨年度预算是公共预算管理实践中的新尝试，需要得到公共预算理论及其他相关理论的指导及支持。公共预算理论纷繁复杂，从不同的实践主体、不同的历史阶段、不同的研究视角出发，可能会形成不同的公共预算理论，乃至形成不同的理论规范。基于本研究的主题，预算平衡理论主要涉及 3 个模块：一是预算主体理论模块，主要从政府这一行为主体分析预算结果，包括政府履职、政府分权、政府举债、政府治理等方面；二是预算活动理论模块，涉及预算职能、预算扩张、预算过程及预算平衡等方面；三是制度模块，主要借鉴制度经济学下的产权、交易成本等概念范式研究预算平衡。

2.3.1 预算主体理论

1. 政府职能履行与预算平衡

政府职能大体上可以划分为政治职能与经济职能。政治职能是指政府凭借政治权力，维护国家机器正常运转，维护社会秩序和领土完整，保证国家机关和政府机构正常运转，以体现主权国家意志和政府意图。而经济职能则是指政府作为经济活动的管理者和国有资产的所有者，通过政府预算和转移支付（调节社会成员及地区差异）维持全社会经济稳定、环境保护等方面所应履行的职能。也就是说，政府主要是提供公共产品以满足社会“共同需要”。这一“共同需要”可以包括：资源配置、收入分配、稳定及发展经济。

另外，有人主张从自然法和社会契约论的角度来阐述、分析和归置政府的基本职能，从而形成了政府职能的范围，其范围只限于提供最基本的公共服务；也有人主张政府还应积极塑造社会性质，从事大规模再分配，所有现代的自由民主国家都涉及某种程度的再分配，只是干预程度有别，从崇尚古典自由主义的美国到干预程度较深的斯堪的纳维亚的社会民主国家，政府职能有着由少到多的设定。图 2–1 所示为现代政府的国家职能光谱，显示了从最少到最多渐变的过程。

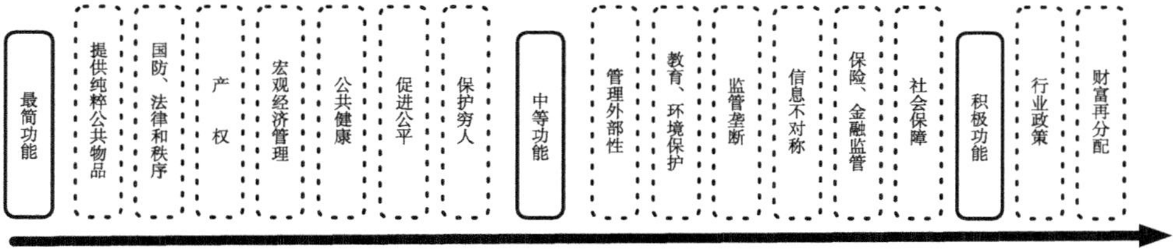

图 2–1　国家职能光谱图

资料来源：世界银行，《变化世界中的国家》（*the State in a Changing World*）。

从历史的角度来看，民族国家自诞生以来就对政府职能的理论和实践展开了探索。而基于现当代政府与市场的职能关系，相关理论可以划分为国家干预主义与自由主义两大理论营垒。

（1）国家干预主义

在 16、17 世纪的西方重商主义发展时期，出现了国家干预主义政府职能理论的雏形。重商主义者提出，国家干预有利于发展社会经济，尤其是有利于发展国际贸易。19 世纪，德国哲学家黑格尔（Hegel, 1819）曾对重商主义作过充分论述，他认为“政治国家形成于人的理性力量，而市民社会则来自人的非理性力量”，因此，政治国家高于市民社会，市民社会不能脱离政治国家，否则社会将处于无政府状态。这为政治国家干预市民社会提供了社会伦理支持。第二次世界大战后，国家干预主义继续发展，但是在自由市场思想指导下产生了种种问题，其核心表达便是“市场失灵”。萨缪尔森（Samuelson, 1948）便基于“市场失灵”概括了政府的 4 项经济职能：确立法律、提高效率、公平收入以及稳定宏观经济。随着外部性、垄断、分配不公、公共产品供给不足等问题日益突显，政府职能向社会公共生活各领域扩展得到了更多的支持。罗尔斯（Rawls, 1971）在《正义论》一书中，对政府职能也有论述。他认为，政府应秉持“公平正义”的火炬，坚持“最大最小值”原则，执行配给、稳定、分配和转让四大职能，保证国民平等地享有“基本善”。许多当代政治争论关注的是国家干预究竟能走多远，但还有一个同样重要的关于国家能力的问题。任何给定的功能，例如救火、提供保健服务和制定工业政策等，可以做得更好或更糟，一切都要看国家当事部门的质量。政府是复杂组织的集合，其表现的好与坏取决于组织形式及其手中的人力与物力。

（2）自由主义

自由主义政府职能理论的源头是欧洲古典自由主义，其基本观点是，人类社会逐渐摆脱自然状态后，以社会契约的形式把部分权力让渡给某一特定组织，政府便是这一组织的表现形态。然而，政府所获得的权力是权力部分让渡的结果。所以，政府在行使这些权力时受到政府权力边界限制，这个边界便是契约人的基本权利。古典自由主义主张政府不可干涉个体的自由，相信“政府管得越少越好”，保障个体最大限度的自由权、生命权和财产权便是政府最主要职能。亚当·斯密（Adam Smith, 1776）曾对政府的职能有如下设定：第一，保卫国家安全，使其免遭或抗击他国的侵略；第二，保卫个体安全，使其不受其他个体侵害；第三，提供私人部门无法提供的公共产品。在古典自由主义时期，政府受到重重约束，其职能角色相当于“守夜人”或“警察”。这一政府职能思想指导下的经济便是自由资本主义经济。

但是，自由资本主义经济到了19世纪末、20世纪初却普遍陷入了危机，并于20世纪30年代跌入谷底。自由主义政府职能理论因此面临巨大冲击，被指为危机的根源。在20世纪30年代到20世纪六七十年代，国家干预主义成为指导理论，引导资本主义走出了自由的危机。然而，在进入20世纪六七十年代后，资本主义出现更为棘手的“滞胀”问题。自由主义政府职能理论重获生机，形成了“新自由主义政府职能理论”，一大批学者再次反思政府干预社会、干预经济领域的行为后果。他们提出市场失灵并不是政府干预经济的充分条件。政府应当尽可能地收缩其职能范围。罗伯特·诺齐克（Robert Nozick）作为新自由主义的代表人物，在其代表作《无政府、国家与乌托邦》

（1974）中对国家干预主义进行了强烈抨击，强调扩大政府职能会损害个人的权利和自由。他认为最好的国家是“最弱意义的国家”，政府的职能应存在于“防止暴力、盗窃、欺诈及保证契约履行”等方面。

显然，预算收支活动以及预算平衡（不平衡）结果的形成受政府职能理论导向影响。通常，自由主义导向下的政府职能倾向于收缩活动范围，减少对市场的干预，从而在预算收支两端都会减小其规模，进而，预算平衡更容易实现。然而，伴随着市场的发展，往往需要不同程度的政府介入以维持秩序抑或是提供新秩序，其结果便是公共预算规模扩大，维护预算平衡困难增加。基于市场不断发展的客观事实，政府职能的扩张不以人的主观意志为转移，预算平衡管理复杂化进程也不以人的主观意志为转移，我们能做的是尽可能让市场维持秩序。此外，笔者认为国家干预主义政府职能理论下政府还是显得太过积极了，即便政府干预有时对维护市场总供求在短期的平衡有着无法替代的作用，但预算平衡在国家干预主义下被日益“边缘化”了。政府职能扩张既迎合了选民，也符合政客官僚的偏好。但是，政府职能就像杂技演员手中抛耍的玻璃瓶，随着玻璃瓶的数量不断增多，其坠落地面破碎的可能性就越大。因此，如何使预算平衡成为政府职能目标之一，并避免其他政府职能过度扩张，是一个充满思辨价值的财政命题。

2. 政府财政分权与平衡能力不对称

财政分权是指中央政府允许地方政府在税收管理、预算执行和债务安排等方面保留一定的财政自主权。世界各国在当前普遍存在着财政的分权化趋势。乔治·施蒂格勒（George Stigler, 1957）提出了地方政府存在必要性的两个基本理由：一是地方政府更接近自己的民众，更了解辖区内公民的需求；二是不同的人们应有权对不同种类、数量的公共产品投票表决。地方政府恰恰在这两点上都优于中央政府，因而地方政府能通过分权更有效地配置资源，提高社会福利[①]。瓦勒斯·奥茨（Wallace Oates, 1972）在《财政联邦主义》一书中深入阐释了财政分权的缘由。他将社会人群划分为两部分，两部分人群的偏好不同，但其内部偏好则保持一致，由于中央政府总是倾向于等量分配公共产品，缺少识别各部分人群偏好的能力，因此难以达到帕累托最优。奥茨因此提出了“财政分权定理”，即让地方政府将符合帕累托效率的公共产品提供给它们各自的地方人群，这总会比由中央政府统一向全体人群提供要有效得多。美国学者特里希（Tresch, 1994）另辟蹊径，他基于信息不完全和不确定性的现实，质疑了中央政府了解民众偏好排序与社会福利函数的假设，认为中央政府会“误识偏好”，错误地把中央政府的偏好强加于全体国民。这一分析也成为财政分权的理论依据。

蒂布特（Tiebout, 1956）在《地方支出的纯粹理论》中构建了一个多条件假设的地方政府模型，开拓了分权研究的新思路。他认为，人们在社区（政府）中通过消费公共产品与纳税获得效用，并通过在社区（政府）间的自由迁徙，到达效用最大化的社区（政府）。社区（政府）必须竞相设计有吸引力的公共产品与税种的组合，争取更多居民，实现本地繁荣；否则，人们将会迁移到其他更适合他们居住的社区（政府）。社区（政府）间的竞争将会促进资源有效配置，从而实现社会福利最大化。此即为“用脚投票”。蒂布特的理论贡献还在于其推断了对公共产品具有相同偏好的人最终会聚集到一个相同社区（政府）。

在财政分权的基础上，理查德·马斯格雷夫（Richard Musgrave, 1959）则产生了财政分税的思想。他认为在资源配置、收入分配与经济稳定这三大职能中，收入分配以及经济稳定职能应由中央政府负责，而因为各地居民的偏好不同，资源配置职能应由地方政府负责。地方政府根据各地情况负责资

① Stigler G J .The Tenable Range of Functions of Local Government in Joint Economic Committee, U. S. Congress, federal expenditure policy for economic growth and stability[J]. Government Printing Office, 1957: 213-219.

源配置，将更有利于提高经济效率和改善社会福利。因此，他认为有必要在中央和地方政府间分权，如在中央与地方政府间分配税收。

一般而言，单一制国家的财政体制侧重于对中央与地方财政关系的规范，联邦制国家的财政体制侧重于对政府间财政关系的规范。政府间财政关系、中央与地方财政关系是不同的，理查德·伯德（Richard Bird, 2014）描述了政府间财政关系的本质，“在世界范围内，政府间财政关系的本质惊人相似：国家（中央政府）赋予次级政府更多的支出责任，却不必由那些政府分配的收入资源来支付”[①]。罗伊·鲍尔（Roy Bahl, 2012）提出：“政府间财政关系一般是指各级政府间财政权力和责任的划分[②]。”在政府间分权理论引入我国后，有学者认为，政府间财政关系的“核心内容是如何在各层级政府中合理有效地分配职责和财政资源，这在每个国家都是一件重大而又复杂的课题，而且政府层级越多，职责和资源分配就越复杂[③]”。综合看来，预算平衡是一个政府内部的结构问题，不同层级的政府间有着极为不同的目标考量。但更为关键的是，不同层级的政府对资源的控制能力是不同的，再加之对政府活动的安排话语权上，高层级的政府自然被赋予更高的权重。而上述客观现实则加深了预算平衡在政府内部的矛盾。

3. 政府举债行为与预算平衡

一般认为，政府举债取得的资金通常投入投资大、期限长、利润低的资本支出项目。面对资金缺口，如果通过加大税收的方式来弥补，就会出现“当代建设，后代享用”的代际失衡问题。因此，将公债作为当前项目融资，有利于不同代际共同承担项目成本，使项目建设的受益主体和债务偿还主体收

① Bird R M. Tax Policy and Economic Development, Baltimore[M] .Charles Street Baltimore:Johns Hopkins University press, 1992.

② 政府间财政关系课题组编译 . 政府间财政关系比较研究 [M]. 北京：中国财政经济出版社，2004.

③ 王雍君，张志华 . 政府间财政关系的经济学 [M]. 北京：中国经济出版社，1998.

拢，有利于代际公平。然而，在早期资本主义阶段，亚当·斯密认为仅在爆发战争时，政府方可举债。他在《国富论》（1776）中指出，“在战争即将爆发的时候，军队实力需要加强，而税款从开始征收到最终纳入国库需要 10~12 个月的时间。在那种紧急状态下，国家除了借款以外别无其他财源”。持古典公债理论的李嘉图（Ricardo, 1817）认为，政府选用税收或公债为既定支出融资是等价的，并且，政府以发行公债替代减税不会影响投资与消费，在既定的政府支出路径下，一次性征税与赤字财政对资源配置没有影响。后来，巴罗（Barro, 1974）假定消费者会产生“利他主义”的遗产动机，消费者效用不仅来自本人的消费，还来自子女们的消费，考虑到政府债务会减少未来子女收入，当代人会为子女预留遗产，这也论证了税收与公债是等价的。此即为 20 世纪 70 年代布坎南提出的李嘉图等价定理。后来，人们用拉姆齐模型对李嘉图等价定理进行了数学证明。但是，托宾（Tobin, 1981）从“再分配效应”与“一次性总付税”出发对巴罗的观点予以了批评，证明所谓的李嘉图等价定理并不成立。然而，理性预期学派对政府公债并非持“无所谓”的态度，他们主张的是市场机制的自发调节，反对国家干预，其之所以接受公债与赤字财政，是因为在经济周期波动或政府临时支出激增时，债务能够将税收平滑、增进社会福利。债务的存在是一种最小限度的国家干预。凯恩斯主义与理性预期学派的观点形成鲜明的对比。凯恩斯主义认为国家应大胆运用公债政策干预经济，以维持经济的稳定与增长。20 世纪 80 年代以来，以费希尔（Fischer, 1989）和布兰查德（Blanchard, 1992）为代表的新凯恩斯主义者，基于“代际交叠模型”与随机死亡概率的假说，证明了李嘉图等价定理不成立。布兰查德发现在个人行为并非处于无限期界，而是处于有限期界中，经济中资本存量大于黄金律水平时，经济自发运行的结果可能是无效的，政府这时就可提高财政赤字来降低经济中资本存量，从而提高各代人的福利。

事实上，无论债务是否具有等价效应，债务的出现必然衍生出债务存续与偿付问题，实际上也就是预算的多年期平衡管理命题。换言之，债务管理（发行与偿还）构成了预算平衡管理的一个侧面。并且，现当代的政府债务发行与前“凯恩斯时代”的债务发行已经大不相同。后者的政府债务主要用于应对突发性军事开支等为数不多的项目，而在现当代，大规模的政府债务成为普遍现象，债务的发行可能与经济增长、代际公平、货币调剂等主题纠缠在一起，从而使债务发行的目的、作用机理变得更加复杂。但是，当我们抛开这些命题不论时[①]，似乎只有在多年期预算的平衡存续框架下，才能保证政府债务借偿实现，讨论债务的目的、作用机理才有意义。

4. 政府治理下的预算平衡管理

自 20 世纪七八十年代开始，全世界的政府治理普遍受到了全球化、市场化以及信息化浪潮的冲击，公共服务从需求到供给都发生了巨大的变化，整体日趋多元化，科学信息技术的发展以及经济结构的变动都对政府行政提出了更高的要求。传统的以集权控制为基础的科层化政府体制与社会变化越来越不适应，政府治理出现了一些新困局，例如政府财政失衡、政府信任危机和政府管理无力等问题。具体来说，有以下几类问题深深困扰着政府。一是如何解决日益严重的政府官僚主义问题，为社会提供更高质量的公共服务；二是政府当如何发挥经济发展与稳定的职能，如何增强在世界市场上的竞争力；三是如何克服 20 世纪 70 年代以来的普遍弥漫的财政危机。面对这些问题，早期由威尔逊（Wilson, 1886）和古德诺（Goodnow, 1900）奠定的政治行政相分离的行政理念，以及马克斯·韦伯（Max Weber, 1904）创立的科层化的官僚理论，似乎都不能为有效改善政府治理提供答案。因此，需要对政府的角色定位、政府与社会之间的关系加以重新研判，或者需要有新的政府治理模式缓和政府与社会之间的紧张关系。

在治理理念上，西方国家治理新模式的基本理念可归纳为：社会公共管理的责任由政府组织与非政府组织共同承担，重构政府与公民社会或民间社会

① 作为理论推演，有必要抛开某些命题不论，而讨论其他更为基础性的命题。

的关系；重新认识市场在资源配置中的核心位置和作用；重新整理政府组织与非政府组织的关系；从政府的完全理性假设到有限理性假设。在此基础上，学者们提出了不同的治理模式。美国著名行政学家盖伊·彼得斯（Guy Peters, 1998）经过综合归纳后，在其编著的《政府未来的治理模式》一书中将政府治理模式理论大致分为 4 种，即市场式政府理论、参与式政府理论、弹性化政府理论和解制型政府理论。也有学者认为与其称政府治理为一种理论，不如视其为一种运动。因为他们认为政府治理尚未形成理论体系。但是，政府治理不论是理论，还是运动，各国政府在 21 世纪都普遍面临着国内外环境的深刻变化，这要求政府改变原有的治理模式以保证政府活动的持续性与有效性。可以明确的是，从预算主体的视角来看，政府作为首要主体地位是难以改变的（至少在短期内是这样），但是，这并不意味着其重要性是不可撼动的，随着包括预算权力在内的政府权力的让渡①，一种很自然的效果便是政府在公共预算的职责也会相应减轻，从而有利于预算平衡的实现。然而，如何推动有效的权力让渡本身却是另一个有待回答的问题。

2.3.2 预算活动理论

1. 预算职能理论

政府预算作为一种历史现象，与特定的时间、特定的地点相联系，但并非一成不变，且人们对预算职能的理解也在不断发展变化。凯顿（Caiden, 1978）提出了收入汲取、履行公共责任和行政控制这 3 项预算职能，并总结出西方国家政府经历了 3 个预算时期：前预算时代、传统预算时代和超预算时代。在中世纪后期到 19 世纪初，大多数西欧君主专制时期的政府，预算职能集中于收入的汲取，预算既无内部行政控制，也无外部监督，更缺乏公共责任，

① 这种权力的让渡可能是主动的，也可能是被动的，但不论是以何种方式实现权力的让渡，其结果都是使政府预算职责变轻。

不需对人民负责，这一时期被称为前预算时代。19 世纪以来，各国政府相继建立现代公共预算体制，进入了传统预算时代，把公共责任和有效行政控制引入预算，旨在克服上一时期的政府预算存在的种种问题，具有很强的“控制取向”。20 世纪 70 年代以来，预算行政控制的弱化，使预算表现出了非弹性、预测难、私有化有、零碎化等特点。凯顿将其概括为超预算时代[①]。表 2–3 总结了各时期的预算特征。

表 2–3　各时期的预算特征

时　期	特　征	特征解释
前预算时代（中世纪后期—19 世纪初）	连续性	根据资金流量和资金的可获得性随机安排收支
	分权化	收支分散，不存在中央财政控制
	私有化	私人账户和国家账户经常混为一体
	权宜性	政府会使用各种权宜性手段筹集收入
传统预算时代（19 世纪—20 世纪 70 年代）	年度性	每年进行一次预算决策
	一致性	所有预算决策必须放在一起
	恰当性	预算是公共的和公开的，有授权才拨付
	审计性	政府部门的收支必须受到审计
超预算时代（20 世纪 70 年代以来）	非弹性	预算承诺难以随意终止，年度性或被打破
	预测难	受不可控因素影响，预算变得难以预测
	私有化	公私部门界限模糊，政府预算不能反映其活动
	零碎化	预算被拆散，部分资金脱离预算约束

尽管超预算时代突破了传统预算时代建立的预算原则，但是超预算时代的去公共性与现代预算本身所要求的公共属性不相吻合，并不为社会所认可，

① 马骏 . 公共预算原则：挑战与重构 [J]. 经济学家，2003（3）：73-81.

传统预算因具有较强的控制取向，在实际预算工作中仍具有强大吸引力。

时至今日，预算的职能界定已经日趋一致，大体上有以下 4 个方面。其一是保证国家财力，通过预算的编制，事先进行预测，使国家能提前掌握一年内能筹集到多少收入，并根据财力的多少和支出的需要确定支出，实现“量入为出”。其二是实现财政规划。财政规划反映出政府的活动范围和方向。预算收支的增减变化或不变，要反映出政府的政策取向。同时，优化内部预算权力配置，有助于提升政府治理能力。其三是实现外部监督。向外界呈现出预算编制、执行的各个环节，有利于公众参与对国家事务的监督。其四是调控宏观经济。对国家预算的收支规模进行调整，可以调节社会总供给和总需求的平衡。调整预算支出的结构可调节国民经济结构，因而国家预算的编制和执行情况对国民经济和社会发展都有直接的制约作用。

2. 预算扩张理论

在各国经济的发展过程中，无论是从绝对量还是从相对量来看，预算支出都呈现上升趋势。对这种趋势的解释有很多，较早的比较有代表性的西方财政理论有瓦格纳（Wagner，1880）提出的政府活动扩张法则，也即所谓的瓦格纳法则，皮考克（Peacok，1961）和怀斯曼（Wiseman, 1961）提出的梯度增长理论，以及马斯格雷夫（Musgrave）和罗斯托（Rostow）提出的经济发展阶段理论。此外，新近的理论有渐进预算理论、官僚预算最大化理论、“软预算约束”理论、预算支出增长过程理论等，从不同角度对政府预算的扩张进行了解释。

（1）渐进预算理论

自 20 世纪初，从美国“进步时代”开始的预算改革强调集权化，运用复杂、全面的预算技术改革旧预算。预算被视为一个完全理性的技术问题，而政治过程缺乏效率，故回避政治过程。自 20 世纪 60 年代以来，在芬诺（Fenno）和威尔达夫斯基（Wildavsky）的努力下，公共预算的理论建构有了突破性进展，他们提出了渐进预算理论。该理论认为预算决策是一系列政治过程的结果，受宪法、政党立场、集团利益、公众意见等政治因素影响，预算决策处于政治过程中，应当运用政治学理论来回答预算的最基本问题①。绝大多数时候，政府大幅地削减项目支出，或者增加税收，都将会激怒项目受益者或相关纳税人。在连续的预算过程（预算周期内、预算周期间）中，预算拨款发生的变化不大，当期预算排布会成为下一期预算的粗线条指导，尽管不排除一些例外的"震动"，但是这些"震动"通常是一些相对温和的改变。正如威尔达夫斯基说的，渐进预算的基本命题是："预算是渐进地做出，而非全面的。一个简单的智慧是，支出机构不会根据项目的价值评估所有方案。相反地，支出机构的预算是建立在上一年的预算基础之上，并特别关注边际变化。"渐进预算主张渐进地学习，而不是大刀阔斧式地调整，至少从规范意义上来说应当如此。

（2）官僚预算最大化理论

尼斯坎南（Niscannan, 1971）在其《官僚组织和代议制政府》一书中提出了官僚预算最大化理论。他采用新古典经济学的成本收益分析方法，以理性经济人假设为前提进行分析，发现官僚体系的行为动机和出发点既非一般社会公共福利，也不是由政治家圈划出来的国家利益，而是官僚体系自身的利益。其行为动机是扩大官僚系统自身的权力，如提高工资、福利和公众声誉等，为了这些目标，官僚们必然会扩大机构预算的规模。此外，为了获得下属的支持与合作，上级官僚也将追求机构预算的最大化，预算规模越大，可以提供给下属成员的晋升机会和工作保障就越多。因此，追求预算最大化是官僚系统固有的行为取向。由于官僚机构倾向于最大化本机构预算，以及实现这一行为目标并不困难，结果便是官僚机构过度膨胀，公共产出水平高于公众实际需求水平，即所谓的"过度政府"现象。然而，最近也有研究表明，虽然有部分官僚的动机就是薪水，但也有很多官僚认为他们最主要的动机是有

① 这一最基本问题是，究竟以何为依据，把 X 美元分配到 A 活动，而不是分配给 B 活动？

机会为人们做些好事，如向无家可归者提供住房、向饥寒者提供衣食、帮失业者找到工作、向无工作能力者提供资助等，扩大机构预算规模只是其实现社会信念的结果而已。甚至有的官僚机构的负责人之所以得到任命，是因为其愿意精简机构与削减机构预算。

（3）“软预算约束”理论

“软预算约束”是指政府预算不能有效约束政府行为，使得政府预算支出膨胀。“软预算约束”理论由匈牙利经济学家科尔奈（Kornai, 1980）首先提出，其著作《短缺经济学》刻画了政府“软预算约束”的三重失控：一是政府行为失控，政府各部门的行为不再依照政府预算的既定目标实施；二是财政支出失控，政府年度支出计划无法从实际上约束政府支出；三是政府预算失控，预算缺乏有效约束，政府收支平衡计划不能落实，出现财政赤字。

科尔奈继续分析了“预算软约束”的原因，具体如下。第一，政府预算资金未能公平分配。政府预算分配本应体现办事原则即事权原则，但实际上其分配却采用基数办法进行，结果是应得到或追加预算的单位没有得到相应的预算，应退出预算的单位却按照基数办法得到了预算。第二，预算支出存在刚性。预算支出易上不易下，本该减少支出的机构不愿意缩减其支出规模，而另一些本该获得公共资金的新领域却得不到资金安排。第三，预算分配缺少预见性。预算的编制只是为了应付形式上的预算平衡，而对未来的收支事项没有充分预估，导致在实际中不得不追加支出。第四，存在预算外资金。一些部门为使支出不受预算约束，逃避监督，设法编列预算外资金，这滋生了乱收费、乱罚款，甚至权钱交易等政府行为失控的现象。

（4）预算支出增长过程理论

预算支出增长过程理论（White, 1994）认为预算过程不可能完全以理性方式运行，政治过程也是不可能回避的。预算支出增长是公共产品的供给过程和需求决策共同作用的结果，或者，可以认为源于现代政府预算制度本身，诸如预算制度缺陷、预算参与者行为以及财政幻觉等，其解释如

表 2-4 所示。

表 2-4　预算支出增长过程解释

预算制度缺陷	1. 税收与政府支出决策分离，高估了公共产品需求，低估了供给成本。 2. 采用过半数决策规则，即使成本超过收益，但因成本分散、利益集中，项目也能通过。 3. 公债的发行创造了新的支出增长条件
预算参与者行为	1. 政治家选票最大化，政治家选择扩大预算支出以谋求当选或连任。 2. 特殊利益集团获益，特殊利益集团左右议案表决，促使议案决议有利于本集团。 3. 官僚预算最大化倾向
财政幻觉	1. 收入财政幻觉。公众未能意识到税收负担的增加，倾向于支持更多的预算支出。税收结构越复杂、越间接，收入财政幻觉越强。 2. 支出财政幻觉。公共部门未能充分显示提供公共产品的真实成本及支出规模，使预算支出超出公众意愿并不断扩大

3. 预算过程理论

20 世纪 80 年代，公共预算学者勒娄普（Leloup）和鲁宾（Rubin）二人针对渐进预算理论对政府预算过程和结果解释存在的局限，提出了预算过程模型，拓展了研究公共预算的新方法。预算过程模型分析了预算参与者复杂的预算决策行为。鲁宾认为，政府预算是目标不同的众多预算参与者共同影响作用的政治过程。

公共预算过程对经济和政治环境保持着开放性，会根据外部环境的变化做出适当的反应，能够将各种预算参与者的要求和正在变化的预算环境纳入其中。预算过程模型将预算过程分成 5 项相互关联的决策束：收入束（Revenue Stream）、过程束（Process Stream）、支出束（Expenditure Stream）、平衡束（Balance Stream）、执行束（Execution Stream）。各决策束过程及特征如表 2-5 所示。

表 2–5　实时预算决策束及过程与特征

决策束	过程与特征
收入束	收入的技术性预测，决策涉及能否与如何通过税收政策的改变收入等
过程束	预算平衡管理的参与主体，及其如何做出预算决策等
支出束	各项预算支出预测与估计，对有限预算资源的竞争与博弈权衡
平衡束	政府债务可否与及如何应用于预算平衡
执行束	关于预算计划的执行，可接受的偏差范围，不可违反的政策限度等

上述 5 项预算决策束共同作用形成了“实时预算模型”。各决策束根据其余决策束的决策信息的变化进行实时调整。决策束间有以下联系。第一，各预算决策束相互作用。各决策束会根据其他决策束中已有或将有的决策，调整本决策束的决策。第二，各决策束相互独立。各决策束没有既定的时间先后顺序，可同时进行决策，也可先于其他决策束进行决策。第三，各决策束非阻断。即使某一决策束决策受阻，也不会影响其他决策束决策。第四，各决策束具有时间约束性。预算结果必须在某一个时点通过。此外，鲁宾还补充说，预算参与者受环境约束。预算过程如图 2–2 所示。

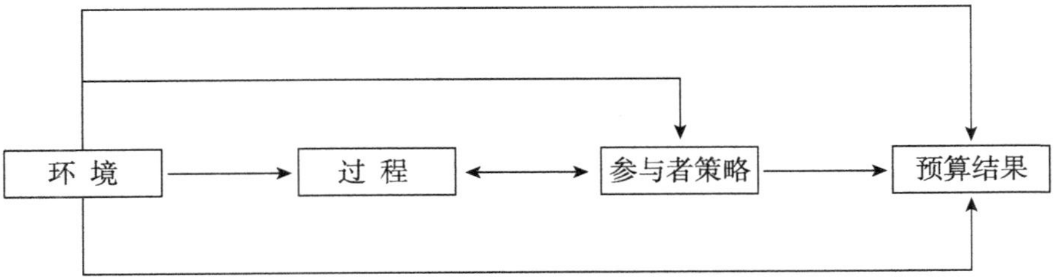

图 2–2　预算过程示意图

环境约束包括两类。一类是资源的约束。当收入减少，资源特别紧缺不能满足由下至上的要求时，结果将是预算参与者相互妥协，接受较少的收益；当收入增长，可分配资源丰富时，结果将是预算过程分散，不再过多强调政策比较，各政策的支持者间的竞争减弱，更多地强调预算与未来的发展目标相联系，强调对新支出的需求。另一类是之前决策的约束。例如存在债务总量的法律限制，当收入减少、债务规模过大且缺少有效控制，现有目标又难以维持时，设置新目标通常是不可能的，那么，控制支出和债务就会成为主要的预算管理活动；反之，如果环境允许增加支出，而现有的预算过程使得支出增长缓慢，预算活动应该能使支出决策更快、更容易地做出。

4. 预算平衡理论

平衡作为政府公共预算目标，具有天然的合理性与正义性，但是对于如何实现平衡，以及实现何种平衡却充满争议，也因此形成了各种预算平衡理论。从财政预算平衡思想的发展来看，政府预算平衡的概念从年度平衡逐渐发展为周期平衡；从单纯地追求财政预算收支平衡，演变为实现宏观经济的整体平衡。自由资本主义时期，各国以年度预算平衡为目标；到了垄断资本主义时期，形成了凯恩斯理论，主张周期预算平衡。近几十年来，基于周期预算平衡理论又产生了许多其他预算平衡理论。

（1）年度预算平衡理论

年度预算平衡理论，又叫“年度财政平衡”理论，主张一旦出现预算赤字，政府必须进行弥补，每个财政年度的收支都要保持基本平衡。在资本主义自由竞争时期，年度预算平衡是控制政府财政支出增长的有效手段。西方经济学家一般主张自由主义，反对国家干预。反映在对财政预算行为准则的解释上，这一时期的西方经济学家特别是古典学派的经济学家，主张实行严格的平衡预算。20 世纪 30 年代经济大衰退之前，年度预算平衡理论一直是正统预算理论。年度预算平衡理论是以量入为出为中心的理论，作为政府预算的基本理论延续了一个多世纪。该理论主张：要保持预算在每个财政年度的严格平衡，预算规模应当尽可能小，财政支出要尽可能少。债务是子孙后代的负担，一切欠债都是罪恶，政府公债更是如此。年度预算平衡遵循斯密的古典经济学理论，主要基于以下逻辑：政府发债其实是将原来私人部门的生产投资性资本转变为公共部门的非生产性支出，形成了政府财政赤字，非生产性的财政赤字是一种巨大的浪费，并将导致通货膨胀。以年度预算平衡为准则控制政府支出增长，是减少浪费、控制通货膨胀的有效手段。但是，在经济的周期性波动中，年度预算平衡准则抑制了政府熨平经济波动的能力。资本主义周期性经济危机的集中大规模爆发，促使了周期预算平衡理论的诞生。

（2）周期预算平衡理论

20世纪三四十年代，资本主义世界集中爆发了规模空前的经济危机，同时，也撼动了人们对放任自由市场内在稳定机制的长期信仰。危急时刻，政府对经济的干预被赋予了正当性。反映在预算准则上，年度预算平衡准则被放弃，周期预算平衡理论应运而生。一直到20世纪70年代止，周期预算平衡理论都被奉为正统预算理论，并作为圭臬指导公共预算管理。周期预算平衡与年度预算平衡形成对称，主张财政发挥反经济周期的作用。周期预算平衡理论的基本逻辑是主张财政“逆经济风”行事，熨平经济周期性波动的同时，实现预算在周期内的平衡。其具体措施可概括如下。

在经济繁荣期，政府应当紧缩开支、增加税收，有意识地积累预算盈余；在经济衰退期，政府应当增加支出、减少税收，甚至可大胆地安排预算赤字。预算赤字的目的在于提振低迷投资和消费，提高总需求水平，恢复经济增长的动力。从经济运行效果来看，局部的预算不平衡（盈余或赤字）发挥了反经济周期、熨平经济周期波动的作用。也可以这样认为，以预算的周期性波动置换了经济的周期性波动。换言之，以政府公共预算波动换来了经济的平稳运行（至少是平稳的预期）。而就周期而言，经济繁荣期的预算盈余与经济衰退期的预算赤字两相抵消了，预算仍然是平衡的。这便是周期预算平衡的魅力所在，它既大胆地突破了（短期）预算平衡的制约，又接受了（中长期）预算平衡的内在约束。

但是，实际应用周期预算平衡理论仍面临不少困难。一是，经济周期波动往往并不是对称的，经济繁荣与经济衰退的时期长短不尽相同，波动形态也不可能完全一致。那么，指望经济繁荣期的预算盈余与经济衰退期的预算赤字两相抵消并不现实，收支差额不但可能依然存在，并且有可能还很大。严格的周期平衡只是巧合，经济体系没有一种能够确保周期对称的内在机制。二是，在某一周期处于波峰时，经济不一定存在严重的通货膨胀。有时，经济处于波峰并没有提供充分就业产出。在这种情况下，预算盈余就形成了一个极不合理的稳定政策。三是,有些制度因素会妨碍周期预算平衡理论的实现。在资产阶级民主政治制度下，院外压力集团对立法有很大影响。由于高支出、低税收常常受到欢迎，结果导致了院外支持赤字预算的倾向。

同时，理论界也有这样的认识：在经济周期中周期预算平衡难以实现。这主要是因为对经济周期的预测极为困难。经济周期长短不一，通常难以估测。即使能准确预测经济周期，赤字和盈余在数量上相等也很难保证，经常出现的情况是预算有赤字的年份多，预算有盈余的年份少，甚至经济周期内没有预算盈余的年份。

（3）其他预算平衡理论

基于周期预算平衡理论，还派生出了其他一些预算平衡理论，如功能性预算平衡理论、充分就业预算平衡理论、货币政策预算平衡理论等。

年度预算平衡理论与周期预算平衡理论都过于重视在财务上控制收支平衡，却忽视其他财政或经济政策目标的可能结果，反而无法达到资源配置的最佳效果，功能性预算平衡理论于焉兴起。功能性预算平衡理论强调政府可借由公共预算以达成总体经济发展的目标。因此，不排除政府可借由收支的不平衡，如发行公债去扩大公共建设的任务，带动需求的增加，有助于经济的发展、税收的增加，最后有助于预算的平衡。但是问题在于，预算决策是高度政治的产物，当下举债建设未必以未来的预算平衡为约束，还有可能造成代际不公的问题。

以美国经济学家萨缪尔森（Samuelson）为代表的后凯恩斯主流学派提出了充分就业预算平衡理论。该理论认为，要重视财政政策对经济所产生的结果，而不应过多考虑政策是否符合传统理念，预算的首要功能是稳定经济，经济的平稳才是最重要的，预算的平衡居于次要地位。该理论认为，只要没有达到充分就业，无论在经济衰退期还是在经济繁荣期都可以推行赤字预算。如能保证充分就业，预算纵有赤字，亦无不可，只要社会就业率够高，政府的税收就会慢慢增加，那么预算盈余就会开始出现，使政府有能力得以真正偿还一切的公债与借款。

货币政策预算平衡理论强调各国预算法的规定本质上就是“形式的年度预算平衡理论”，而非是“实质的年度预算平衡理论”，因为政府可以借由公债或借款以弥补财政收支短差。但是预算赤字的问题还是没有解决，唯一的解决方式是，政府应该通过对货币供给量的调控，来达成预算的收支平衡。例如当政府财政收支失衡时，政府可通过所需增加税收的货币量以达到预算平衡。但是，其问题在于，政府执行了货币政策预算平衡理论，而无法捍卫汇率的话，在全球经济体系下，可能会导致国家倒闭。

2.3.3 制度经济学范式

诺斯（North）、科斯（Coase）和威廉姆森（Williamson）等新制度经济学家，从人类活动的特点出发，阐释了社会经济制度的构成与运行，探讨了在经济运行中制度因素的地位与作用。他们对人的行为作了 3 个不同传统经济理论的假定，即行为动机双重性、有限理性、机会主义。新制度经济学的研究范式已经应用到市场、企业和公共部门等众多领域，其中，公共预算也已成为新制度经济学的一个重要研究领域。

1. 产权、行政权与政府预算

产权理论主要研究市场经济下产权的界定及交易，由美国的“芝加哥学派”创立。科斯发表的《企业的性质》（1937）和《社会成本问题》（1960）成为西方产权理论的开山之作。在科斯看来，产权主要指的是财产使用权。德姆塞茨（Demsetz, 1967）则提出产权是一种行为权利，“产权的所有者能够以特定的方式行事,并期望共同体能阻止其他人对他的行动的干扰”。阿尔钦(Alchian, 1987）认为产权作为一种制度规则，形成与确认了资产行使权利的方式。菲吕博腾（Furuboton）与配杰威齐（Pejovic，1994）则认为“产权是人们基于物的存在与使用所产生的相互之间认可的行为关系”。因此，可以认为产权根植于社会财富的生产与分配中，或者说产生在经济市场中。而行政权则异于产权，其发端于政治市场，反映了政府的职能履行。这两类权利在社会经济活动中交互作用，当市场经济下的产权体系失灵时，行政权通常会设法填补产权失灵带来的权利真空。如果政府的活动范围遮盖了市场活动空间，就会使得行政权大于产权，滋生寻租社会，社会便追求租金的最大化。政府预算正是行政权取得收入并配置资源的方式，政治家、官僚、利益集团和选民会不谋而合地促使预算支出规模扩大，甚至使支出规模超过合理的范围，使市场效率受到损害。因此，在公共选择学派看来，政府预算的范围不应过大，而影响正常的市场交易。而行政权与产权交互作用，无论谁先产生，其作用都有着不确定性，市场产权体系失灵可能会导致市场失灵。同样，行政权介入公共生活，面临着权利支配行为的不确定性，可能导致在其参与到资源配置的过程中，带来难以用市场标准评价其效率的问题。行政权的介入可能是有效的，也可能是无效的。并且，即使感受到某种行政权的介入是无效的，由于其运作是多方协作的结果，其撤回也将极其困难。

2. 交易成本与政府预算

交易成本是指在交易过程中人们付出的成本。科斯在《企业的性质》(1937) 中首次提出交易成本理论。科斯证明了通过优化企业内部的层级结构来配置资源，可以有效减少频繁的市场交易，从而降低市场交易的成本。威廉姆森等（2002）的研究则完善和发展了交易成本理论。威廉姆森提出行为人的“有限理性”和“机会主义”假说。他认为，在不可能获得全部信息的背景下，人的有限理性使得其在利益的诱导下采取机会主义，增强了交易过程中的相互不信任，结果是降低了交易效率、增加了交易成本。预算活动也有交易性质，机会主义、不确定性和信息不对称等现象也大量存在于预算过程。交易成本普遍分布在公共预算的编制、审议、执行以及监督等环节，诸如：①政府预算的制定成本，如预算立法起草、谈判成本等；②政府预算的执行成本，如政府预算的监督、执行成本等；③预算参与者投入人力、财力进行选举、投票乃至寻租等活动所产生的各类成本；④政治交易成本，在经济政策制定过程存在信息阻隔、机会主义（道德风险）与资产专用性 3 种交易成本。总之，交易成本理论的解释力很强，有着广泛的适用性。大量的政府活动都可以纳入该理论的分析框架，其中就包括运用到政府预算的理论研究中。并且，通过进一步的理论修正，交易成本理论可被用于解释或比较各种不同的预算研究结果。正如威廉姆森所说，“对预算参与者和预算交易的分析显示，预算契约很容易受到交易风险的困扰。所有这些契约风险会使令人满意的预算交易很难发生，而使得不受欢迎的预算交易很容易发生”。

2.4　预算平衡理论的价值与局限

预算平衡这一主题综合性极强，本节从预算主体、预算活动以及制度经济学范式下的预算 3 个角度作了预算平衡的理论推演。这些理论与预算平衡在不同层面具有紧密联系，对解释预算的运行及结果有着较强的说服力，为我们了解预算平衡提供了有益的见解，具有较高的启发意义和价值。但是，这些理论都没有提供预算平衡的实现方法，故我们可以称这些理论为非系统性的预算平衡理论，我们既需要从不同的理论中汲取养分，也需要认识到其局限所在，不能基于某一单一的理论逻辑，以偏概全地理解、实施跨年度预算平衡管理。

2.4.1 预算主体理论的价值与局限

预算主体理论主要从政府职能、财政分权、政府债务的角度说明预算的发生及其演进的规律。政府职能理论说明了在不同历史时期政府（国家）职能的扩展与变迁，政府职能在不同的历史时期处于动态的发展演化过程中，预算则要服务于不同的政府职能，总体上呈扩大的趋势，并且隐含了这种职能扩张趋势具有某种合理（法）性。而事实上，政府职能在经济总量及干预范围上的扩展，必然会增加政府工作的强度，而由人组成的政府要统御日益庞大、复杂的体系，预算出现不平衡的可能性将会大大增加。因此，预算不完全是被动地服从于政府职能，预算的产生及发展也制约着政府职能。

政府职能与预算平衡紧密联系，二者的实施主体均为政府，即政府要履行各项公共职能，编制并执行预算。但遗憾的是，这二者往往被切割开来，预算平衡没有被纳入政府职能任务，预算平衡（不平衡）是政府履行各项职能之后的附属结果。政府为保证某一项公共职能的履行，可以在短期内放弃预算平衡，允许预算赤字的出现，并且在现实中，短期化政策存在着被长期化使用的倾向，其结果是预算长期失衡，继而侵蚀政府履行公共职能的基础。比如，出现公共产品提供不足、提供困难，甚至政府停摆等。

从某种意义上来说，预算平衡是政府的健康指征，当这一指征达标时，政府就有实力履行各项公共职能。由此引申开来的问题是，随着现当代政府职能日益拓宽，政府职能边界何在？如果其已经超边界了，如何判断这一事实？本研究得出，预算的中长期平衡的维系很可能便是政府职能未超边界的重要标准。如果预算的中长期平衡可以预期，那么，政府职能就可以向更大范围拓展，否则，就应当收缩为那些基础性的职能，如提供基本的公共秩序等。基于此，本研究得出预算平衡既是其他政府职能的保证，其本身也是政府的“底层职能”。就如同人支配各种活动需要健康的身体，而健康管理本身也应当构成人的活动之一，身体机能的短期透支可以接受，但长期健康则需要有意识地加以管理。

财政分权理论从政府结构入手分析政府内部的权力分配，拒绝从一般抽象意义上讨论预算平衡，主张从政府内部的权利、责任关系来讨论政府职能，并由此展开分析预算平衡。财政分权理论提出了政府管理（支出）效率主题，说明了缺少有效的财政分权，可能导致公共产品供给与当地民众需求不相适配问题及“用脚投票”现象，但是这一理论还没有将垂直间政府权力分配效率与预算平衡结合在一起。现实中，预算不平衡现象很可能是政府间分权结构不合理造成的。并且，财政分权理论对于中央集权的大国的预算体系及其运行效果往往具有较强的解释力。第 3 章描述了对我国预算平衡管理变迁的研究，其中一条重要的线索就是中央与地方预算在财权、事权分配关系的演变。

政府债务理论本身承认债务存在的必然性及合理性，这就直接挑战了传统的年度预算平衡，也正因为要调和债务，就需要将预算平衡的视野加以拓展，即允许个别年份出现预算赤字，并通过债务来抹平赤字。就预算管理的总体趋势而言，预算管理的视野逐渐向中长期拓展，也正因此，预算的跨期平衡或者在中期内的平衡成为预算管理的一个重要命题。

政府债务理论可追溯到亚当·斯密（Adam Smith）时代军费的紧急支付，军费之外，政府债务发行受到严格限制，当然，其更一般的推论是一国预算平衡当属于常态。但显然，这一时期的政府债务理论主要是基于其与税收的关系而展开的，比如李嘉图等价定理及其后续发展理论。直至凯恩斯主义出现后，政府债务理论才从债务与税收的等价关系讨论中脱离出来，债务与干预主义合流，使公共预算服务于短期的经济增长与稳定，因此提供了后来世界各国预算不平衡的理论渊薮。应当说，政府债务理论已经将政府的收支关系放在了一个多年期的时间范畴内进行讨论，牵涉预算的跨期平衡，但是，预算平衡显然没有在政府债务理论中得到哪怕是初步的讨论。

2.4.2 预算活动理论的价值与局限

预算活动本身直接与预算结果相联系，预算活动可从其职能、扩张、过程与平衡等方面进行讨论。

预算职能理论可分为3个阶段，尽管预算具有明显的历史特征，也就是说预算与特定的时间、地点相联系，但在各阶段中，预算不具有独立的平衡主张，而是围绕着各时期政府职能的实现而存在。比如凯顿提出了预算的收入汲取、公共责任及行政控制3个职能。其中，后两个职能包括了预算平衡的职能，如果公共责任需要平衡预算，那就去平衡预算。也就是说预算服务于公共责任与行政控制职能，当然也还服务于收入汲取职能。由此引申出的问题是，随着当代政府职能日益拓宽，政府职能边界何在？如果其已经超边界了，如何判断这一事实？本书认为，公共预算可持续的平衡是政府职能未超边界的一个重要标准。一方面，政府职能扩展满足了公众对公共产品的基本需求；另一方面，政府不会扩大那些不必要的支出，拖累预算平衡，致使更为重要、更基本的政府职能（公共支出）的实现遭到破坏。

预算扩张理论则试图阐释预算扩张的原因，无论是渐进预算理论、官僚预算最大化理论、“预算软约束”理论以及预算支出增长过程理论都承认了预算扩张的客观性，尽管未必认可其是合理的。应当说，预算扩张理论揭示了预算管理上的“紧张”，而这种“紧张”正反映了预算收支平衡上的压力，而之所以会出现这种压力，是因为预算具有天然的求平衡的内在要求。但是，遗憾的是，预算扩张理论的主旨并不是讨论预算是否平衡以及由预算扩张带来的预算失衡的处理，而仅仅是停留在分析预算扩张的内、外在机理。

预算过程理论则认为，预算处于某种预算环境中，应当分析各预算参与者在预算过程中的各种行为特征及其产生的结果，堪称最为鞭辟入里的预算理论。预算可实时划分为5项决策束：收入束、过程束、支出束、平衡束及执行束。不同的决策束代表着不同的政治力量，预算结果是各决策束综合作用的结果，因此，这一理论对现实预算有很强的解释力。这一理论的进步之处是将预算平衡托出到了理论台面,真正开始关心预算平衡及其实现问题。但是，其理论重心仍不在平衡如何实现上，而是说明预算过程中各力量的相互作用。

预算平衡理论是从预算平衡的时间跨度、预算平衡与其他宏观经济目标间的关系来研究各种预算平衡形式。年度预算平衡理论主张，在每个财政年度内收支都要保持平衡，并且强调预算不平衡所导致的政府债务不仅是子孙后代的负担，而且可能会造成政府浪费与通货膨胀等问题，只有平衡的预算才是理想的状态。事实上，后来发现这种理想的年度预算平衡并不现实。周期预算平衡理论则从经济运行的规律出发，提出预算收支刚好平衡并不是常态，在各年度间经常是预算盈余与预算赤字互现，但是从整个经济周期来说，可以通过调剂预算盈余与预算赤字实现在周期内的预算平衡。然而，这种主张同样也不够现实，最大的问题是，尽管有经济周期存在，但经济周期的长度是难以确定的，从而难以实现周期预算平衡。而以功能性预算平衡理论为代表的其他预算平衡理论，认为财政政策的基本功能是稳定经济、促进经济增长、充分就业等，这些宏观经济目标的实现可以抹平短期预算不平衡对政府造成的负面影响，预算平衡可暂时屈从于其他宏观经济目标，并且，预算平衡从长远来说是可期实现的。

2.4.3 制度经济学范式的价值与局限

制度经济学范式下的预算平衡则跳出了政府主体以及预算活动本身，从制度运行的角度思考预算平衡，认为制度和交易成本的存在常常会使预算活动达不到应有的效率水平。行政权会在产权之外介入预算导致效率损失，从而间接但显著地影响到预算平衡的结果。因此，新制度经济学提供给我们的间接的预算平衡建议是：一是需要从上层建筑即制度本身长远思考预算，其中隐含着制度应当具有一定的弹性；二是应当使行政权得到有力的监督，避免权力寻租，膨胀预算。然而，在制度经济学范式下理解预算平衡并提供平衡建议，把平衡的问题归结为制度成本及产权问题，没能使问题简化，因为它忽视了预算活动本身的规律，也不去探究政府财政管理上的不确定因素。事实上，笼统地在制度上突破预算平衡管理困局，可能使得平衡改革变得更为艰难。

总的看来，现实经济环境的不断变化，使得原本简单的预算平衡概念变得越来越多元、越来越复杂，我们不能只从单一的维度进行理解，而对预算平衡理解的演进正体现了这种现实经济环境的变迁。本章所讨论的预算相关理论似乎都是预算的“不平衡理论”，这些理论从不同角度揭示了预算不平衡的事实及背后的机制，对如何保证预算平衡的中长期可持续却没有提供明确的方法或实现机制。但是，上述理论仍然为预算的跨年度预算平衡管理提供了大量启示，虽然这些理论具有分散性，不够系统，但仍可堪称预算平衡管理的重要“板块”。在后续研究中，这些“板块”将用于实现跨年度预算平衡管理。

第3章

跨年度预算平衡管理框架设计

跨年度预算平衡管理覆盖财政预算编制、执行、评价、反馈等环节，当设计一整套综合的管理框架，通过此框架可提高财政管理水平、提升预算长远规划性、加强预算监督与评价，最终实现收入与支出的中期结构平衡。搭建易理解、可执行、规范化的跨年度预算平衡管理框架成为跨年度预算改革的当务之急。从世界各国实践来看，存在着多种跨年度预算管理模式。其中，世界银行设计的多年期预算框架（图 3-1）较为成熟，可资借鉴。该多年期预算框架有两大基本任务：一是设定中期财政目标；二是配置财政资源战略。围绕着这两大基本任务，该框架分为四大流程，即经济与财政预测数据更新、财政战略报告、预算政策声明与部门内支出审核。

世界银行所设计的多年期预算框架流程较为成熟，但并未就如何从传统的年度预算迈向中期预算改革提供具体的指导。本章在借鉴世界银行多年期预算框架流程的基础上，分别从基本要素、技术要素以及组织要素这三大维度来重新设计迈向跨年度预算平衡管理的框架。

基本要素设计的主要内容是预算原则、改革目标、涵盖范围、框架体系、滚动模式等基础性议题；技术要素设计则是从技术操作细节上考虑跨年预算制度，包括对支出管理、收入管理、债务管理、稳定管理、预算预测等具体技术层面的设计；组织要素设计则侧重于对预算实现环境以及预算参与者的分析以及安排，包括对实施环境、组织实施等层面的设计。跨年度预算平衡管理整体框架结构设计如表 3–1 所示。

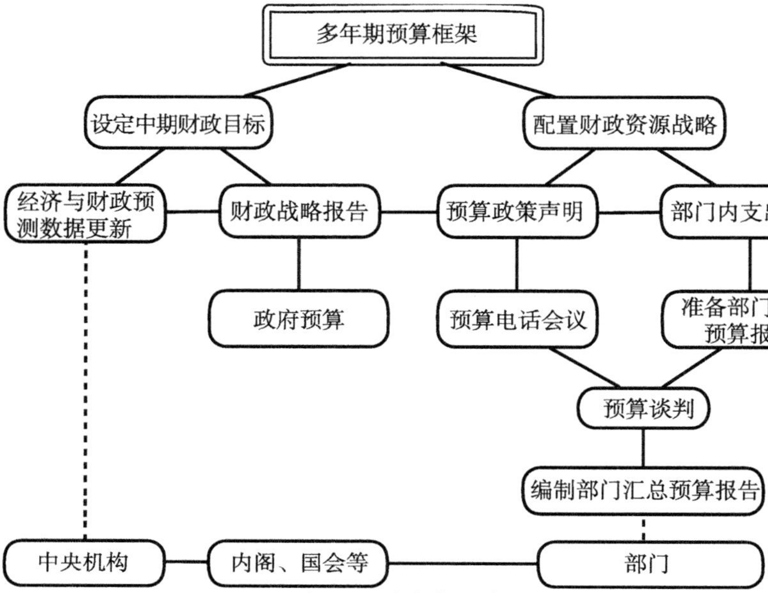

图 3–1 多年期预算框架

资料来源：世界银行官方网站。

表 3–1 跨年度预算平衡管理整体框架设计

维 度	设计内容	要素构成
基本要素	预算原则	总量控制、优先排序、绩效导向、循序渐进
	改革目标	整体性目标、局部性目标
	涵盖范围	政府层级、部门领域、支出类别
	框架体系	财政规划、部门限额、项目应用
	滚动模式	N 年一定，逐年滚动制定
技术要素	支出管理	总额控制、优先排序、干预性支出管理、新支出项目审查
	收入管理	收入预期管理、收入目标区间管理、收入审慎预测
	债务管理	债务规模、债务用途、债务主体、债务风险
	稳定管理	预算稳定调节基金、预算调整规范
	预算预测	预测跨期、预测方法、预测沟通、结果应用

续表

维　度	设计内容	要素构成
组织要素	实施环境	经济文化背景、行政支持、法律环境支持
	组织实施	改革主导者、执行参与者、平衡监督者、其他参与者

3.1　基本要素设计

跨年度预算平衡管理机制的构建，涉及对一些基本问题的回答，这些基本问题作为跨年度预算基本要素构成，决定了一国跨年度预算的基本形态。它们至少包括：跨年度预算平衡的基本原则及目标为何？实施跨年度预算平衡管理改革，政府层级作何安排？跨年度预算框架的层次体系是怎样的？如何安排跨年度预算滚动模式？下面分别就上述基本问题加以讨论。

3.1.1 预算原则

财政资金跟任何其他经济资源一样，具有稀缺性，需要考虑配置的效率。同时，财政资金与一般性经济资源的不同之处在于，财政资金关系到广大纳税人的利益，其配置还应考虑政治、经济、社会、管理等多重因素。跨年度预算平衡管理改革既要致力于实现资源的中长期动态优化配置，避免资源错配和浪费，还要遵循一定的预算原则，保证正确的改革方向。

1. 总量控制原则

总量控制原则是指在整个预算周期内，根据经济运行总体情况及未来宏观经济走向，设定支出限额，不得突破。所以该原则又称支出上限原则、支出天花板原则。政府支出受限于某个资源可获得的水平，只要这个水平不被突破，政府支出活动就会朝着平衡及可持续的方向发展。因此，总量控制原则实际上也起到强调财政纪律的作用。同时，总量限额下，政府会寻求资金的有效用途，根据社会、政治、经济等具体条件安排支出，有的部门可能得不到预算，或者只能得到较少预算。因此，这也迫使各预算单位尽可能提出一个有竞争力的预算草案，证明本部门的资金使用是有效率的。资金使用效率的提升客观上也促进了预算平衡。只有严格的支出总量限额控制，才能保障财政纪律的严肃性以及预算的中长期平衡。值得补充的是，在广义上，为配合支出总量控制，总量控制还包括收入总量控制、债务总量控制、赤字总量控制和借款总量控制等。

2. 优先排序原则

优先排序原则是基于财政资源的有限性，遵循相关的政策导向，对公共资源进行有效安排，需要对各种支出项目进行评估，确定项目的价值、可行性，并形成支出项目的优先排序，从而确保公共资金得以有效利用。

优先排序涉及的时间应当足够长，只有从多年期视角进行优先排序，才能保证其科学性。优先排序的过程是一个多方利益博弈的过程，需在组织内部形成协调及政治妥协。尽管优先排序不能保证一定能够得到合意的结果，但是优先排序的过程本身提供了一个公共讨论的机会，使得分配结果具有更好的公共认同。

通常来说，部门间活动往往由于不具有可比性，或者可比性较差，使得优先排序变得困难，往往仍需要基于渐进预算的模式分配财政资金。但是，就部门内部而言，项目的轻重缓急以及综合绩效评价则在技术上比较容易，此时优先排序就具有了可能。因此，先在微观上加强支出项目的优先排序是一个好的开始。

3. 绩效导向原则

财政支出对应着一定的产出结果，预算资金的使用和分配应以绩效为引导。即要在严格的财经纪律下，实现资金运行的合规和高效，体现出资金分配的效率以及提供公共服务的效率，让广大民众满意，此即达成了某种绩效，也就是符合所谓的绩效导向原则。

绩效的达成不仅表明公共资金得到有效的配置，还会从以下两个方面促进预算平衡的实现：一方面是资金得到了有效使用，避免了公共预算资金的浪费，减少了支出端的无效扩张，从而有利于预算平衡的实现；另一方面是预算绩效的达成，能够增强公众对政府的信任与信心，巩固政府的执政合法性基础，进而为政府在预算收支两端进行腾挪提供了空间，有利于预算长期平衡。

4. 循序渐进原则

由于跨年度预算的复杂性及各国国情不同，没有统一的跨年度预算平衡管理模式可供套用，特别是从传统的年度平衡管理模式转向跨年度平衡管理模式的过程中，会面临诸多挑战。即便是在一国内部，各地经济发展状况不同，也会使得跨年度预算在理解、预测、执行等环节存在各种差异。因此，要允许在推行跨年度预算的过程中循序渐进，接受各地方、各部门灵活调适具体的跨年度预算方法。跨年度预算改革可以有不同目标层次，这为循序渐进的改革调适提供了选择，不存在非此即彼的二元选择困境，更不是在一次性跳跃中实现的激进式改革。事实上，跨年度预算并不构成对年度预算的革命，相反，跨年度预算孕育于年度预算的体制之内，跨年度预算是针对年度预算的不足而做出的改进与升级，并不要求完全推翻原有的年度预算。

3.1.2 改革目标

预算制度改革拟实现的状态便是改革目标，跨年度预算平衡机制改革是一项综合的、体系性的改革，尽管涉及较多层面，但最终仍将落实到具体实施主体上来，因此可以基于实施主体的宏、微观角度设计改革目标。本部分提出了跨年度预算改革的整体性目标与局部性目标，并强调了目标之间的关联。

1. 整体性目标

预算的整体性目标是指预算作为国家治理的制度性工具，其设计期冀达成的宏观政策意图。通过拓展跨年度预算视野，跨年度预算平衡管理机制可能产生多种政策效应。比如，促进宏观财政稳定、优化政策决策、纾解中央与地方的财政紧张等。

20 世纪 90 年代以来，为实现财政可持续发展而实施跨年度预算，成了世界各国新型财政管理模式的重要选择。尽管跨年度预算所设定的目标基本相似，但因各国国情各有不同，其整体性目标存在差异。例如，美国是为了控制政府支出规模和财政赤字；澳大利亚则是想要提高预算透明度；赞比亚则是试图整合过于零碎的项目支出，使项目支出与财政资源得以匹配。

有观点认为，跨年度预算平衡的目的是实现逆经济周期，通过在预算周期内的余缺调节来熨平经济波动。本研究认为，这种观点愿望良好，但是实现难度较大。面对诸如经济周期时长是多久、多大的赤字或盈余才能与宏观经济目标相匹配、可否解决经济衰退等一系列具体、复杂的技术性问题时，跨年度预算无论是在理论上还是在技术上，都不能有效回答这些问题。预算逆经济周期的作用，只是多年期预算平衡管理的一种偶然结果。事实上，少有国家成功实现逆经济周期的预算管理操作。本研究认为，就我国而言，跨年度预算平衡管理机制的整体性目标应设定为在国家层面上谋求预算的中长期可持续，实现科学有效、现代化的国家治理。值得说明的是，预算的中长期可持续与预算透明性、预算法治化、达成预算绩效、严格预算纪律等目标有着内在联系，我们也可将这些方面视为跨年度预算的整体性目标。很大程度上，它们既是预算平衡实现的手段，也是预算平衡的目标。

2. 局部性目标

局部性目标是指预算的各级政府或预算管理、执行及监督部门，期望通过跨年度预算管理达成的目标。跨年度预算平衡的局部性目标包括：收支限额、债务管控、促进部门内外资源分配、增强预算可靠性、提高资金使用效率等。具体的局部性目标可以由相关政府或部门自行确定。局部性目标往往要与一系列具体的预算管理方法相结合，比如零基预算、绩效预算、地方政府债务管理制度改革等。因此，局部性目标则可根据地方、部门的主要矛盾不同，实际情况差异等加以因地制宜的安排。例如，在宏观经济变量出现重大变化后，收入政策部门可根据税收收入主要来源类型分别作敏感性分析，调整相关税种的税率，出台相应的税收政策文件等。

3. 目标的关联

实施跨年度预算平衡管理改革时，还应注意整体性目标与局部性目标之间的关联协同，避免上下“两张皮”。一方面，整体性目标的制定为局部性目标的制定提供了方向性指导，同时也约束了局部性目标，如部门的发展战略必须服从于整体性目标，有利于整体性目标的实现。另一方面，局部性目标的实现是整体性目标的微观基础，整体性目标是局部性目标实现的汇总。

同时，局部性目标也有一定的独立性，即其制定可根据部门内的具体情况加以灵活安排，应肯定局部单位的创新精神。基于不同政府层级，具体的预算目标选择当有所不同。中央政府应以整体宏观调控为主要任务，并根据具体的宏观调控任务设定跨年度预算目标，如促进财政资源的战略性、优先性配置，并对支出、赤字和债务总量实施全局性控制。地方政府的预算管理，如省级政府的预算管理可以以政府债务管理、项目管理为主要目标。以欧盟各成员国普遍推行的中期预算框架为例，尽管欧盟中期预算框架提供了一系列全局性目标指导①，但实际执行中，欧盟各成员国都是基于各国国情推行不尽相同的中期预算管理方案，如在政治承诺、规划跨期、覆盖面、目标形成、约束性等方面有较大的差异。

---

① 欧盟中期预算服从于区域的稳定与趋同发展，它具有一定的约束力，并以区域经济一体化为最终目标。

3.1.3 涵盖范围

制度改革涵盖范围越广，效果便越好，但制度改革是否具备全局涵盖的条件则值得审视。例如，跨年度预算平衡管理是对“整个政府”进行改革，还是分步骤地先从部分层级政府、个别部门开始改革，以及改革是否同时涵盖经常性支出或资本性支出等。因此，需要对改革涵盖范围做好设计。

1. 政府层级

各国的政府层级结构不尽相同。有的国家政府层级较少，各层级政府间的预算职能相近，预算管理水平也相差不大，那么，统一推进改革就比较容易。而另一些国家则可能不仅政府层级多，而且各层级政府间预算管理水平迥异[①]。这时，为顺利推进改革，就需要对各政府层级的预算管理水平作认真考察。

在我国，新《预算法》（2014）认可了省级政府发债权力，这就要求省级政府对多年期债务的借贷与偿还进行管理，承担起多年期债务的预算平衡管理责任。而省级以下的地方政府，更多地应突出多年期预算上限约束、严肃财政纪律、达成预算绩效等。因此，不宜在“整个政府”推行统一的跨年度预算模式，而应根据政府与部门的特点推行不同形态的跨年度预算管理方法。以我国的县乡政府为例，以农业为主的县乡财政一直很困难，税费改革使其失去了重要的自有收入来源，其预算的基础盘子并不充实、稳定。在欧盟，尽管预算框架指南（Budget Framework Directive）要求成员国提供常规稳定与趋同计划的目标信息。但是，各国计划文件的形式与内容也有很大的不同。这些文件可以认为是中期预算框架的组成部分。例如，奥地利的周期性联邦预算框架法案设定了中央政府的支出上限、人员数量，但是，在法律上这仅

① 政府间预算管理水平的差异，通常是制度设计的结果，低层级垂直政府由于未能被授予足够的资源调控权力，故而具有较低的预算管理水平。此外，预算管理水平也可能无关乎资源调控权力，而仅仅是来自预算管理主体的预算平衡能力。这已经是另一个主题，本书不对此作进一步讨论，仅将政府间预算管理水平差异作为一种既存事实。

是附属于整个中央政府的预算目标的战略报告；在瑞典，中期支出上限只存在于中央政府及年金系统，但是下级政府也受到平衡预算规则的约束，甚至一般政府净借款也会设置一个剩余目标。从欧盟的实践来看，将跨年度财政计划覆盖到所有下级部门既不可能，也不见得有利。

2. 部门领域

将跨年度预算推向整个政府部门体系，会使支出总额与财政赤字得到有效控制。从理论上来说，相比于只有个别部门参与跨年度预算平衡改革，所有部门同步改革，一方面能确保所有支出都受到严格的审查和优化，另一方面多部门联动改革有利于改革措施在部门间得到配套。但是，当改革部门的利益未能得到保障，或者在某些基础性制度供给尚不充分时，大举改革不但可能造成巨大的浪费，还可能造成部门产生挫败感并抵制改革。因此，跨年度预算改革应在合理配置事权、财权、转移支付这三大财政要素的基础上，照顾不同部门的利益诉求，有效调动其改革积极性，增强部门的改革示范作用，最终使改革向全体部门推开。

3. 支出类别

预算平衡管理的关键是控制住支出，具体的对象可以是经常性支出与资本性支出。一般说来，经常性支出具有稳定性，因此具有更好的可预测性，控制过程中遇到的技术性困难相对较小。资本性支出则具有更明显的跨年特征，政府收支的平衡程度在很大程度上取决于资本性支出的控制程度，以多年期的支出来控制资本性支出似乎更有决定性意义。在理论上，跨年度预算平衡管理应当对上述两类支出均进行控制，但是，各地、各部门的实际情况不同，在推行跨年度预算平衡改革的初期应当有所取舍，日后再渐次全覆盖。

3.1.4 框架体系

根据跨年度预算管理内容、措施的不同，跨年度预算框架体系可分解为 3

个层次：财政规划、部门限额和项目应用，如表 3-2 所示。在财政规划层面以政府为主体，对与预算相关的宏观参数进行预测，并提出多年期的财政总体规划，优先排序各主要预算支出，实现相关债务限额分配。部门限额是指将财政规划转变为部门实际预算，预算限额在部门层面正式发挥约束力。项目应用是指将预算限额进一步细化到项目层级，讲求预算支出效果，使跨年度预算在具体的支出项目上得以体现，并且可以进行预算支出项目的绩效评价。

表 3-2　跨年度预算框架体系层次

层　次	主要内容	关键措施	预算文件
财政规划	宏观经济趋势	制定中期财政与货币政策	宏观经济预测文件
	中期财政收入	预测财政收入总量	财政收入政策文件
	债务政策	制定宏观债务限额	债务政策相关文件
	多年财政支出	综合法定支出与可用资源的支出估计	多年期总支出说明
	支出优先排序	战略优先排序与部门间资源分配	财政支出政策文件
部门限额	部门支出限额	既定政策下各部门的预算限额	部门预算支出文件
	部门战略实施	预算限额内，实现政府部门目标的方法	部门间再分配文件
	跨年度预算支出估计	经常性支出、资本性支出与新增支出限额	跨年度预算表格
项目应用	支出与支出政策关联	说明预算内的政府支出政策	预算和政策的关联
	成本核算	部门项目的成本	项目成本分析报告
	跨年度预算效果	预算绩效评价	预算绩效报告

从表 3-2 中的主要内容、关键措施来看，财政规划是政府基于宏观经济多年期的预测与判断，对财政收支的全局部署，即提出政府支出政策（战略），包括形成初步的支出优先排序，设定债务上限以实现债务管控等。这是政府层面上的跨年度预算管理。部门限额是具体预算执行部门在理解国家多年期财政部署的基础上，编制多年期的部门发展规划、预测本部门所需的多年期

资源数量，具体地讲，就是对现已批准的各部门、单位、机构、项目和工程预算进行初步识别和计量，计量所需资金。这是部门行政层面上的跨年度预算管理。项目应用是跨年度预算进入精细管理阶段，预算已经细化到项目层级，具有显著的工程专业化管理特征。

3.1.5 滚动模式

在理论上，有以下几种跨年度预算滚动模式。①模式一：跨年度预算以 N 年为周期，每 N 年制定一次，此期间收支完全按照期初预算设计执行，在预算周期最后一年，再次制定下一个 N 年的跨年度预算，如此循环。②模式二：跨年度预算以 N 年为周期，每 N 年制定一次，第一年的预算完全按照期初预算设计执行，剩余各年度的收支在不违背期初预算设计的政策取向的前提下，允许逐年滚动调整，直至该预算周期结束，在预算周期最后一年，再次制定下一个 N 年的跨年度预算，如此循环。③模式三：跨年度预算以 N 年为周期，每年均为新的起点重新设计下一个 N 年的跨年度预算，逐年滚动设计。模式三同模式二相似，只有第一年收支严格按期初预算设计执行，剩余年份的预算计划是虚化的，或者说是指导性的，可随着时间推移而逐步调整或者重新设计。

模式一设计完成之后便在所有年度得到严格执行，为未来 N 年预算收支提供了一个稳定的预算计划，这要求期初预算设计十分严谨，对未来 N 年的预测也要相当精确。较少国家能有强大的多年期预算设计能力。如丹麦、瑞典与荷兰的四年期预算框架设定了每一年的支出上限，这种做法的好处是预算时间跨期与政府任期保持一致，这使得政策制定者有更强烈的意愿尊重其财政计划并为之负责。更多的国家则是采用模式二或模式三，这两种模式本质上都属于滚动式的跨年度预算，第一个预算年度的部门支出上限约束力最强，一经设定除非遇到非常性冲击或事件，原则上不予调整，其他年份的收支都会根据新的经济形势调整，使得预算更具弹性，当然也带来了对未来预算可变更的预期。但是，滚动式的跨年度预算并不意味着除第一年外的预算计划是无用的。本质上，无论是模式二还是模式三，它们都是以跨期的视野来安排预算的，即便后续年份未按期初预算设计执行，但与模式一相同，它们都提供了一个多年期的具有前瞻性的预算安排。即使在后期执行中未得到严格实施，但是，较之年度预算，无论何种预算滚动模式，跨年度预算在客观上都会稳定各预算主体对未来财政收支的总体预期。

3.2 技术要素设计

技术要素设计是制度设计的具体化，只有在技术上可行，才能保障制度的有效运作。例如对宏观经济的预测、收支管理、债务管理等，都需要使用现代经济模型分析技术，对现代信息技术灵活应用。应当说，成功实施多年期预算平衡管理的国家对相关技术细节有着严密的设计，或者能在制度运行过程中及时对各技术要素进行调整。由于各国对技术要素的设计选择是不同的，因此，没有统一的技术蓝本可供直接使用。本节的技术要素设计主要从以下 5 个方面展开介绍：支出管理、收入管理、债务管理、稳定管理以及预算预测。

3.2.1 支出管理

公共服务的出现，既有民众的需要，也可能出于政治目的。无论是政府还是民众都可以列举出各种潜在的公共服务，也就是说，只要没有收入约束，支出是没有上限的，这个观点得到了瓦格纳的实证研究的支持。然而，财政上，收入显然是不可能没有约束的，因此支出必然存在上限。这就要求政府设置支出上限、安排支出结构，无论是在支出总量上的增减，还是在支出结构上的调整，都会对预算平衡产生直接的影响。

1. 支出总额与预算平衡

预算失衡最直观的表现是支出过度扩张。因此，在财政收入未能大幅增长的背景下，设定预算支出总额是约束支出膨胀，实现预算平衡的基本手段。具体包括以下注意事项。

第一，综合考虑财政收入约束、战略规划等因素。通常，设置支出上限不但可以保障预算的整个支出框架在程序和形式上的合法性，还能对各部门支出形成硬约束。但支出上限设置过高，预算监督则会没有意义，设置过低则会出现预算执行困难。这就要求公共部门拥有更好的预算管理技能，提高支出上限的可行性。

第二，得到公众的支持与理解。在既定的公共服务产出效率下，支出上限必然会限制公共服务提供水平，而得到公众的广泛支持是支出限额控制的重要社会基础。以加拿大为例，加拿大分别在 1985—1991 年、1994—1997 年期间实施的两轮支出削减改革形成了鲜明对比。在第一轮计划前，加拿大人并不视联邦赤字和国家债务为重要的经济问题，最终，计划的效果是总赤字仍一直高于除意大利之外的其他几个 G7 国家。而在第二轮计划下，加拿大政府加强了与公众的沟通，公众对财政稳定的理解也得到显著增强，普遍承认高额债务对经济发展以及代际公平的不利影响，开始支持结构性改革[①]。因此，此轮计划实施后，加拿大政府总结余在 G7 国家中，从倒数第二上升为第一名。

第三，控制自由裁量支出比重。支出可作固定支出和自由裁量支出的二分。固定支出受到严格的支出限额约束，而自由裁量支出所受约束则很弱。因此，固定支出所占比重越大，财政纪律的控制力就越强；相反，自由裁量支出比重越大，财政纪律就越难形成，财政效率的提升也会受限。为回避限额管理，

① 保罗・莫罗，削减公共债务：财政调控的成功之道与失败之源 [M]. 马蔡琛，等译 . 大连：东北财经大学出版社，2013.

部分机构可能会人为操纵扩大自由裁量支出。因此，控制自由裁量支出比重是平衡预算的重要环节。

第四，确定政府与市场的边界。公共产品（服务）供给主体并非一成不变，某一公共产品（服务）既可以由政府提供，也可以由市场提供。无论是政府提供还是市场提供都有相对应的收益及成本。科斯在《经济学中的灯塔》中深刻讨论了公共产品的性质及其供给，他以英国早期灯塔为例进行说明，并不存在纯粹的公共产品，任何政府或个人试图垄断公共产品的供给都是不可能的。因此，政府在进行公共产品（服务）供给决策之前，应先考虑市场提供的意愿及能力，对于市场有能力并有意愿提供的公共产品，则应将相应的投资支出让位于市场。

2. 支出总额的形成

支出总额的形成可分为 3 个阶段。

一是自上而下地确定多年期的资源总量，确定财政政策目标。财政主管部门利用预测模型预测资源总量，基于历史支出规模、优先次序和政策，将资源分配到各支出部门，完成资源的初始配置。

二是自下而上地汇报各支出部门所需资源。各支出部门依据国家财政政策目标，制定支出计划，估计支出成本，提交多年预算申请报告。预算申请报告是经过了内部项目竞争筛选后的资源配置申请。

三是协调部门之间的财政资源配置。财政主管部门基于宏观经济及财政预测情况，以及财政战略目标，确定预算支出的优先排序与部门支出上限，形成最终的预算政策声明。各支出部门根据声明指导规划本部门工作任务和预算列支，支出总额最终形成。

上述过程中，支出总额需要与部门支出最低需求之间达成某种平衡。上级财政主管部门不应过早地给出总额上限，从而抑制支出部门战略性的配置资源努力，而应鼓励各支出部门根据战略需要，而不是仅仅根据总额上限安排支出，从而增强各支出部门规划能力，提高预算的可靠性和透明度。

3. 支出的优先排序

因为公共资源有限，所以需要对公共资金作优先次序安排，这一过程可以确保资源投入重点项目或有效率的项目，同时，还能促使政府变革组织通过新的工作方式完成任务。

在公共支出特征的研究中，早期渐进预算理论强调预算的“渐进”特征，但对预算过程中的“排序竞争”特征却态度含糊[①]。Natchez 和 Bupp（1973）在不否定预算支出是渐进变化的同时，也正面肯定了支出具有竞争性特征。预算过程中，大量预算项目的此消彼长，反映了各预算参与者间的竞争关系，部门层面的支出也具有渐进特征,且在项目层面上“排序竞争”特征表现明显。项目的竞争排序主要集中于政府内的执行层。Gist(1982)认为预算的“渐进”和“排序竞争”特征普遍存在于项目和部门两个层面。政府优先安排程序决定了哪些项目与服务是重要的。具体而言，优先安排程序决定了每一项目与服务的资助程度及持续时间，因此，预算支出优先排序必须纳入跨年度预算平衡管理，并在资金拨付级别层面上得以细化。本书认为，在跨年度预算支出优先排序安排上，可在以下两个层面上展开。

一是在战略性层面上的排序。战略性排序往往不是具体的支出安排，没有直接的资金配比，但其一旦形成，基础性的支出架构便得以定型，其影响将是长远的,对预算的长期平衡及可持续将具有至关重要的作用。但遗憾的是，在现实中，国家战略可能并不存在，或者并不明确存在，因而不能对部门的预算配置形成指导。还有一类情况是各种战略规划林林总总，但战略规划间缺少沟通渠道，往往相互独立，造成同一领域的重复配置。因此，在跨年度预算设计过程中，既要努力减少国家战略的缺失，还要设法提高战略规划体

① 威尔达夫斯基和凯顿（2006）认为预算竞争客观存在，但是又认为预算竞争在经历了长期博弈后会被最小化，从而坚信预算是稳定的渐进的。

系的沟通协作性。

二是在项目竞争层面上的排序。这一层面上的优先排序围绕着既定的战略目标，对本单位主持项目的合规性、合理性及效率（绩效）水平，从多年期管理的角度加以科学的论证，从而争取靠前的次序。这个过程提高了具体资金的使用效率，降低了项目的运营成本，从而在支出端促进预算的多年期平衡。

4. 干预性支出管理

要对公共服务需求的变化保持敏感。中期财政战略要事先预估未来人们对公共服务的需求，提前将人口、疾病、技术、经济、气候等因素引入干预性分析。人口数量与结构的变化会对财政支出规划产生巨大影响，无论是人口总量的变化还是日益严峻的老龄化问题；未来的疾病发展趋势也将会形成新的公共健康服务需求，诸如糖尿病、肥胖症，及各种传染性疾病等都要求有相应的社会保障与社会福利支出；随着社会迈入移动网络时代，人们对网络接入服务的需求也将日益多元化；全球化、气候变暖，以及各国不同的经济增长率等都会对未来的中长期预算平衡产生巨大的影响等。提前引入此类潜在公共服务分析，可降低未来政府公共支出管理的被动性。

5. 新支出项目审查

在不同的时期，会有一些新的临时性或者永久性的支出项目出现。而即使是临时性的支出项目，一旦得到一次批准，既得利益者会对该项目产生依赖，阻止以后撤销该支出项目，从而使支出未能按预期收缩，从而破坏原有的预算平衡设想。因此，在新的支出申请成为正式预算之前，需要对其进行支出审查。以英国为例，其将预算项目类比为某一动物形象，共三类项目，成为预算是否得以批准的重要依据。Ⅰ类是“黑公牛”项目，鼓励通过，这类项目存在合理性，可获得充足的资金支持，并且能够证明其对产出有明显正面影响；Ⅱ类是“粉红猪”项目，选择性通过，这类项目规模小，通常用作赞助，或用以维持政治或地区性系统，不必逐一监督，但要控制总支出上限；Ⅲ类是

“大白象”项目，要予以严控，这类项目成本极高，往往具有很强的意识形态特征及良好的“声望”，一旦批准后就难以撤销。

3.2.2 收入管理

财政收入充裕时，预算盘子很好把控，政府较少考虑如何维持预算平衡，而将精力更多放在如何花钱上。然而，没有理由认为经济会长期景气，财政收入会长期增长并保持充裕[①]。因此，要科学、规范、有效地进行收入管理，为各预算主体提供一个稳定、可预期、规范的收入环境，避免为维持暂时的预算平衡，频繁干预收支两端。

1. 转向预期管理

“预期管理”常见于货币政策管理领域，旨在提高货币政策效率，早见于 Woodford（2005）对信息经济与货币政策关系的研究[②]。随着大众信息获知领域的扩展，预期管理也相应地被应用于其他公共管理领域，财政收入也从原来的“任务管理”向“预期管理”转变。收入的“预期管理”是通过规范财政收入制度，明确规定不同类别财政收入的财权归属、征收标准等环节来实现的，在保障了收入权威性和严肃性的同时，稳定了各预算主体的预算预期。收入不再是硬性的任务约束指标，而需依法征税，规范税收优惠，杜绝“应征少收，不征”或者征收“过头税”。

规范的财政收入制度仅是静态的预期管理，动态的预期管理更为复杂，也更需要注意。因为财政税收制度需根据宏观经济结构的变化来调整，在制度的调整过程中管理好各级预算收入的预期，显得尤为重要。例如税收收入

① 尽管这是个简单朴实的规律，然而，在现实中，政治家们还是倾向于给民众一个良好的经济预期，进而夸大公共财政收入。

② 其基本观点是，微观经济主体信息获得能力增强并相互作用，会放大整体对信息的敏感度，进而改变原有货币政策作用的效果。因此，央行需要改变、纠正、重塑和引导现有预期，将市场预期内化为政策制定和执行的一个因素。

分配体制的变动将会改变原有财政事权与财权的匹配度，为此，必须尽早明确划分政府间事权和支出责任，测算出政策变动可能引起的税收变动，在此基础上确定税种的划分以及共享税比例的调整，最终使各级政府形成拥有充足、稳定财力保障的预期。

2. 目标区间管理

财政收入的影响因素较多，可控性较弱，一旦设定了具体的收入任务指标，会使财政收入征集部门疲于完成指定的任务，其中不仅包括税收收入任务，还包括其他形式收入的指定任务。事实上，正是由于税收收入任务无法正常完成，又缺少弹性空间，才形成了各种形式的不正规的收入，扰乱了人们对税收负担的预期。因此，有必要进行财政收入的区间管理，通过设置合理的收入“上下限”区间，提高对财政收入波动的容忍程度，避免让硬性的任务指标制约财政自动稳定器功能的发挥。

3. 审慎预测收入

收入预测虽然只是对未来收入的预期，不是真实的数值，但是仍会对未来财政支出形成某种心理约束，会成为政府支出规模决策的基础。提高收入预测的审慎度有利于预算平衡的实现。许多国家的实践表明：政治家一旦有机会，就会冒险选择过于乐观的收入预测，并匹配以更高的支出，实现延长其政治任期等目的。因此，审慎的财政展望应至少包括两种不同的收入预测场景：一是反映最有可能的经济场景，二是反映在较不利情形下的经济场景。在预算过程中，除了考虑各主要政府部门的预测之外，还应广泛借鉴其他独立于政府部门的组织的预测，如金融机构、高校科研组织等，尽可能从不同角度采用综合、审慎的多主体收入预测，降低政治家过于乐观的收入预测给预算平衡造成的负面影响。在具体方法上，可采用多种方法预测收入，以使收入落在一个合理的范围内。图 3–2 所示为财政收入预测方法示意图。

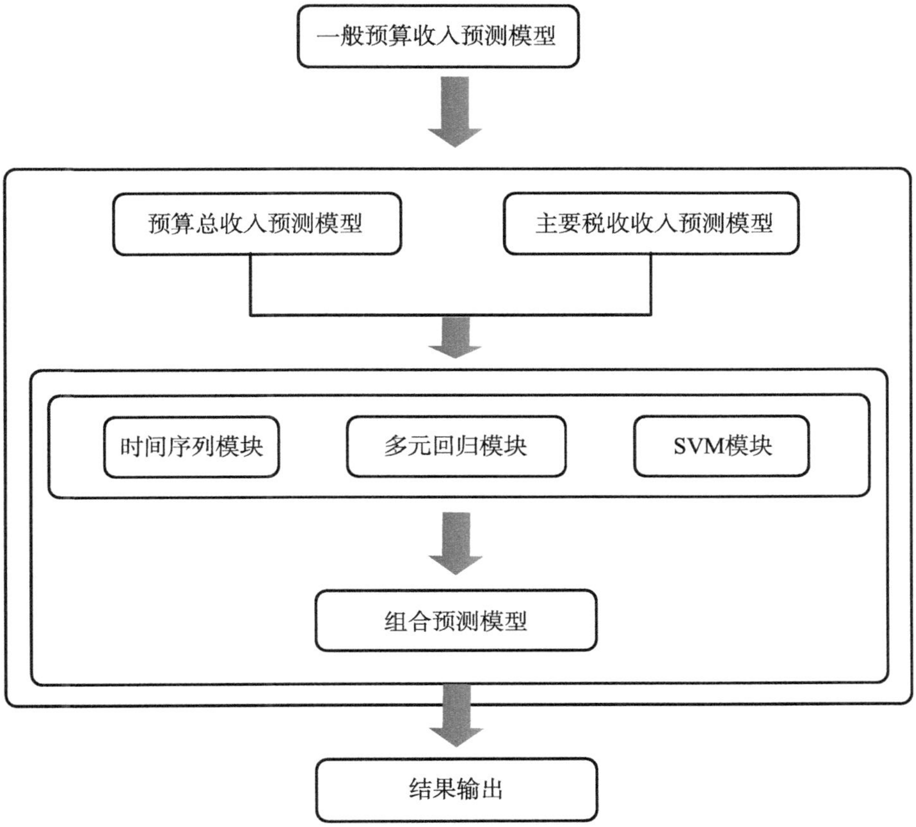

图 3–2　财政收入预测方法示意图

3.2.3 债务管理

政府债务本质上是“延迟的税收”。当债务对应着收益，其偿还有充分的保障时，那么债务就能从容应对短期预算收入不足，弥补预算短期赤字，保证公共产品的提供，并且在中长期内维持预算平衡。然而，债务对于预算平衡的实现是一把“双刃剑”。政府债务若在后期未能得到妥善管理，债务的偿还成了预算支出端的持续压力，甚至持续膨胀，那么债务就是预算平衡的远期拖累。跨年度预算的多年期收支平衡管理思维，为债务管理提供了理论及实践上的启发。同时，债务管理也成为跨期预算平衡管理重要的主题。

1. 债务规模管理

在国外政府的债务规模管理实践中，一般是借助若干债务规模评价指标来判断实际的债务是否处于安全可控范围。这些债务规模评价指标有：债务率、新增债务率、负债率、偿债率、债务依存度等。目前，以欧盟的《马斯特里赫特条约》所提出的政府赤字率（3%）与债务负担率（60%）的安全控制线标准最为流行，为不少国家所引用。但是，也有学者认为这两个安全控制线标准是基于欧洲现实制定的，具有其自身经验性，并没有太可靠的经济依据。

在地方政府层面，由于各国存在政府层级设置、经济财政发展状况以及统计口径等方面的差异，对地方债务规模警戒线的设置各不相同①。例如，俄罗斯 1997 年 9 月出台的《俄罗斯联邦地方政府财政基础法》就规定了地方政府的借债上限为预算支出的 15%；英国曾在 1999—2005 年实施了“可持续规则”，对于用于资本项目的政府举债，规定其规模占 GDP 的比重必须维持在一个市场可以接受的水平，当时这一比重被控制在 40% 以内；英国政府在 2010 年设定了一个强制性目标，要求在这 5 年的周期调整后，即在 2015 年实现经常性预算平衡，以及政府净债务的下降；2014 年 12 月，英国修订了《预算责任章程》，提出要在 2016—2017 财政年度实现公共部门净债务占 GDP 比重的下降。此外，债务规模管理还要考虑其他的一些经济变量，包括一国（地区）的经济总量、赤字水平、通货膨胀率、既有债务存量、人口结构等。

2. 债务用途管理

公共支出的资金缺口反映了各部门未能得到的资金支持，并形成了一般意义上的债务需求。但是没有理由认为各部门会等效地使用债务资金，部门的资金缺口更不是作为债务筹资的充分条件，特别是在地方借债上限的约束下，

① Rossi S，Dafflon B. The theory of sub-national balanced budget and debt control [J]. Local Public Finance in Europe: Balancing the Budget and Controlling Debt，Cheltenham，Edward Elgar, 2002: 15-44.

各部门应根据债务的使用效率并结合资金需求的紧迫性评定是否提供债务筹资。债务究其本质而言仍然是公共资金，公共资金就应当讲求使用绩效。此外，债务的使用方向还应遵守“黄金规则”，即在一个经济周期内，公债收入只能用于公共投资，而不能用于经常性支出。例如，英国在 2014 年修订后的《预算责任章程》提出了政府借款只能用于投资性支出而不能用于经常性支出。

3. 债务主体管理

税收是最基本的财政收入工具，各级政府通常都具备一定的税收资格与税收汲取能力。然而，公债作为一种特殊的财政收入手段，其筹资资格却未能像税收一样被赋予到各级政府。这主要是因为公债具有国家主权色彩，而国家主权具有唯一性，中央政府就被一般性地认为是唯一合法的公债发行主体。或者，退一步来说，地方政府若亟须公共债务资金的支持，也只能由中央政府代为发行。随着各国中央政府把部分的经济管理权力下放到地方政府后，地方政府在经济决策上有了一定的自主权，而各种形式的地方政府债务逐渐由非正式的、局部的现象逐渐演变为正式的、普遍性的存在。随着地方政府债务管理主体地位的确立，也伴生出相应的债务风险，并不是每个地方政府（特别是省以下级别的地方政府）都能实施有效的风险管控。因此，未来仍然需要以渐进、审慎的方式赋予地方政府以具体的债务主体管理权限。基本做法是要求地方政府在进行债务融资时，需向财政相关主管部门做注册登记，并对相关债务发行事项进行披露，如要对举债事由、举债规模、举债程序、发债范围、债务协调、偿债机制、违法后果等进行公布。

4. 债务风险的预警与处置机制

（1）建立债务风险的预警机制

政府要全面把握债务总额、期限结构以及财政运行态势，建立起政府综合财务报告制度，动态跟踪债务风险变化。为此，政府可以基于债务风险事件不同属性，将债务风险事件划分为若干级别，还可根据债务率、偿债率、新增债务率、逾期债务率等指标，及时分类识别风险，对高风险债务提供预警。风险可划分为一般、较大、重大、特大这 4 个递增的等级。

（2）建立债务风险的处置机制

已经面临债务风险预警的政府要有中长期债务处置规划，在严格控制新项目增量债务的同时，还要减少不必要的支出，引入社会资本实施资产重组，消化存量债务。在确实无力偿还债务时，政府应启动应急处置预案，确保不发生区域性或系统性风险。

3.2.4 稳定管理

在预算的执行期间，预算盈余（财政超收）和预算赤字（财政超支）当属常态，进一步推论便是，预算平衡管理当从维持单一年度的预算平衡转为在多年期内对预算进行平衡性调节。而多年期的预算平衡管理可分解为：预算稳定调节基金，预算调整规范。

1. 预算稳定调节基金

预算稳定调节基金是指为实现有效宏观调控，保持预算在各年度间的稳定和衔接，从一般公共预算提取的具有逆周期效应的储备性资金。在理论上，可以通过经济繁荣期的财政盈余来弥补经济衰退期的收入不足，实现财政资金的周期性调剂，但是其波动较大。因此，为确保更稳定一致的资金支持预算稳定调节基金，更为有效的做法是结合各地实际情况，形成不同来源的预算稳定调节基金。预算稳定调节基金包括以下两类。

一类是一般预算储备基金。从政府预算年度盈余中积累，或者从非正常因素形成的超收收入中提取。当经济状况较好时，按固定比例范围在部分行业、领域的税收中提取划入储备基金。这种做法在新加坡、爱沙尼亚、南非、中国香港、美国的阿拉斯加州等国家和地区较为普遍。以美国为例，其按照预先设定的公式，分别从财政决算盈余、一般基金中提取资金划入预算稳定调节基金。

另一类是资源价格稳定基金。在具有资源型优势的国家或地区，其主要税源便是这些资源，如石油、天然气、矿产资源等。由于资源产品价格受市场价格波动的影响较大，这样就可以在资源丰产期或资源价格上升期积累“超额”的财政收入，以保证未来的支出需要。例如，伊朗的石油稳定基金、智利的铜矿价格稳定调节基金等；美国一些州在矿产税、燃油税等资源税收入超出某一标准时，会将一部分收入自动转入预算稳定调节基金账户。

在一国之内，各地经济发展水平存在差异、收支结构不同，这决定了基金来源与功能定位上当有不同。因此，在预算稳定调节基金的方案设计上，应当设计多元化的预算稳定调节基金来源，以充实预算稳定调节基金；在预算稳定调节基金的使用上，则应当注意各地具体功能定位的不同，在发达地区应侧重其调节功能，在落后地区则应侧重其财政储备功能。

2. 预算调整规范

在预算执行过程中，经常会因一些特殊情况导致收入减少或支出增多，原来计划好的预算平衡，便会出现收不抵支或者批准的债务数额不足的问题，这时就要允许预算调整以批准总支出超过收入，或增加债务总额。跨年度预算的时间管理周期变长，不确定性相应增加，使得预算调整更加常见。然而，关于预算调整仍存有争论。因为，预算调整所需透明度要求较低，某些预算支出项目为逃避常规预算程序而在预算调整中实现，或者可能使一些原本应包含在常规预算过程的项目，却转而通过预算调整实现。无论是何种情况，无疑都会影响到预算的严肃性，以及原有预算的平衡安排。因此，要保证预算调整的合规性及合理性。

（1）在合规性方面

为防止预算调整变成预算收支制度的漏洞，可对预算调整作相应的制度制约。原则上，但凡是调整支出，都应报告调整的理由，详细说明支出调整变动的具体内容、新旧支出政策的差异、新旧支出政策效用的起讫时间、政策变动的相关法律依据等。否则，支出项目的调整将引发立法机关、社会公众以及相关审计管理部门的质疑或反对。如资金在各账户间转移拨付时需要得到立法部门的同意等。

（2）在合理性方面

预算调整的具体金额应有科学的依据。对此，要清楚陈述未预期事件及其性质，测度资金需求数额、当前及未来的收入对资金需求的满足程度。针对支出优先排序变动而调整预算的，亦需说明优先排序调整的性质。比如，优先排序调整是对哪些项目进行调整？是部分支出项目调整还是全部支出项目调整？调整是否会导致部门的震荡，部门人员结构、数量如何调整以适应项目优先排序的改变？如果可能，还应当补充预算调整与政策评价的备忘录。

3.2.5 预算预测

预算预测是对未来年度预算编制、收支规模、收入来源、支出用途做出的预计和设想。发达国家十分重视对预算收支的多年期预测，它们会使用相关经济预测模型预估主要的宏观经济指标值，并选取与财政相关的指标变量推算预算收支的各种可能结果，将各种结果与历年收支变化趋势进行比较，在其中选取一个可靠的预测结果。由于跨年度预算的预测时间跨度变长、预测难度变大，需在以下方面做好相关安排。

1. 预测跨期

财政的中长期可持续性受到广泛关注，越来越多的国家越来越重视将长期财政经济预测应用到预算编制中。例如，欧盟于 2006 年发布了当年到 2050 年的财政预测、英国每年的预算文件都会预测未来 50 年的财政情况、挪威甚至在 2004 年发布了当年到 2060 年的财政预测报告、美国预算建议草案中包含对以后长达 75 年的预测等。

由短到长排列预测跨期，预算预测可作以下划分。第一类是传统年度预算，预测跨期至少为 1 年，也可以象征性地扩展至 3 年，但仍以第一年的收支预测为重，致力于实现第一年的预算平衡，并编制单一年度预算；第二类可称为中期财政战略，以编制 3 年期预算为目标，可形成覆盖未来长达 10 年的动态财政预测；第三类是长远战略规划，此时，不再形成实际预算表格，其预测可以是 10 年左右的总体预算构想，而虚化视野则可以扩展至未来 25 年甚至更久。图 3-3 所示为预算规划的时间视野。

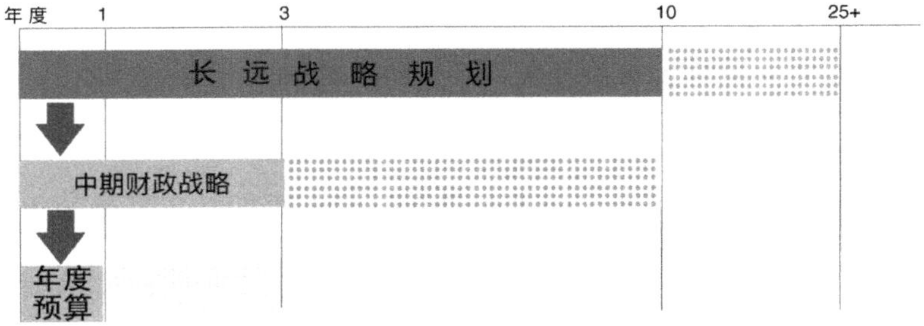

图 3-3　预算规划的时间视野

威尔达夫斯基（1986）曾猛烈批评过传统年度预算，称年度预算是一种短视、超支、保守以及狭隘的预算模式。两相比较之下，跨年度预算优势自不必多言。但是，对预测跨期的时长选择，却众说纷纭。一般的看法是，在预算期长与预算稳定性之间需作权衡。无论何类预算，其预算视野一旦超过原定期长，将逐步虚化，预测跨期越长，远期规划的可靠性就越低。就中期预算而言，第二年及后续年份的预算安排，往往不如第一年保障充分，中期预算也经常结合着滚动预算的方式逐年向外延展。中期预算通常是 3 年的时间跨期，其预算视野并不足以称为开阔，但仍被世界上多数国家（地区）采纳。原因可能在于：现有预测技术难以提供足够精确的远期计划，预算期长超过了 3 年，就难以保证预算得到严格的执行；预测跨期越长，宏观经济发生预期外变化的可能性就越大，政府就越可能故意避开多年前的预算安排，选择机会主义行为。

预算支出内容是影响预算期长的重要因素。当支出涉及大量的长期征购时，应采用较长的预测跨期。例如，国防采购就需要考虑较长时间的计划，即便其资金数额是在短期内确定的。又例如，当一个国家基础设施投资规模较大或负有大量外债时，也应设计跨期足够长的中期预算，以说明其预算安排是科学合理的，同时保证财政的可持续性。此外，一国所处的预测环境也会深刻地影响到预算期长，当一国经济数据可获得性与透明度较高时，其所能提供的预测基础就越可靠，形成的预算预测就会越准确，相应地，其预测跨期就可以越长。

基于跨年度预算具有一定的逆经济周期特征，有人主张以经济周期作为预算管理的跨期，在经济周期内以逆经济风向的预算收支来抹平经济波动。这种设想对预算的功能抱有了过高的期望。经济周期并无明确的规律可循，经济运行的高峰、低谷究竟落在何时，往往只有事后才能知晓。因此，不宜拔高财政预算的逆经济周期作用，更不能将其视为预算管理周期的标准。欧盟预算框架指南提供了最低 3 年的中期预算跨期标准。大多数欧盟成员国在国家层面的中期预算跨期为 3 年[①]，即其预算跨期为 1~3 年。有部分欧盟成员国，则要求本国预算部门提供未来 4 年的规划，如奥地利、丹麦、爱沙尼亚、荷兰、德国、希腊、意大利、卢森堡和葡萄牙。尽管比利时和法国的预测跨期为 3 年，仅为最低的标准，但实际上其财政规划期长却要更长一些。值得补充的是，多数欧盟成员国中期规划文件以滚动形式出现，这一做法和稳定与趋同计划（SCP）相同，即每一年在原计划的基础上向前扩展一年形成滚动，以克服远期规划的虚化问题。法国则是在固定预测跨期的基础上，每隔一年向外扩展一次预算，而不是每一年更新，在减少了预算部门的工作量的同时，还能保证中期预算的远期视野。当然，也有少数国家，如芬兰的规划文件不是滚动式的，而是一个规划管多年。其理由是当预算周期与政府任期一致时，

① 一些欧盟成员方采用完全成熟的两年期预算法案（如斯洛文尼亚）。

政策制定者更有愿意尊重其财政计划并为之负责，避免了预算串联多个政府任期，预算责任划分不清的问题。

理论上，各预算主体的预算管理任务、管理水平是有差异的，往往越是高层级政府，就越应在宏观上拓展预算视野，作较长期限的预算预测，而低层级政府由于预测能力相对不足，则可缩短预测期长。而现实中，为保证制度执行的可管理性，预算期长仍需要作一定的统一规范。我国《关于深化预算管理制度改革的决定》（2014 年 10 月 8 日）对预算期长有如下规定："我国要开始编制三年滚动财政规划；强化三年滚动财政规划对年度预算的约束；推进部门编制三年滚动规划。"应当说，三年预算平衡管理期界安排是合理的，一方面突破原有年度平衡的约束，另一方面又没有全面挑战各级政府的预算管理能力。此外，本研究也认为，为衔接国家五年发展规划，在未来预算管理水平提高后，预算跨期应当设为 5 年，与国家五年发展规划保持一致。

2. 预测方法

预算预测的早期方法是渐进预算调试模式，或称为"渐进式预测"，这是一种在既有预算规则下，简单的讨价还价的预测方法。该方法是在上年预算决算边际基础上增加和减少一定量，得出当年的预算预测。预算预测在横向层面上保持了相对独立性，降低了预算竞争激烈程度，预算过程因此具有了稳定性。从这个角度来看，渐进思维下的预算预测（管理）简易实用。在 20 世纪 50 年代，林德布洛姆总结了渐进预算具有"含混应付"（Muddling Through）的特征，预算参与者基于角色的相互期望降低了预测对信息、时间和分析能力的要求。因此，部分预算能力较弱的政府部门可考虑使用渐进式预测。目前，常用的预算统计计量预测方法主要有两种：一种是回归预测方法，这种方法是根据相关经济理论，选取几个主要的宏观经济指标作为自变量，基于样本数据作回归参数估计，最后把自变量预测值代入模型预测被解释变量；第二种是时间序列预测方法，这种方法是从经济变量时间序列数据中找到变化趋势，构建时间序列模型，以类推或递延的方法预测财政收支在未来的发展水平。

3. 预测沟通

预测存在于两个主体层面：一是预算主管部门层面，承担资金分配角色；二是实际支出部门层面，承担资金使用角色。前者除要考虑本级财政在支出方面的需求，还需要考虑收入可能面临的约束，并动态跟踪预算执行的情况，因而其预测比较全面；后者往往较少考虑财政收入方面的约束，而是以本部门的预算最大化为目标，其预测方法基本上是在以往年度支出水平基础上作简单增减。在传统年度预算模式下，仅需平衡一年的预算，因此并不需要对预测作过多的双向沟通。跨年度预算对预测沟通则有更高的要求，特别是支出部门必须认真对待预测。当宏观经济各主要变量发生较大变化时，渐进式预测方法就难以适应多年预算平衡管理的场景。无论是预算主管部门还是具体资金使用部门，都要调整预算平衡思维。各资金使用部门对未来数年宏观经济总体发展水平及参数水平的预测，必须与预算主管部门达成基本共识，并在此共识基础上选择安排具体的支出项目及活动。

值得补充的是，跨年度预算为实施绩效管理提供了更为长远、有效的评价体系，预算的竞争性得以增强。预算主管部门将中期收入预测的总盘子通告各资金使用部门，并形成支出限额；各资金使用部门为争取更充足的财政资金，会倾向于主动报告本部门支出预测及理由，进而知悉其他部门的支出预测。尽管各资金使用部门的支出预测并不能保证支出权利，但是增加了支出活动的可预测性，提供了后续支出变更的基础，减少了预算支出活动的随意性，即任何支出项目的增减变更都应建立在预测的基础上，说明变更的理由，从而不断迭代优化未来的预测方法，提高预测的准确程度。

4. 结果应用

预算预测提供了对未来收支的预算估测，提高了预算的科学性，但是，对于预测结果的使用仍需谨慎。一是要综合不同机构来源的预测结果，避免采纳过于乐观的收入预测，收入预测过于乐观将导致较高的支出水平，不利于预算平衡。二是支出预测仅代表一种支出趋势，可供支出部门参考，但是不能仅凭预测作为支出授权，这会导致未来下调支出变得困难。三是应结合跨年度预算的滚动模式，每年对之前的预测进行滚动更新，使预测结果更符合实际。

3.3　组织要素设计

财政预算体制改革既依赖原有公共部门组织体系，同时，又不可避免地要对原有公共部门组织体系加以改造。跨年度预算平衡机制的初始运行，涉及自上而下以及自下而上的沟通互动、从顶层主导设计到广泛多层面的参与协作，不仅需要大胆长远的制度初始设计，也需要小心谨慎地对制度作动态调适。组织要素设计的目的是吸引实务部门领导和专业研究者组建跨年度预算平衡管理的协调机构、执行机构、监督机构，保证跨年度预算平衡管理改革落地生根。

3.3.1 实施环境

1. 经济文化背景

在宽松的经济环境中，如在国民经济发展态势良好、财政资金充裕、物价及就业总水平稳定的背景下，改革腾挪回寰的余地就较大，遇到的阻力就会较少，改革顺利推行的可能性就较大。然而，改革的另一种可能情形是，在旧制度仍能勉强运行且无大碍的背景下，政府部门是少有动力去改革旧制度的，至少对重大的制度改革缺乏兴趣。重大的制度改革往往是旧制度面临重大困境时倒逼的结果。因此，现实的问题是，经济状况不佳时，改革是否会破坏原有制度结构的总体稳定？改革成本主要由谁来承担？不佳的经济环境下，何种程度的改革是可以接受的？如何调整改革的方案以适应不佳的经济环境？这一系列问题都极为深刻且富有挑战性。

具体到本研究的跨年度预算改革，一个适宜的经济环境主要体现在两方面：一方面，政府面临可预见的中长期财政平衡压力，从而催生出预算改革的动力；另一方面，一国在短期内宏观经济总量、就业、物价水平等处于可控状态，改革所造成的冲击仍在组织可承受的水平内。因此，在我国当前经济发展的新常态下，跨年度预算改革的几种可能路径有：一是政府采取有保有压的支出结构调整，保证民生支出，压缩行政支出，总体上降低总支出；二是得到行政体系及民众的认同，全面压缩整体支出水平。以发达国家推行的限制政府支出的中期预算为例，其总体上有两个共同点：一是财政压力加大；二是公众提升了对政府治理的要求。这两点其实也是中国跨年度预算改革的重要外部动力来源，本研究还会在第 4 章对此作具体分析。

财政收支平衡既是一种客观的经济现象，同时，也是一种具有强烈主观价值色彩的社会文化心理现象。当一个国家形成了在预算编制、执行及监督上的某种文化氛围时，其预算就呈现出某种稳定的面貌。以 20 世纪 60 年代以前的美国为例，人们对“美好社会是怎样的”“政府应扮演何种角色”等基本问题有着比较广泛的共识。因而，既定利益分配格局没有重新调整的必要，渐进式基数预算就成为当时主导性的预算模式。然而，20 世纪 60 年代以后，美国社会结构发生了较大的变化，人们在上述基本问题上的共识越来越少，而财政资源日趋紧张。此时，调整既得利益分配格局的政治要求就出现了，渐进式基数预算开始受到质疑与挑战。通过文化环境支持分析，一国可以因势利导地推行预算管理改革，也可能提前创造某种有利的文化氛围。

2. 行政支持

改革初期，跨年度预算改革需要来自财政部门、审计机构等部门的行政支持，构建部门间自觉协同配合的道德基础。如果得不到这些上层政治支持，改革就不可能发生。此外，对各预算参与主体的前期调研也极为重要，需要事先了解预算改革对各预算参与主体的影响，还需要评估改革对现有预算政策及过程的影响程度。我们可以将预算过程分解不同类型的预算活动，并将影响程度划分为没有影响、较低影响、中度影响、严重影响这 4 个递进的影响等级，以及影响未定共 5 个选项。表 3–3 所示的影响矩阵可衡量跨年度预算各活动环节对行政组织体系的影响程度。这一评估有助于政府确认跨年度预算平衡管理的优缺点，避免忽略某些阻碍跨年度预算推行的重大影响环节。当部门受到较多严重影响时，说明部门的改革可能会遇到较大的阻力。当部门遇到较多的影响未定时，则说明部门可能对跨年度预算平衡管理尚不够了解，这时就需要向各具体预算部门说明跨年度预算平衡管理的机制原理、意图及运行的基本过程。

表 3–3　跨年度预算改革对现有组织体系的影响矩阵

活动类型	影响程度				
	没有影响	较低影响	中度影响	严重影响	影响未定
自上而下的项目优先确定					
自下而上的项目优先确定					
长期规划文件					
紧急事件安排					
服务合作执行					
债务管理 / 保障					
债务服务支持					
债务					
债券处理					
固定资产					
维护					

续表

活动类型	影响程度				
	没有影响	较低影响	中度影响	严重影响	影响未定
资本升值项目					
当前运营 / 维护成本					
授权计划与预测					
非资本支出 / 项目改进					
支出项目调整					
收入来源及比例变化					
结构变化率					
法律影响					
人力要求（提高或降低）					
集体协商					

目前，跨年度预算已经在经合国家得到广泛的应用，效果良好。一些发展中国家和转型经济体正在采用跨年度预算方法，但是，跨年度预算对发展中国家和转型经济体是否有价值仍存在疑问。其中最基本的担忧是，对于那些已不能稳定执行年度预算的国家，推行跨年度预算是否合理。这种担忧导致了跨年度预算改革不能得到政府内部的行政支持。对此，可作以下回应：第一，很可能正是由于这些国家的财政战略缺乏跨年度思考才导致其陷入长期的财政困境；第二，复杂的跨年度预算也许并不现实，但是可以使用简单的跨年度预算方法获益；第三，跨年度预算在递交权力部门并得到审议通过后，预算计划会成为实施政府部门内部控制、自我约束的有效工具。因此，努力争取政府部门的行政支持是极有必要的。

3. 法律环境支持

把权力关在笼子里，依法行政是现代政府施政的基本要求，这需要法规来规范政府行为。

第一，要有法可依。有法可依不仅是指要有相关的基本法律规范文本，更重要的是，为了保证政府的相关活动能够得以实施，具体的执行规范与细则不可或缺，缺少具体细则往往会导致各部门无从展开活动，最终使相关的改革与政策沦为空谈或者无疾而终。跨年度预算对各部门支出上限实施控制与约束，保证中长期的规划得以执行，需要有力的财政法纪约束。预算跨期越长，预算过程中的不确定因素就越多，执行中偏离原预算的可能性就越大，为保证预算执行不偏离出合理的范围，最有力的措施莫过于赋予跨年度预算以法律效力，提高其强制力。在跨年度预算的编制、执行、监督等环节都要做到有法可依。

第二，要协调部门法规。政府部门间的行政活动具有交叉性，但各部门管理者倾向于仅从本部门实际利益出发来制定法规，较少考虑与其他部门的法规协调，呈现出法规碎片化的问题，从而导致部门法规相互“打架”的现象。预算法律文本的碎片化同样也导致了预算管理困局。因此，这就需要在多个部门对预算法规作好相关的修订、协调与解释工作，推进跨年度预算平衡管理改革的落地生根。

第三，要衔接过渡新旧法律。即使各部门活动没有涉及交叉领域，仍可能受不同政策意图的法规的指导，这就很可能造成部门内法律法规之间的抵触。在各历史时期，国家会基于不同的时代背景，出台具有不同政策取向的法规，有可能发生新法已出、旧法不去、新旧并行的混乱局面。故而协调部门间法规，实现新旧法规衔接过渡，往往也是依法行政的重要前提。

3.3.2 组织实施

预算改革的组织实施可以分解为预算编制、预算执行、预算监督与评估这三大环节，并且，这一过程是一个不断循环运行的闭环系统，每一轮的预算监督与评估不仅是下一轮预算编制的基点，而且还可以实时作用于本轮的预算执行，纠正预算执行中的偏差，如图 3–4 所示。这 3 个环节会涉及具体的技术性细节，图 3–4 右侧列举了一些主要的技术性细节。预算改革的组织实施会影响到多个层面的预算改革主体，同时也会受到这些主体的影响。在这场改革中，这些主体有着不同的改革角色，不同角色间的权力分配结构以及权力互动使得改革往某个方向前进。推行跨年度预算平衡管理改革，势必要调整原有的预算管理职权结构，在新旧预算平衡管理制度转型过程中，可从以下 4 类主体讨论其改革的组织实施。

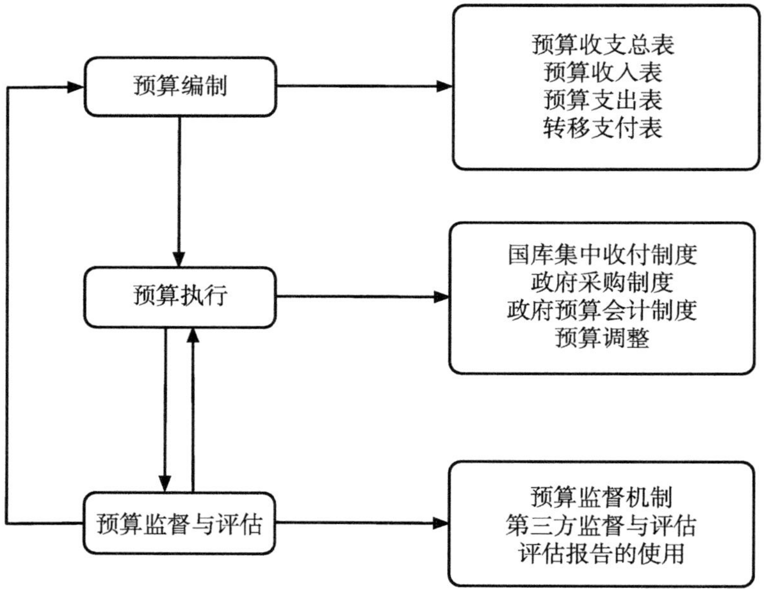

图 3–4　预算组织实施流程

1. 改革主导者

在一国的预算管理职权体系中，必然有某（几）个预算主体在其中居于主导地位，负责在顶层设计预算制度并引导规则运行，自上而下推行新的预算管理制度。跨年度预算平衡管理改革过程中，同样也需要一（几）个能在改革过程中能兼顾改革原则性与灵活性的主导者。

由于各政府部门在职能分工和权力分配上存在交叉与重复，因此由谁来主导这一改革转型成了一个颇为复杂的问题。比如，如何制定及由谁来制定多年期的财政规划、由谁来预测多年期的财政收支、采用哪种收支预测方法等都可能存在分歧。在各政府部门未能说服彼此达成一致意见的情况下，对预算的收支政策安排将难以形成有效合力。特别地，由于各国历史背景的不同，其预算管理职权组织架构千差万别，不同国家同一称谓的部门在职能、含义上可能存在较大差异，而不同国家同一职能的执行主体往往也会不同，这样一来似乎就更难断言由哪个部门作为改革的主导者了。

尽管如此，确定跨年度预算改革主导者仍极为必要。改革主导者应有足够的权威与力量协调多方利益，当是整个政府迈向跨年度预算平衡管理的神经中枢。一般认为，预算管理从始至终都需要强有力的财政部来推动。例如，在韩国，企划财政部便是跨年度预算编制的主管部门，同时还会向财政部、央行等机构咨询意见。在财政部门与各支出部门之间的关系紧张时，企划财政部表现出强大的组织协调能力，能够及时缓和各部门间的紧张关系。在西方，议会或内阁承担着改革主导者的角色，不仅代表着权力机关负责制定国家总体经济战略方针，而且当其他职能部门发生业务交叉、政策理解及执行差异时，还会负责最终解释及协调。此外，也有多元主导者的格局。以美国为例，总统预算局、财政部和经济咨询委员会（CEA）掌握中期预算管理的核心权力，堪称预算基本权力组织架构中的“三驾马车”。

2. 执行参与者

一般来说，预算改革的覆盖面越广，改革的效果就越好。但是，跨年度预算平衡管理技术性较强，有较高的预算管理能力门槛，这些能力包括宏观经济数据分析能力、多年期预算预测能力、财政资源统摄能力等。通常来说，各级政府实际的预算管理水平是有差异的。越是高层级的政府其预算管理能力越强，因为其公共管理组织的人员配备更齐全，资源统摄的能力更强。对于较低层级政府，其财力尚难以自足，大量依赖不确定上级转移支付，自上而下地要求各级政府按统一格式实施跨年度预算平衡管理并不现实。

因此，跨年度预算平衡管理可针对不同层级政府、不同部门的实际预算管理水平提出不同的跨年度预算平衡管理要求，可分设低、中、高级管理。低级管理要求其根据自身经济发展水平与实力提出切合其财力水平的多年期项目规划，作为跨年度预算管理的背景性文本，说明其在重要项目的实际期限、资金需求、使用效果方面的大体安排。例如澳大利亚政府早期（1973 年）在跨年度预算预测中会说明正在进行的项目未来 3 年的资金需求情况，但是这一预测并不要求覆盖新的项目或者对现有项目的重大扩展。中级管理可以是实施多年期的收支预测、多年期的预算收支安排、多年期的债务总额管理等。高级管理则是在中级管理的基础上,在多年期内实现预算收支的总体平衡、债务水平总体安全可控、支出绩效管理等。大体上，本研究认为中央及省一级政府可作高级管理要求，市县一级政府可作中级管理要求，而县乡一级政府则可作低级管理要求。同时，鼓励低层级政府的跨年度预算平衡管理往高水平靠拢，相应地在考核上给予其更高的评分，并将评分与官员考核相结合。

此外，在预算分配过程中，要建立起部门预算的竞争协商机制。竞争性的协商会议可以倒逼各部门主动实施跨年度预算平衡管理，拓展部门预算的中长期视野，使财政资源配置方案更加吻合国家战略和政策实施要求。同时，竞争协商机制也要预设好改革主导者的最终话语权，避免无休止的讨价还价造成低效率。

3. 平衡监督者

预算监督权通常由来自各行各业代表组成的权力部门（如议会、人大等）掌握。由于预算收支科目繁多、表格庞杂且存在较多钩稽关系，尽管代表们对自己区域、领域内的情况比较了解，但要读懂读通预算的运行并非易事，需掌握现代公共预算的知识和原理。这就要求权力部门大量吸收懂经济学、政治学、法学、会计学等相关专业知识的人员进入预算监督者的队伍，成立预算委员会。预算委员会可以对各预算部门的收入支出进行审查，对于预算草案不合理或不合法的内容，可责令编制部门做出修改；对于根本无法在中长期维持预算平衡的预算草案，甚至可以直接予以否决。为保证在多年期动态监督预算平衡，预算委员会应保持人员组织结构的大体稳定。

相较于在权力部门内部设立预算委员会，引入第三方机构进行专业的外部预算监督，更能体现监督的客观公正性。在第三方机构选择上，可以由权力部门选择资质良好的社会评估机构对预算的中长期平衡进行评估，并允许第三方机构进入各支出部门进行实地专项调查。其提交的评估报告可作为立法机关、财政部门与审计机关做出相关决策的依据。

4. 其他参与者

预算具有公共性，鼓励非政府组织的其他参与者参与预算过程理所当然。单从国家治理的角度来看，政府组织也并不是预算活动的唯一主体，企业组织、社会团体乃至普通居民都可以参与到预算过程中，并维护预算的平衡。因此，政府组织既是治理的主体，也成了被治理的对象；社会也不只是简单的被治理对象，而是具有一定能动性的治理主体。就此情境而言，预算是国家治理的重要环节，国家治理自然也不再是单向的统治，而是双向的互动。在预算组织决策上，预算既体现出一定的强制性，也反映了政府与社会的广泛互动。预算平衡作为一种更广泛的、更内在的公共价值成为公共选择的重要内容。

第4章 中国预算平衡管理进程与平衡态势

跨年度预算平衡管理在我国于2015年提出，作为我国预算平衡管理实践的新阶段，不可能脱离我国整个预算平衡管理的大历史而独立存在。本章首先对我国预算平衡管理进程做回顾梳理，并总结出其中的历史规律，这将有助于我们更好地理解并推进跨年度预算平衡管理改革。1978年以前大部分时期，我国预算管理基本处于高度计划的阶段，预算编制、执行基本处于废弛状态，改革开放以后，预算编制才得以逐步恢复。接着，本章截取了1978年以来的财政收支数据，实证分析了我国预算平衡态势。此外，由于预算平衡的直接体现为预算余额，而预算余额中的周期性因素与结构性因素是两个最主要因素，因此本章还通过预算余额的分解来研究我国预算平衡态势。最后，本章还总结了我国预算平衡管理的演进特征。

4.1 中国预算平衡管理进程

本节梳理了我国改革开放以来3条重要的预算平衡管理线索。一是政府层级结构间的预算关系，主要是中央政府与地方政府间的预算关系。具有中国特色的政府层级结构是我国预算平衡管理的重要逻辑起点，沿着中央与地方的预算收支制度安排，从所谓财权、事权的划分入手，可以把握住我国预算平衡管理最“壮硕”的主线。二是政府债务管理。政府债务的演化及管理实质上已经与预算平衡管理有着“血与肉”般的紧密联系,绝不会是“两张皮”的关系。债务如果不能称为是对预算平衡的否定的话，至少是对预算平衡的某种妥协。因此,本节的一个主要任务是提取我国政府债务管理中的重要片段，并基于具体历史时期，说明其发生机制及其与预算平衡管理的内在关联。三是与预算平衡相关的预算管理制度与事件。这些制度与事件直接或间接地与跨年度预算有着联系。

4.1.1 预算制度正式执行阶段（1978—1993 年）

在计划经济时期，预算服从于计划，收入根据国有企业的上缴收入测算，支出则按计划来测算，主要投向经济建设。计划根据支出同时针对多个部门制定，预算不以部门作为基础进行编制。各级政府不具备独立的预算平衡管理职能。在中央与地方关系上，虽有“统一领导、分级管理”的指导思想，但实际强调的是中央统一领导，预算制度只能称为计划型的预算模式。计划经济时期的多个年份出现了赤字，但这主要不是预算本身的问题，也不是计划的问题，更多的是来自政治方面的原因。如果计划得以正常执行，这些赤字很可能不会出现。即便出现赤字，其规模也是很小的，基本可以认为预算是平衡的。高度严格的计划使得无论是在收入端，还是在支出端都能得到有效控制，所以，预算平衡不会成为计划经济时期的主要任务。

十一届三中全会以后，国家启动经济体制的市场化改革，权力过于集中的局面被打破。预算管理制度恢复重建，财政成为“放权让利”的突破口，分权化改革成为预算体制改革的逻辑起点。直到 1979 年，国家才正式恢复编制预算①，并由全国人大审议并批准预算报告，政府行为纳入人大监督视野，国民经济计划和国家财政有了联系，国家财力分配有了法律要求。1979 年，预算报告制度也从此得以恢复②。1981 年 1 月，国务院发文要求核实 1980 年

① 早在 1951 年，政务院（现为国务院）发布了《预算决算暂行条例》，就对预算的编制的各环节作了规定，而《宪法》（1954）亦赋予了各级权力机关预决算权力。但是，这些预算管理制度并未正常运行。

② 时任财政部长的张劲夫对上一年决算及当前的预算草案进行了报告。

的财政收支，对预算编制进行规范。为明确预算外资金的性质和范围，财政部于 1983 年 2 月公布了《预算外资金管理试行办法》。同年，我国还设立了全国人大财政经济委员会，作为专门审查预算报告和预算草案的机构。债务管理制度开始在这一时期形成，“拨改贷”虽不是严格意义上的政府债，却实际上具有政府债的特色，国家分别于 1979 年和 1981 年先后恢复了外、内债的发行，债务预算实行发行额管理并由全国人大审批，发行额度控制为当年还本付息额度。1991 年，国务院颁布《国家预算管理条例》，标志着国家预算开始转向公共预算，预算外资金也开始纳入预算管理的范畴。

1. 持续调整下的央地关系

为正确安排中央与地方的财政利益分配关系，我国在此时期推行了财政包干制。其做法是，在保证中央财政收入的前提下，核定地方预算收支，地方的结余或超收都归地方支配，对于地方的超支或短收，中央也不作补贴，总之地方自求平衡。自十一届三中全会以来，先后实行了 3 种财政包干办法。

（1）划分收支、分级包干

改革之初，国家财政困难。财政赤字在 1979 年时达到了 170.67 亿元，占当年财政收入的 15.5%，1980 年财政赤字收缩至 127.5 亿元，直到 1981 年，财政赤字迅速变为 25.51 亿元，如表 4–1 所示。

表 4–1　1979—1981 年财政收支状况

单元：亿元

年份	财政支出	财政收入	财政赤字
1979	1273.94	1103.27	–170.67
1980	1212.73	1085.23	–127.50
1981	1114.97	1089.46	–25.51

数据来源：CEIC 数据库。

克服财政困难成了这一时期的主要任务，当时采取的办法是扩权让利，扶持财源，提升企业的经济活力与效益。1980 年 2 月，国务院发文推动实施“划分收支、分级包干”，对中央与地方的收支范围进行了明确的划分，由此初步形成了“分灶吃饭”的预算管理体制，以“块块”式分配替代了以往的“条条”式分配。

“分灶吃饭”财政体制的优势很快体现出来，它打破了“大一统”的预算体制，在财政收支、财权财力分配上的调整十分明显，中央与地方的收支范围及权责关系得到清晰规范，中央与地方的积极性被迅速调动起来，财政收支在 1981 年便很快转好，财政赤字实现了大幅下降①。“块块”式分配格局则使地方能够自主地统筹财力，因地制宜地搞活地方经济。由于中央政府不再对地方预算有修改和决定权，地方政府开始了关注预算编制、谋求“一级政权，一级预算”的平衡管理，这也表明我国朝着构建现代预算制度方向发展②。

（2）划分税种、核定收支、分级包干

1984 年 10 月，党中央通过了《关于经济体制改革的决定》，着手开展以城市经济为重点的体制改革，对国有企业的利润分配实施两步走的“利改税”改革，用税的形式把国家与企业的分配关系固定下来，使企业逐渐“独立经营，自负盈亏”。为适应新形势，我国从 1985 年起实行“划分税种、核定收支、分级包干”的预算管理体制，各级财政权责关系得到进一步明确，中央和地方的积极性得到有效调动。这次改革不仅明确了央地财政的支出范围与项目，还以中央专案拨款的方式安排了那些适合于包干的专项支出，深化了“分灶吃饭”的财政体制，在“利改税”的同时设法调动地方积极性，维护地方经济发展。

（3）财政大包干

1988 年 7 月，国务院再次发文调整财政包干制③，要求地方努力发展地方经济，增加收入，不得变相挖中央收入，做到自行负责包盈和包亏，同时要

---

① 国家统计局．中国统计年鉴（1983）[M]. 北京：中国统计出版社，1984.

② 刘守刚，刘雪梅．从政府管理工具到管理政府工具——1978 年后现代预算在中国的成长 [J]. 江苏教育学学报（社会科学版），2008（3）：73-78.

③ 国务院于 1988 年 7 月发布《关于地方实行财政包干办法的决定》。

厉行节约，减少支出，确保收支平衡；必须严格按规定执行收支项目；在财政包干中出现企事业单位隶属关系改变的，原则上不改变收入上解与留成比例，年终时由中央与地方单独结算。如果出现了增加工资、价格调整或其他改革导致的收支变动，上解、留成比例以及补助数额也不得调整。除得到国务院或财政部授权，中央各部门也不可自行向地方下达增支减收的指令。这一时期的财政包干的重要特点是形式变得更加多样，俗称“财政大包干”。

财政包干制有效地调动了地方发展经济的积极性，地方政府主动增收节支，客观上增强了地方预算的平衡能力，有利于地方预算的平衡。但是，随着市场经济改革的深入，财政包干制弊端也日益显现，新增收入中中央的份额逐年下降，弱化了中央宏观调控能力。中央与地方在财政包干时期的收入分配如表 4-2 所示。

表 4-2　中央与地方在财政包干时期的收入分配

年份	中央收入		地方收入		年份	中央收入		地方收入	
	规模（亿元）	比重（%）	规模（亿元）	比重（%）		规模（亿元）	比重（%）	规模（亿元）	比重（%）
1978	175.77	15.5	956.49	84.5	1986	778.42	36.7	1343.59	63.3
1979	231.34	20.2	915.04	79.8	1987	736.29	33.5	1463.06	66.5
1980	284.45	24.5	875.48	75.5	1988	774.76	32.9	1582.48	67.1
1981	311.07	26.5	864.72	73.5	1989	822.52	30.9	1842.38	69.1
1982	346.84	28.6	865.49	71.4	1990	992.42	33.8	1944.68	66.2
1983	490.01	35.8	876.94	64.2	1991	938.25	29.8	2211.23	70.2
1984	665.47	40.5	977.39	59.5	1992	979.51	28.1	2503.86	71.9
1985	769.63	38.4	1235.19	61.6	1993	957.51	22.0	3391.44	78.0

数据来源：国家统计局 2016 年数据。

2.《国家预算管理条例》——预算平衡管理里程碑

1991 年，国务院为强化国家预算综合管理职能，发布了《国家预算管理条例》(以下简称《条例》)。

（1）五级预算管理，量入为出

《条例》规定从中央到地方，国家共设置五级预算。各级政府要遵循“量入为出、确保重点、统筹兼顾、留有后备”的预算编制原则。为应对预料之外的特殊开支，各级政府可在预算支出中提取1%~4%的预备费。上年预算结余款项可作为下一年预算收入，用作上年结转支出和预算周转金补充。各预算单位应于各预算年度之前编制预算草案。

（2）经常性预算和建设性预算的二分

《条例》将国家预算二分为经常性预算与建设性预算，分别执行国家预算的社会管理和经济建设双重职能。这说明政府开始区分“社会管理者”和“资本所有者”的身份，打破了以往“大一统”的预算思想束缚，也代表着国家复式预算的出现，将不同性质的财政收支分别在两个或两个以上的预算中予以反映。在支出取向上，先保证经常性支出的合理需要，再安排建设性支出。

《条例》视略有结余为理想的预算状态，体现了政府对预算平衡的追求。《条例》规定在合理的规模结构下，可通过举借国内和国外债务的方式筹措资金；以收支平衡原则编制地方建设性预算。这反映了政府对预算平衡有了更清醒的认识。为了实现预算平衡，政府更严格地控制支出，更积极地开辟财源，促进了预算管理理念的升级。就这些作用来说，《条例》的颁布具有里程碑意义，可谓之为后来《预算法》(1994)的蓝本。

（3）预算外资金管理

预算外资金是各预算单位未纳入国家预算自收自支的财政资金。预算外资金的存在增加了评价预算平衡的难度。一方面，财政收入如不反映预算内，将会降低预算的公开性、透明性，使财政活动变得不够透明。另一方面，预算外资金侵蚀了预算的真实平衡，预算内资金走向“预算外化”，可见的预算在收缩，不可见的预算却游离于正式的预算监督之外。于是，财政部在1983年2月发布了《预算外资金管理试行办法》，要求对预算外资金进行清理整顿。1986

年，国务院为切实加强预算外资金管理，实现社会财力综合平衡，发布了《关于加强预算外资金管理的通知》。

3. 债务管理制度恢复及“拨改贷”

债务管理制度开始在这一时期重新恢复，国家分别于 1979 年和 1981 年先后恢复了发行外债和内债。债务预算由全国人大审批，实行发行额管理，其组成包括当年赤字和对以前债务的还本付息两部分，发行额度控制为当年还本付息额度。其规模一经批准后原则上不作增减调整。

在投资举债受到严格控制的背景下，国家为提高财政资金使用效益，将预算内基本建设投资由拨款改为贷款，简称“拨改贷”。“拨改贷”早期是在经营状况较好的部分企业作试点。在 1985 年后，所有的预算内基本建设投资均以“拨改贷”的形式取得资金。“拨改贷”与一般贷款不同，一般贷款是银行与借款人之间基于特定用途形成的资金供应和使用关系，而“拨改贷”本质上是财政资金的使用关系，资金形成的法律关系不是借贷法律关系。由于“拨改贷”在执行中存在资金使用主体的责、权、利不挂钩的弊病，因此不少企业仍将其视为财政拨款或者“软贷款”，弱化了国有企业预算平衡的动力，同时，也预埋了后来的政府一般公共预算平衡管理困难的隐患。

4. 预算平衡管理特征

财政包干制是这一时期最大的预算平衡主题。频繁变动财政包干政策，为后来科学规范地处理中地关系积累了大量预算分权的改革经验，不但打破了以往中央“大一统”格局，而且使地方政府财政利益诉求得到承认，地方政府有充足动力进行制度与管理创新。但财政包干制强化了地方利益，引发地方保护主义，妨碍了全国统一市场的形成，使中央财政陷入了入不敷出的局面，中央政府不得不依靠增发货币来弥补规模和范围越来越大的国有企业巨额亏损，通胀率高企并表现出长期化倾向。尽管中央政府频繁地调整财政包干政策，以求扩大中央政府收入份额比重，甚至采取多种“抽调”地方政府财政资金的措施，而地方政府则相应地发展出一系列应对性策略，中央政府的财政收入实力始终未能有效提升。总体上，财政包干制的频繁调整可视为中央与地方反复博弈的过程，这也为后来分税制改革埋下了伏笔。

管理规范上，《条例》的颁布使得预算管理从“红头文件”式的临时性管理迈出了向法治制化、规范化管理转变的第一步。不过《条例》仍然是传统预算模式下的产物，它的不足也很明显。第一，当时仍将包括国库券在内的各种公债收入当作财政收入①。这实际上导致预算偏于不平衡，因为部分财政赤字被“隐藏”了起来。第二，《条例》中的预算收支只包含部分政府收支，大量制度外、预算外资金仍游离于预算管理之外，预算管理重心落在了资金规模和简单的政府收支平衡管理上，行政系统内部的监督就构成了预算监督的全部，外部监督付诸阙如。第三，国家预算从根本上仍附属于国家计划，计划经济色彩浓厚，预算在市场经济条件下应具有的某些功能明显缺失。

实行发行额管理的国债管理似乎已经“独立成篇”，逐渐走向政府债务管理的正轨，而与此同时，由于以“拨改贷”形式存在的财政资金性质模糊不清，政府预算处置往往只能不了了之，事实上是增加了中央财政的困难。

4.1.2 预算制度回应市场经济阶段（1994—1998 年）

1994 年 1 月，分税制改革正式启动，成为这一时期财政领域改革的重要初始节点。《预算法》同年出台。次年，《预算法实施条例》颁布，巩固了《预算法》（1994）实施的基础。预算的法治化管理跨上了新台阶。以此为起点，中央与地方财政关系得以在较长时期内保持稳定，建立与市场经济相适应的预算管理制度成为这一时期预算制度改革的主旋律。亚洲金融危机爆发后，政府开始有意识地使用债务手段实施扩张性的财政政策。

① 1983—1993 年间的财政平衡公式是：财政盈余（赤字）=（经常性收入 – 经常性支出 – 投资性支出）+（公债收入 – 公债支出）。

1. 分税制改革

财政的分、集权是一对矛盾。一方面，市场竞争要求财力分散到地方，激发地方财政治理的活力；另一方面，要保证中央有效的宏观调控，则要求财力相对集中。市场经济国家在处理这种矛盾时，主要做法是分税，或称分税制。我国之前的财政包干制具有放权让利的特点，但从制度演化上却逐渐削弱了中央政府财力，导致了“弱中央”的格局，最终也破坏了政府与市场的协调关系，市场统一进程受到阻碍。

1994 年，分税制取代财政包干制，中央政府与地方政府的财政收入关系得以初步理顺。税收收入被划分为中央税、地方税和共享税，设立中央和地方两套税务机构，并分级管理。中央拥有税收立法权。事权安排上，中央财政负责国家整体架构性事务，地方财政则负责地方运转性事务；预算层面上，各税种基于分税办法划归至不同预算级次，确立了政府之间财政预算体制。地方政府取得一级预算管理主体资格，在预算支配权、管理权上有了一定的独立性。分税制改革搭建起了与市场经济相适应的税收框架体系，以及中央与地方的税收征管共享框架体系，意义非凡。可以认为，分税制改革是对过去几十年的经济改革的强烈回应，重塑了中央与地方关系，“中央过弱”的局面从根本上得以扭转，财政体制得以跟上了市场经济体制改革的步伐。

2. 预算法出台实施

在世界各国，预算法是国家调整预算资金的筹集、分配、使用和管理过程中发生的预算关系的法律规范总称。预算关系包含两个方面，一是预算主体在履行预算议定、编制、执行、监督等过程中发生的经济关系；二是在组织、取得和分配使用预算资金过程中所发生的主体间关系。我国第一部《预算法》于 1995 年起正式实施，同时废除《条例》(1991)。国务院继之于 1995 年 11 月 2 日通过了《预算法实施条例》。“一法一条”的颁布标志着我国政府预算管理正式步入法制化管理轨道，预算关系从此有了较为严格的规范，奠定了预算平衡管理的法理基石。

（1）复式预算体系初步形成

随着市场经济改革的深入，出现了多种形式的财政资金，投资主体日趋多元化，不同性质的财政资金理应有不同的管理方式，对更为系统的复式预算体系的呼声越来越强烈。《预算法》（1994）要求各级预算都要按照复式预算格式进行编制。从1995年开始，我国将原来庞杂的预算重新分解，并设立了4个功能相对独立的预算[①]。从此，一个相对科学的复式预算体系初步形成。政府的各项功能变得更清晰，预算管理的分工更为明确，减少了各类预算的相互侵占。从最终的收支平衡效果来看，如果出现了赤字，复式预算收支表中就会具体地反映出赤字出现的环节、规模以及原因，使得预算平衡具有了可观测性。

（2）预算外资金管理细化

在实施《预算法》（1994）的初期阶段，仍有部分地方违反《预算法》（1994）及其实施条例，其中主要表现为预算外资金的管理失范，有的部门或单位私自设立基金收费项目，使本应纳入预算内管理的资金走向预算外，脱离了财政管理和各级人大的监督，甚至直接扰乱了正常的财政资金分配秩序。对此，国务院要求严格控制预算外资金规模，于1996年颁布了《加强预算外资金管理的决定》（以下简称《决定》），禁止以各类名目转移预算资金，实施收支两条线管理、加强预算外资金收支计划管理等一系列措施。其中，较为引人注目的是将财政部规定的83项行政性收费项目全部纳入预算内管理。这说明中央政府认识到预算必须保持完整性与严肃性。

（3）规范预算调整行为

预算经审查批准后，在具体执行的过程中，可能受到各种因素的影响，收支数额会发生变化，特别是现在市场变化快，收入来源不稳定，超收或者

① 即公共预算、社会保障预算、国有资本预算和其他预算。

短收都属于正常现象，例如上级的转移支付难以在预算编制之初提前预见等，会使得预算在执行过程必须做出相应的调整。然而，《预算法》（1994）对预算调整后的再平衡却没有相应的规定，而早先的《条例》（1991）却规定必须有相应的收入来源满足追加支出，相应的压缩支出措施来匹配追减收入。相比之下，《预算法》似乎反而有所倒退，为预算支出的任意性留了方便之门。

3. 地方政府债务问题浮现

无论是我国的《预算法》（1994），还是《担保法》（1995，已于 2021 年 1 月 1 日废止）都有禁止地方政府发行债务的相关条款。《预算法》（1994）规定“除法律和国务院另有规定外，地方政府不得发行地方政府债券”。《担保法》（1995）有“地方政府及其职能部门无权对经济合同进行担保”的条款。然而，法律对地方政府的借债约束较弱。受亚洲金融危机冲击，地方政府通过签订还本付息的转贷协议，获得了规模庞大的中央转贷国债，中央财政在 1998—2005 年间共发行了约 9900 亿元长期国债投资资金，并将其中的约 1/3 转贷给了地方使用。同时，国债转贷还附有配套资金要求，地方政府通过各种投资公司进行多渠道融资，各种城投债悄然兴起。除财政部门之外，建设、交通、水利、教育、环保等职能部门也参与到举债的热潮中。城市信用社、信托投资公司以及农民基金会等组织大量向政府放贷，生成了巨额的不良资产，部分地区出现了拖欠款项，地方金融机构风险越来越明显。国务院也注意到了地方金融机构积聚的金融风险，对此，我国在 2000 年设立了地方金融风险的专项贷款，贷款由国务院批准，央行以再贷款形式将专项贷款转给地方商业银行，再由地方商业银行向省级政府融资。贷款实行专户管理、专款专用，省级政府以该省的转移支付或税收返还作为抵押获得贷款。

4. 预算平衡管理特征

这一时期的分税制改革，是中华人民共和国成立以来我国财政体制“范围最广、规模最大、内容最深刻”的一次变革，在财政收入分配上，纠正了过去10余年在市场经济体制改革下“弱中央”的不恰当格局，大大增强了中央的财政实力，以及在复杂市场经济条件下的宏观调控能力，开启了之后20余年的财政税收体系的新时代。然而，分税制改革并不彻底，有着较大的局限性，更多的是在收入制度上的改革，在支出制度方面基本没有触及。也就是说，改革后的财政支出仍基本沿袭着计划管理为主、预算管理为辅的做法。现代预算管理理念并没有真正树立起来。

《预算法》（1994）及《预算法实施条例》的颁布与实施，标志着传统“国家预算制度”的终结。这两项法规明确了各级人大及其常委会对政府预算的审批、修正权力，规范了各级政府在各预算活动环节的职责权限，将政府活动纳入法制化轨道。这一阶段中，市场经济体制迅速发展，公共财政及预算领域也亟须对此加以回应。《预算法》（1994）的颁布正代表了这种回应，它使得延续自计划经济的政府与国企间“父子”关系逐步松脱，“利税合一”“税收无用论”等意识形态日渐淡去，以税收为核心的财政收入体制得以确立。非公有制经济则因税收（纳税）而获得合法制度空间，这也为后来明确政府与企业边界奠定了经济与法律基础①。《预算法》（1994）提出的复式预算编制要求，也使得各级政府的预算走向正轨。但是，《预算法》（1994）对预算的平衡要求不足，平衡运行机制仍欠完备，对预算行为的量化性财政约束很弱，仅在第三条中规定：各级预算应当做到收支平衡。该规定相对笼统与模糊，难以在法律层面对政府预算行为设定有效的量化性财政约束，由于信息不对称，部门支出申请超过政府财政能力成为常态。

在积极财政政策导向下，地方政府既有配合性的承接债务，也有主动的发债。金融机构作为放贷方也未将借债风险与成本纳入放贷决策。无论是政府还是金融机构，都没有完全按照市场经济规律办事，仍受“拨改贷”思维模式影响，财政风险与金融风险相生相伴。总体上，地方政府的债务担责主

① 付敏杰．分税制二十年：演进脉络与改革方向 [J]. 社会学研究，2016（5）：215-240+245-246.

体意识很薄弱，尽管这些规定要求地方政府对债务还本付息，但都隐含着中央为地方兜底买单的潜保障。事实上，地方政府预算存在着隐性失衡的问题，特别是在没有合理的债务偿还计划安排时，地方政府的中长期预算平衡压力将会越来越大。

4.1.3 预算制度走向公共化阶段（1999—2013 年）

长期以来，我国一直处于缺乏现代公共预算管理的“前预算时代”，这主要是因为立法机构未能有效监督政府预算，政府内部也缺少统一的预算控制。直到 20 世纪末，市场经济理念在国内逐渐生根，财政“公共性”职能定位得到确认，预算领域也开始了从形式到内容、从量变到质变的预算“公共化”转型。

1. 系统改革预算制度

（1）政府收支分类

政府收支分类是预算管理的基础性工作，预算编制、预算执行和预算会计核算都受制于政府收支分类。财政部在 1999 年启动了政府收支分类改革的模拟试点[①]。2005 年 12 月，国务院又通过《政府收支分类改革方案》。收支分类改革包括 3 个方面：一是反映政府各项职能活动的支出功能分类；二是反映经济性质与用途的支出经济分类；三是体现政府收入来源和性质的收入分类。其中，改革的核心是支出功能分类，使政府履行的职能得以清晰体现。在收入方面，政府收支分类改革扩大了收入范围，收入的层次变得清晰和明确，实现了收入体系的调整和完善。政府收支分类深入预算微观领域，为预算精细化管理奠定了基础。

（2）全口径预算

2003 年，十六届三中全会提出实施全口径预算管理，将所有能纳入预算管理的活动都纳入预算管理，并对负有的债务进行有效监控。2004 年，财政

① 改革先在 6 个中央部门以及 5 个省市，按照《政府收支分类改革方案》模拟试点。

部发文要求加强对非税收入的管理，提出非税收入是我国财政收入的重要组成部分，因此有必要将非税收入也纳入财政预算[①]。2005年，国务院紧接着在《关于深化经济体制改革的意见》中提出要对非税收入的收缴制度进行改革，实施全口径预算管理。2010年，财政部再次向预算外资金“宣战”，要求从2011年起，全面取消预算外资金。自此，中央与地方的所有预算外收支纳入预算管理，整个预算盘子被统一了起来。如果说政府收支分类是从微观层面为预算平衡管理创造了精细化条件，那么全口径预算则从宏观层面为预算的整体化平衡管理铺平了道路。

（3）部门预算

2000年，中央部门的一级预算单位试编了部门预算，实行“两上两下”，从基层单位编起。部门预算是“一个部门，一本预算”，部分预算分列基本支出与项目支出。基本支出实行定员定额管理，项目支出根据项目的重要紧急程度排序，实行滚动管理。部门预算改革是继分税制改革后，财政体制上的另一重大制度改革，在中观层面为实施预算平衡管理创造了条件。

（4）国库集中收付

2001年，中央财政启动了国库集中收付制度改革。省市一级政府也于2005年年底全部实施国库集中收付制度。2006年，国库集中收付制度改革进一步扩大到全部中央部门。到2012年年底，全国34个省级行政区以及中央166个部门、51万多个地方预算单位完成了国库集中收付制度改革。这一改革解决了以往财政资金层层拨付、环节过多的问题，不仅缩短了财政资金的拨付时间，而且提高了资金的使用效率与透明度。

2. 多年期财政管理实践

在这一阶段，若干多年期财政管理政策相继出台。《1998—2002年国家财政发展计划》作为财政发展的五年计划，很好地配合了当时的“九五规划”，

---

① 详见《财政部关于加强政府非税收入管理的通知》（2004）。

对政府重大投资项目单独采用了跨年度规划的资金安排。我国在 2003 年开始推行三年期滚动的财政计划，出台《2003—2005 年国家财政滚动计划》，在计划中不仅分析了“十五规划”（2001—2005）在前两年的执行效果，还对后三年的经济趋势及其对财政的影响作了较为规范的预测，从而也为 2003 年的预算编制工作提供了参考。在制定 2004 年的三年财政滚动计划过程中，中央组织了各省级政府共同制定三年滚动计划。2005 年，面向即将开始的“十一五”，财政部承诺将在全国的财政部门开始编制三年期财政规划，每一财政规划不仅要对上一财政规划进行总结评价，还会预测未来的财政收支总量和经济形势，在一定程度上实现了与“国民经济五年规划”的对接。在其后几年，部分地方政府也编制了地方财政发展三年滚动计划。2008 年起，河北省、焦作市和芜湖县（现芜湖市湾沚区）共同开展了“一省一市一县”部门滚动预算编制试点工作，标志着中期预算在地方政府层面开展区域性试点工作。2008 年年底，财政部预算司召开“中期预算框架研讨会”，针对实施中期预算框架的相关问题进行了广泛且深入的讨论。

3. 政府债务管理制度

我国自 1981 年恢复国债后，实施年度发行额管理，但它难以从国债结构与融资成本的角度反映债务状况。2005 年，全国人大常委会决定实行国债余额管理制度，设定每年国债限额指标，在此限额内安排国债品种结构与期限结构。

《预算法》（1994）规定，地方政府不允许预算赤字，或以债务来补齐收支缺口。1998 年亚洲金融危机爆发，为帮助缺乏财力的地方政府实施积极财政政策，财政部通过国债“转贷”为地方政府融资，2009—2013 年间，累计向地方政府转贷了 8000 亿元的公债。地方政府作为债务受体承担债务偿还责任。不仅如此，各种城投债也悄然兴起。地方政府债务的快速扩张急剧放大了财政风险[①]，地方政府债券风险管理被提上日程。2010年，国务院发文要求加强平台公司管理[②]，完善地方政府性债务统计报告制度，动态监控地方政府性债务。同年，作为对国务院加强平台公司管理精神的响应，财政部会同发展改革委、人民银行等职能部门联合发文，要求核实融资平台公司债务，进行债务清理分类[③]。2012年，财政部再次联合上述职能部门发文，制止地方政府违法违规融资，这次的管理对象直接指向了地方政府[④]，禁止地方政府向公众违规集资、违规担保承诺，规范地方政府债务回购行为。

4. 预算超收与预算稳定调节基金

随着财政征收能力的提高，预算超收从个别现象逐渐演变成常态化弊病。在2002—2012年这11年中，有6年的财政超收率超过8%，2011年预算超收更是突破了10000亿元。财政超收后，各级财政直接将超收安排到当年的支出，从而形成财政超支。可超支的预期促使各级政府在预算之外主动追加支出，为了维持超支，政府便又努力在下一年寻求超收，从而形成了超收与超支的循环递进，故而超收与超支的波动幅度往往高度重叠。还有部分超收会结转至下一年预算，而频繁超收结转会影响下一年预算编制的可预测性及准确性。无论是起因于超收还是超支，“超”的现象都会腐蚀预算编制的科学性基础，弱化预算的执行力与约束力。当然，事物总是具有两面性，财政超收收入也为预算稳定管理提供了财力基础。2012年6月，全国人大常委会审议了《预算法》修正案，其中第三十八条规定，“各级政府上一年预算的结转资金，应当在下一年用于结转项目的支出；上一年预算结余资金应当列入下一年预算，

① 根据审计署2013年对全国政府债务的审计，截至当年6月底，全国的地方政府债务余额为17.89万亿元。

② 本处指《关于加强地方政府融资平台公司管理有关问题的通知》(2010)。

③ 三类债务分别是：依靠财政性资金偿还的公益性项目建设债务，项目本身有稳定经营性收入的公益性项目建设债务，非公益性项目建设的债务。

④ 此处指的是财政部等四部委联合印发的《关于制止地方政府违法违规融资行为的通知》(2012)。

或者补充预算周转金、预算稳定调节基金”；第六十一条规定，“各级政府年度预算执行中有超收收入的，除依照法律、行政法规规定安排支出外，可以用于冲减赤字，或者安排预算稳定调节基金用于补充以后年度预算资金的不足”。

5. 预算平衡管理特征

这一阶段的现代预算体制改革是系统的、密集的及深刻的。以部门预算和国库集中收付为代表的改革，提高了预算收支统一集中度，预算管理的科学性、规范性和透明性大为增强。政府活动通过预算得到更为全面、准确的反映。完善定额测定方法，增强了基本支出预算编制的准确性。项目支出实施项目库管理，项目进行轻重缓急排序，项目经费与部门的事业发展和工作重点紧密结合。项目支出实施滚动式管理，扩展了预算管理的边界。这些措施改变了原来财政收支的分配和使用完全没有监督控制的局面。

尽管预算改革初见成效，但部门预算改革主要是针对各部门的预算外收支，未触及拥有资金分配权部门的权力，除了财政部门之外，计划部门和科技部门等强势部门仍拥有巨大的资金分配权。怎样建立核心预算机构是我国预算改革仍面临的挑战。尽管预算外收入纳入预算管理或者收支两线管理的力度加大，但是财政管理部门并没有能够统筹安排这些资金的使用。这些资金仅仅是集中到了由财政部控制的国库账户中，部门还是可以相对轻松地通过“编制”预算，调取出这些资金。

在多年期财政管理上，各类财政滚动计划实际上是围绕着“五年规划”展开的，或者说是为了配合“五年规划”。然而，无论是在中央还是在地方，这些多年期的财政滚动计划本质上仍不是严格意义上的多年期预算安排，更不具有对预算平衡的基本诉求，至多反映出政府已经意识到了各类规（计）划的衔接问题。事实上，由于这些财政滚动计划都以 3 年为周期，因此注定其无法与“五年规划”完全对称衔接。这些财政规划并非严格意义上的中期财政规划。单从滚动计划编制的实际情况来看，当时的滚动预算仍存在着编制财政发展计划的法律基础尚未确立、三年滚动计划与年度预算之间的关系未作明确说明、定量分析数据口径不统一、基础研究和统计工作不完善等问题。而地方在三年滚动计划试点中也经常遭遇执行困难。

预算稳定调节基金制度的设置，表明政府已经有预算平衡调剂的考量，但是这一制度并非以预算的多年期平衡为虑，而是对当时预算连续超收的暂时性处置。超收收入的使用仍停留在行政系统内部，既未能作全局性财政统筹，也未能纳入人大的审批视野。虽然部门会向人大常委会通报，但是往往都是“先支出，后通报”。总体上，在这一时期，基于市场经济的高度发展，政府主动使用各种财政、金融手段实施宏观调控操作，可以在短期内解决一些问题，但是长期的财政风险日渐累积，预算不平衡的隐忧逐步显现。当然，这一切也都似乎情有可原，首先是各级政府仍对各种宏观调控手段的作用机理认识不够全面，不够深刻；其次是即使各级政府对其运行机制有着充分认识，建构一个规范有效的预算平衡制度这一过程仍需经验积累。

4.1.4 预算制度全面深化阶段（2014 年至今）

党的十八届三中全会后，社会普遍认同建立现代财政制度为国家治理的重要支柱，地位空前。预算管理则是现代财政的重中之重，建设公开、透明、规范、完整的预算体制作为国务院关于深化经济体制改革的重要意见被提了出来，各项公共预算管理制度改革方案紧锣密鼓地出台，预算的平衡及中远期平衡也成为社会追求。我国预算制度改革进入全面深化阶段。

1. 新《预算法》出台及变化

2014 年 8 月底，全国人大常委会通过了对《预算法》（以下简称新《预算法》）的修改，完成了《预算法》（1994）自颁布 20 年以来的首次大修。新《预算法》不仅在法条数量上从 79 条扩充至 101 条，而且在内容上也有不少变动。其中有 3 处较大的变动：一是确立了全口径预算体系，要求所有财政性资金都要纳入预算管理，规范管理；二是明确了地方债举债主体，既承认了省级政府的发债主体这一既成事实，同时，也设置了更低级别地方政府只能由省级政府代发债券的约束；三是规范了财政转移支付制度，明确了要以基本公共服务均等化作为财政转移支付的目标。这些变化反映公共预算开始积极回应公众的期盼。

2. 地方债务管理制度

自 2008 年国际金融危机以来，国家通过发行政府公债的方式推行积极财政政策。尽管我国在 2015 年前，法律上并不认可地方政府的债务发行权力，但是中央财政代地方政府发行了大量的地方政府债。此外，地方以各类名义筹集的隐性债务也迅速增长，风险程度变高，在债务总量及增速上都达到了令外界紧张的程度。表 4–3 所示为 2012—2017 年我国政府债务的规模与结构。

表 4–3　2012—2017 年我国政府债务的规模与结构

年　份	中央债务		地方显性债		地方隐性债		总债务（亿元）	总负债率（%）
	总　额（亿元）	比　重（%）	总　额（亿元）	比　重（%）	总　额（亿元）	比　重（%）		
2012	77566	33.09	88379	37.70	68484	29.21	234429	43.38
2013	86747	31.50	105990	38.49	82667	30.02	275405	46.27
2014	95655	30.74	121554	39.06	94002	30.21	311212	48.33
2015	106600	29.16	150765	41.25	108142	29.59	365507	53.04
2016	120067	25.01	166026	34.58	194042	40.41	480135	64.57
2017	134770	24.23	185838	33.40	235718	42.37	556327	67.26

数据来源：基于 wind 数据库整理。

为控制并规范地方政府债务，新《预算法》（2014）认可了省级地方政府的发债权力，并在债务用途上限定了只能安排到公益性资本支出，而不能安排到经常性支出。这一“开前门”的措施，使地方政府获得有约束的融资渠道，融资方式也得以透明化，缓解了地方政府的融资压力。此外，地方政府债务存量规模大、增长快，财政部对地方政府债务问题也保持着高度警惕，多次发文对违法违规举债融资“关后门”，严防地方政府债务风险，确保不出现区域性和系统性风险。2016 年 6 月，财政部发布《关于坚决制止地方以政府购买服务名义违法违规融资的通知》。该文件的发布，对防范地方政府主要违法违规融资方式实现了全覆盖。为区分不同债务的法律主体责任，2016 年财政部对债务作了相关债务偿还责任分类。

3. 编制中期财政规划的探索

基于前期的试点研究，2013 年 11 月通过的《中共中央关于全面深化改革若干管理重大问题的决定》指出建立跨年度预算平衡机制，标志着我国进入了中期预算的全国性规划阶段。2014 年 9 月，国务院印发《关于深化预算管理制度改革的决定》(国发〔2014〕45 号)，对中期财政规划与国民经济和社会发展规划以及国家宏观调控之间的关系作了说明，要求这三者之间要相互衔接；同时，还要求强化三年滚动财政规划对年度预算的约束，加强项目库管理，健全项目预算审核机制。同年 12 月举行的中央经济工作会议指出要“实施跨年度预算制度，提高财政资金使用效率，建立年度预算的中期调整机制”。2015 年 1 月，国务院印发《关于实行中期财政规划管理的意见》，对中期财政规划的三年滚动方式作了进一步说明。同年，国家发展改革委下发了《国家发展改革委关于加强政府投资项目储备编制三年滚动投资计划的通知》(发改投资〔2015〕2463 号)，在全国启动三年滚动投资计划编制工作。地方上，2013 年 3 月，上海市财政局邀请了世界银行专家系统介绍了“中期支出框架”相关操作流程，并对上海试点的“中期支出框架”提出意见建议；2014 年，河南省在编制传统年度预算的基础上，统筹省级财政 3 年内的重要收支活动，以“近详远略”的方法编制后 3 年的收支计划；2015 年，四川省编制了 2016—2018 年省本级三年滚动财政规划。

4. 扩大预算公开范围

预算信息公开透明可以满足人们对预算信息的需求，是加强预算管理的必然要求，也是适应国家治理现代化的需要。2014 年 3 月 18 日，财政部通知要求，除涉密部门外，各部门均应公开其预决算，包括公开三公经费的预决算。预算公开类别与内容如表 4–4 所示。

表 4–4　预算公开类别与内容

预算公开类别	公开内容
政府预算	人大批准的预算报告、报表，以及相关说明
部门预算	财政部门批复的预算表格，包括本级及所属单位的预算
三公经费预算	三公经费财政拨款预算总额和分项数额、增减变化的原因
三公经费决算	参照上述预算公开的范围、体例和内容

注：三公经费决算公开要细化到因公出国（境）团组数及人数，公务用车购置数及保有量，国内公务接待的批次、人数、经费总额等。

5. 预算平衡管理特征

预算管理朝着公共化全面深化，是这一阶段预算平衡管理的核心概括。新《预算法》（2014）出台后，地方政府债务管理成为新时期预算平衡管理的重中之重，中期财政规划从中央到地方得到了不同程度的实践，预算的跨年度平衡管理以中期财政规划的形式得以推进。预算的公共性也因预算全面公开得以加强，预算的公共化使以预算治理政府有了初步可能，政府活动逐渐纳入公众监督视野，政府活动不可逆转地朝规范化的方向发展，无论是财政收入还是财政支出都越来越透明与公开，政府支出会受到社会越来越严格的监督约束，预算的绩效管理也因预算公开变成可能，对政府支出构成有力的制约。上述的这些改革事项都促使预算走向平衡与可持续。

新《预算法》（2014）的颁布代表着预算改革的集大成。旧《预算法》（1994）

凸显了政府是预算工具的掌控者及政府的主体支配性地位[①],未能彰显人大的权威。新《预算法》(2014)使预算回归了公共预算的属性，实现了由“政府治理的工具”向“治理政府的工具”的升级，突出了人大预算管理、控制与监督的地位。事实上，公共预算决策经过社会多方酝酿，如项目的申报、审批及执行等更多地倾听民意，而不再是单一的相关部门决议，可以减轻当前预算部门的工作压力、舆论压力。新《预算法》(2014)破旧立新，在全口径预算、地方债主体、财政转移支付这几方面有着较大的变化。这些变化反映了预算对日益复杂成熟的市场经济的积极响应，维护了预算的整体性平衡、垂直间平衡以及区域间平衡。

经过了数轮扩张性的财政政策，加之制度建设未能及时匹配，地方政府债务在短时间内迅速增长，如何管控债务已经成为一项紧迫且棘手的任务。国务院认识到地方政府债务存在的客观性。因此，当务之急是建立起地方政府规范的举债融资机制，实施地方政府债务规模控制，并将其纳入预算管理[②]。可见,地方政府债务由原来刚刚浮现变成当前显而易见的难题,这样一来，如何管理地方政府债务不仅是一个紧迫性问题，也是一个长期性的制度建设问题。使地方政府债务成为日常性管理内容的一部分，既是调整中央与地方关系的一个重要命题，也是维护预算跨年度平衡的重要内容之一。经过数次审议后，新《预算法》(2014)对省级地方政府的发债权予以了法律认可。从债务管理的义务角度来看，省级地方政府是法定债务管理主体。但是，笔者认为，期待短期内省级地方政府债务完全替代城投债等其他地方政府债务并不现实，各类地方政府债可能在未来较长时间继续存在。与此同时，正式推出省级地方政府债会导致城投债在筹资合法性上的瑕疵和弱势更明显。城投

① 新《预算法》(2014)第一条已将立法宗旨修改为“规范政府收支行为，强化预算约束，加强对预算的管理和监督，建立健全全面规范、公开透明的预算制度，保障经济社会的健康发展”。

② 详见《国务院关于加强地方政府性债务管理的意见》(2014)。

债存在被边缘化和次级化的风险，这需在后续地方债务管控中严加注意。此外，省级地方政府因率先获得合法的发债权，成了跨年度预算改革的“先行军”。而从未来的趋势来看，逐步放开省级以下地方政府的独立发债权，赋予其独立的发债权将是最终大势。获得发债权是预算主体地位得以确立的重要标志，这意味着地方政府必须将债务的取得、使用和偿还等环节纳入日常预算收支管理。因为债务的管理期限一般是跨年度的，这就意味着其预算平衡管理也应当是跨年度的。

这一阶段的财政改革可谓层出不穷，多集中在微观层面，例如预算绩效管理、政府采购制度改革、政府会计制度改革等，但却缺少中长期宏观财政框架，没有从财政可持续的角度考虑制度设计。直到新《预算法》(2014)提出“各级政府应当建立跨年度预算平衡机制”这一立法要求后，这一预算改革的新主题才得以确立。紧接着在2015年国务院提出三年财政规划的编制框架，从而提供了一个相对明确的预算跨期。根据《实行中期财政规划管理的意见》，国家发展改革委紧接着也颁布了《关于加强政府投资项目储备编制三年滚动投资计划的通知》(发改投资〔2015〕2463号)，三年滚动投资计划编制工作在全国启动。至此，跨年度预算在提升财政政策的前瞻性、有效性和可持续性上已成为共识。这为我国将来深入推进跨年度预算作了关键的前期探索。

4.2　中国预算平衡态势分析

随着中国经济新常态的到来，经济增速放缓①，财政的可持续以及预算平衡问题引起了人们越来越严肃的关注。中国财政收入在未来10余年内，要维持过去40多年那样的高速增长已极不现实。基于这一判断，有必要对当前中

① 世界银行曾以5年为周期，预测中国2011—2020年GDP的4个平均增长率，预测值分别为8.6%、7.0%、5.9%、5%，结论是中国经济增速呈递减趋势。

国预算平衡态势作进一步实证研究。鉴于财政可持续性水平与预算平衡之间有着紧密的内在联系，因此可以考虑借用财政可持续性来反映预算平衡态势。另外，预算余额成分分析可以为我们提供有用的预算内部信息，因此本节还对中国预算余额作了分解测度。

4.2.1 财政可持续性态势分析

判断财政可持续性通常用到的指标是债务率和赤字率，欧共体（欧盟前身）在 1991 年的《马斯特里赫特条约》中提出了债务率 60% 与赤字率 3% 的组合指标。后来，这一标准被广泛使用。依据这一标准，2017 年，我国债务率为 36.2%，赤字率为 2.6%，这两个指标均处于财政可持续性的标准范围之内。但是，这一组合标准只是欧洲内部的经验性指标，可能并不适合我国国情①。由于跨期预算约束条件是目前检验财政可持续的主要方法之一，因此本书借助跨期预算约束条件标准来检验我国的财政可持续性水平。

1. 理论模型建构

通常，未来的经济运行状况（经济增速、利率、通胀率等）与财政收支水平决定着一国财政的可持续性水平。但是，这些未来的数据往往无法准确获得。因此，就需要退而依据现有的数据来检验财政上累积的债务的可持续性，跨期预算约束条件成为检验财政可持续性的重要选择。

（1）跨期预算约束

从政府财政收支的会计恒等式中，可以提取出初步的跨期预算约束条件：

$$G_t + r_t B_{t-1} - T_t = B_t - B_{t-1} \tag{4-1}$$

① 我国地方政府总体负债率为 36.2%，美国的地方政府负债率上限为 13%~16%，而加拿大为 25%，因此我国地方政府被认为存在较大的债务风险。2018 年，我国拟安排财政赤字 2.38 万亿元，赤字率从上一年预算的 3% 降至 2.6%，下降了 0.4 个百分点，说明了中央希望通过下调赤字率水平为宏观调控创造更多的政策空间。

式中，G_t代表着 t 期的财政支出，B_{t-1} 则是($t-1$)期的累积债务，r_t是 t 期的利率，T_t代表着 t 期的财政收入，B_t代表着 t 期的累积债务。式（4–1）表明，假定货币融资受限，政府为弥补财政赤字，只有选择发行新债。

同时在式（4–1）两边除以 P_tY_t（名义 GDP），得：

$$g_t - t_t = \frac{1+r_t}{(1+\pi_t)(1+\eta_t)}b_{t-1} \tag{4–2}$$

其中，$g_t = \frac{G_t}{P_tY_t}$，$t_t = \frac{T_t}{P_tY_t}$，$b_t = \frac{B_t}{P_tY_t}$，$b_{t-1} = \frac{B_{t-1}}{P_{t-1}Y_{t-1}}$，$\pi_t$为 t 期的通胀率，η_t为 t 期的实际 GDP 增长率。由于 $(1+\pi_t)(1+\eta_t) \cong 1+\pi_t+\eta_t$，故式（4–2）可简化为：

$$b_t = \frac{1+r_t}{(1+\pi_t+\eta_t)}b_{t-1} + (g_t - t_t) \tag{4–3}$$

在式（4–3）中，$r_t - \pi_t < \eta_t$ 且 $g_t - t_t \leqslant 0$，则 $\lim\limits_{t\to\infty} E(b_t) = 0$，此时，意味着累积债务仍是可持续的。

当 $r_t - \pi_t < \eta_t$ 且 $g_t - t_t \geqslant 0$ 时，累积债务将居于某一稳态值附近。公共债务在这时既不会增加也不会减少，政府唯有以实际资产转让进行债务偿还（Sidiropoulos and Papadopoulos, 1999）。当 $r_t - \pi_t > \eta_t$时，累积债务则不可通过经济增长实现消化，而只有未来的财政盈余才能将其清偿。也就是说，只要政府服从跨期预算约束，便可保证财政可持续。接着，重点讨论在 $r_t - \pi_t > \eta_t$ 情形下的财政可持续性。

为了讨论的方便，令 $\theta_t = (r_t - \pi_t - \eta_t)/(1+\pi_t+\eta_t)$，则有：

$$b_t = (1+\theta_t)b_{t-1} + (g_t - t_t) \tag{4–4}$$

其中，θ_t 为折现因子，已经考虑了经济增长的作用。财政想要保持可持续，则 b_t 必须与扣除当期赤字后的 b_{t+1} 的预期折现值相等，故在 $(t-1)$ 期有：

$$b_t = E_t\{(1+\theta_{t+1})^{-1}[b_{t+1} - (g_{t+1} - t_{t+1})]\} \tag{4–5}$$

依次写出 b_{t+1}，b_{t+2}，b_{t+3}，…的期望值并逐项迭代，可以得到：

$$b_t = E_t\sum_{s=0}^{\infty}\prod_{i=1}^{s}(1+\theta_{t+i})^{-1}(t_{t+s}-g_{t+s})+E_t\prod_{i=0}^{s}(1+\theta_{t+1})^{-1}b_{t-1} \quad (4\text{-}6)$$

其中，第一项中的 $E_t\prod_{i=0}^{s}(1+\theta_{t+1})^{-1}$ 为动态折现因子；由于第二项 $E_t\prod_{i=0}^{s}(1+\theta_{t+1})^{-1}b_{t-1}$ 为排除蓬齐博弈（Ponzi Game）路径，因此趋近于 0（Blanchard, 1990），有：

$$\lim_{s\to\infty} E_t\prod_{i=0}^{s}(1+\theta_{t+1})^{-1}b_{t+s}=0 \quad (4\text{-}7)$$

因此有：

$$b_t=\lim_{s\to\infty}E_t\sum_{s=0}^{\infty}\prod_{i=1}^{s}(1+\theta_{t+i})^{-1}(t_{t+s}-g_{t+s}) \quad (4\text{-}8)$$

式（4-8）即构成了政府债务跨期预算约束，即政府债务累积等于未来财政盈余折现总和。当式（4-8）成立时，则政府累积债务服从跨期预算约束，财政上是可持续的。

（2）财政可持续检验模型

财政的可持续性当从政府债务累积和财政赤字的中长期结果来考察。接下来，我们将以跨期预算约束模型为基础，分析模型中一些变量之间的关系，对财政可持续性的计量方法作理论阐释。

假设经济增长率 η、通胀率 π 和利率 r 均已给定。这时 $(1+\theta_{t+i})^{-1}$ 是确定的折现因子，记为 $(1+\theta)^{-1}$。对等式（4-6）两边作一阶差分处理，得：

$$\Delta b_t=\sum_{s=0}^{\infty}(1+\theta)^{-s-1}E_t(\Delta t_{t+s}-\Delta d_{t+s})+\lim_{s\to\infty}(1+\theta)^{-s-1}E_t b_{t+s}-\lim_{s\to\infty}(1+\theta)^{-s-1}E_{t-1}b_{t+s-1} \quad (4\text{-}9)$$

其中，$d_{t+s}=g_{t-s}+\theta b_{t+s-1}$，代表 $(t+s)$ 期政府在转移支付、债务利息和政府采购等各方面的全部支出。

根据式（4-4），能有：

$$\Delta b_t=b_t-b_{t-1}=\theta_t b_{t-1}+g_t-t_t \quad (4\text{-}10)$$

依据 $d_{t+s}=g_{t-s}+\theta b_{t+s-1}$ 以及式（4–9）、式（4–10），可得出下面的政府预算等式：

$$\Delta b_t=d_t-t_t=\sum_{s=0}^{\infty}(1+\theta)^{-s-1}E_t(\Delta t_{t+s}-\Delta d_{t+s})+\lim_{s\to\infty}(1+\theta)^{-s-1}E_tb_{t+s}-\lim_{s\to\infty}(1+\theta)^{-s-1}E_{t-1}b_{t+s-1} \quad (4–11)$$

当政府财政满足跨期预算约束时，则式（4-11）中的两个极限项之和刚好等于 0①，所有财政盈余折现值之和刚好够偿还政府积累的债务本金和利息，也即：

$$d_t-t_t=\sum_{s=0}^{\infty}(1+\theta)^{-s-1}E_t(\Delta t_{t+s}-\Delta d_{t+s}) \quad (4–12)$$

在此情形下，假定 d_{t+s} 和 t_{t+s} 满足漂移项的随机行走特征，则变量 Δd_{t+s} 与 Δt_{t+s} 有：

$$\Delta d_{t+s}=\alpha_d+v_{d,\ t+s} \quad (4–13)$$

$$\Delta t_{t+s}=\alpha_t+v_{t,\ t+s} \quad (4–14)$$

上述两个等式中，v_t、v_d 是均值为 0 的平稳过程，α_d、α_t 是常量。当 $\theta>0$ 时，$\sum_{s=0}^{\infty}(1+\theta)^{-1}$ 的极限值为 $\frac{1+\theta}{\theta}$。将式（4-13）和式（4-14）分别代入式（4-12），则式（4-12）可以写为：

$$d_t-t_t=\alpha+v_t \quad (4–15)$$

其中，$\alpha=\sum_{s=0}^{\infty}(1+\theta)^{-s-1}(\alpha_d-\alpha_t)$，$v_t=\sum_{s=0}^{\infty}(1+\theta)^{-s-1}(v_{d,\ t}-v_{t,\ t})$。从式（4-13）、式（4-14）可知，等式（4-15）右边的 $\alpha+v_t$ 是平稳的，所以相应地，等式（4-15）左边的 d_t-t_t 也是平稳的，否则等式将不成立。d_t 和 t_t 均存在一阶差分，且 $\alpha+v_t$ 是平稳的，所以，d_t 和 t_t 之间存在协整关系，其协整方程表达为：

① 政府财政是可持续的，政府累积债务的折现值等于 0，即式（4–11）中极限项 $\lim_{s\to\infty}(1+\theta)^{-s-1}E_tb_{t+s}=\lim_{s\to\infty}(1+\theta)^{-s-1}E_{t-1}b_{t+s-1}=0$。

$$t_t = \alpha + \beta d_t + v_t \qquad (4\text{–}16)$$

式中，$\beta = 1$，并且 v_t 为平稳过程。从以上理论模型推导过程可知，如果政府财政是可持续的，那么变量 t_t 和 d_t 之间存在协整向量为 (1, –1) 的协整关系。但是，$\beta = 1$ 并非财政满足跨期预算约束的必要条件，当 $0 < \beta \leqslant 1$ 时，政府财政跨期预算约束也能得到满足（Hakkio and Rush, 1991）。所以，财政可持续的充要条件便是财政支出 d_t 与财政收入 t_t 之间存在协整向量为 (1，$-\beta$) 的协整关系。尽管达到这一条件便可满足财政可持续的要求，但还应当进一步考察财政可持续性的强弱水平①。当 $0 < \beta \leqslant 1$ 时，β 值越大意味着支出与收入之间的差额越小，财政处于较强的可持续状态；β 值越小则意味着收入与支出之间的差额越大，财政的可持续性越弱。其基本逻辑在于：较小的 β 值意味政府要借助更多的债务为赤字进行融资，维持财政可持续的难度变大，财政可持续性减弱。债务的存在，特别当债务规模庞大时，政府将增加一个真实且沉重的债务管理的维度，债务的发行与偿还不仅要考虑利息、债务结构等相对确定的因素，同时，还需要考虑多年期间变化的利息率、通货膨胀率、经济增长率等不确定的因素，要综合管理诸多债务变量的难度极大。事实上，债务规模的变大还可能增加道德风险，从而降低财政的可持续性水平。

2. 中国财政可持续性检验

基于上述理论模型分析，下面将利用我国 1978—2017 年的年度财政收支数据，对我国的财政收支进行一次简单的协整检验。从总体上评价改革开放以来的我国财政的可持续性。

为了保证数据的准确性，我们主要从 CEIC 数据库、2016 年《中国财政年鉴》，以及财政部、国家统计局等网站选取了观察年份的国内生产总值、财政收入、财政支出、财政赤字等有关数据，检验我国财政的可持续性。

---

① 假定常数项为正，当财政收入大于财政支出时，也即 $\beta > 1$ 时，不需要考虑财政的可持续性问题。

进行可持续性实证检验之前，需要先对财政收入和支出的平稳性作 ADF 检验，分别令其为 y 和 x。由于检验结果会受到数据生成形式和估计模型的影响，因此我们采用最具一般性的数据生成过程和估计模型：同时带有时间趋势项和常数项。先检验趋势项，显著时就保留该趋势项，不显著时，继而再检验常数项，若其显著就保留该常数项，若其也不显著，才检验既无趋势项又无常数项的模型。本研究取得的数据检验结果表明，财政收入与支出都是一阶单整序列，可以进行协整检验，其 ADF 检验结果如表 4–5 所示。

表 4–5　财政收入和财政支出的 ADF 检验

变　量	检验形式 (c, t, n)	*DF* 值	*P* 值	检验结果
财政收入（亿元）（1977 年为基年）	$c(0,0,0)$	1.46	0.96	不平稳
	$c(1,0,0)$	1.14	1.00	不平稳
	$c(1,1,0)$	−0.31	0.99	不平稳
	$c(0,0,1)$	−0.41	0.53	不平稳
	$c(1,0,1)$	−1.21	0.66	不平稳
	$c(1,1,1)$	−2.56	0.30	不平稳
	$c(0,0,2)$	−5.93	0.00	平稳
	$c(1,0,2)$	−6.02	0.00	平稳
	$c(1,1,2)$	−5.93	0.00	平稳
财政支出（亿元）（1977 年为基年）	$c(0,0,0)$	2.82	1.00	不平稳
	$c(1,0,0)$	2.52	1.00	不平稳
	$c(1,1,0)$	1.25	1.00	不平稳
	$c(0,0,1)$	−0.11	0.64	不平稳
	$c(1,0,1)$	−0.93	0.77	不平稳
	$c(1,1,1)$	−2.30	0.42	不平稳
	$c(0,0,2)$	−6.12	0.00	平稳
	$c(1,0,2)$	−6.52	0.00	平稳
	$c(1,1,2)$	−6.42	0.00	平稳

注：检验形式中，c 代表是否包含常数项，c=1 时代表包含，c=0 时代表不包含；t 代表是否包含趋势项，t=1 时代表包含，t=0 时代表不包含；n 表示差分阶数。

从上述检验结果可知，财政收支是二阶平稳的。因此，可以对财政收入与财政支出作 JJ 检验，其检验结果如表 4–6 所示。

表 4–6　财政收入与财政支出的 JJ 检验

原假设	迹统计量	10% 临界值	5% 临界值	1% 临界值	检验结论
不存在协整关系	31.50	22.76	25.32	30.45	拒绝原假设
至少存在一个协整关系	6.91	10.49	12.25	16.26	不能拒绝原假设

财政收支的回归方程：

$$\begin{gathered}\hat{y}_t = 182.895 + 0.886x_t \\ se = (106.586)\ (0.009) \\ t = (1.716)\ (99.415) \\ P = (0.094)\ (0.000) \\ R^2 = 0.9962 \quad F = 9883\end{gathered} \tag{4–17}$$

式中 y_t 表示财政收入，x_t 表示财政支出。

β是否为 1 的检验过程：

$$y_t = \beta x_t + \mu_t \tag{4–18}$$

在回归方程两边同时减去 x_t 得：

$$y_t - x_t = (\beta - 1)x_t + \mu_t \tag{4–19}$$

令 $z_t = y_t - x_t$，$\gamma = \beta - 1$，则有新的回归方程：

$$z_t = \gamma x_t + \mu_t \tag{4–20}$$

比较式（4–19）和式（4–20）可知，当 β=1 时，$\gamma = 0$，即式（4–20）中 x_t 的系数不再显著。由于随机误差未发生变化，因此由式（4–18）向式（4–20）的变化并不会影响回归变量间的协整关系，因此在对式（4–20）进行回归时，不用再进行 JJ 检验。式（4–20）的估计结果如下：

$$
\begin{aligned}
\hat{z}_t &= 182.895 - 0.11416x_t \\
se &= (106.586)\ (0.009) \\
t &= (1.716)\ (-12.812) \\
P &= (0.094)\ (0.000) \\
R^2 &= 0.8120 \quad F = 164.1
\end{aligned} \tag{4-21}
$$

式（4-21）表明 γ 在 1% 显著性水平上拒绝了该值为零的原假设，也即拒绝了 $\beta=1$ 的原假设，该结果表明 1978—2017 年间我国财政收支平衡总体上呈现可持续状态。

3. 移动跨期的财政可持续性检验

根据财政可持续性检验模型，可以判定我国财政在 1978—2017 年这一时期是可持续的，但是，这种简单的检验缺少动态特征。为了进一步考察 1978—2017 年这 40 年间我国财政收支平衡可持续性的动态变化，下面分别以 15 年、20 年、25 年、30 年为限，每次移动一年，动态地对财政收入和财政支出的协整关系进行考察，并求取相应的 β 值，并观察 β 值的动态变化，结论如下。

①图形及数据结果表明，直接选取 30 年作为时间跨度来动态考察我国财政可持续性时，可得到 10 个数值，可以看出 1978—2017 年财政可持续性呈现出明显的下降趋势，如图 4–1 右下图所示。

②当把时间跨度从 30 年缩短为 25 年时，总共得到 15 个数值，会发现我国财政可持续性呈现出先增强、后下降的趋势。1984—2009 年这 25 年显示出最强劲的财政可持续性，之后的 25 年期的财政可持续性逐步走弱。

③当把时间跨度缩短为 20 年时，则得到 20 个数值，从图形上看，会发现我国的财政可持续性呈现出了“下降—上升—下降”的趋势。

④当把时间跨度缩短为 15 年时[①]，得到了 25 个数值，其中只有一个观察

① 考虑协整检验的数据量太少将会失去检验的意义，故本书不再对更短时间跨度下的财政可持续性作协整检验。

值未通过协整检验，即1979—1994年的可持续性数值，但是其余的24个数值都通过了协整检验。因此，单一的某个数值并不影响我们对可持续性的总体判断，即当我们把时间跨度缩短为15年时，可持续性数值就表现出多个上下波动，也就是有的时期财政可持续性较好，而有的时期则较差，这也是符合主观感受的。

⑤无论是以多长的时间跨度作为观察期，我们可以从图4-1中的这4个图形中发现，所有图形的最后一个波段均是以下降作为收尾的，也就是说自2008年以来的国际金融危机所引致的财政冲击是显著的。

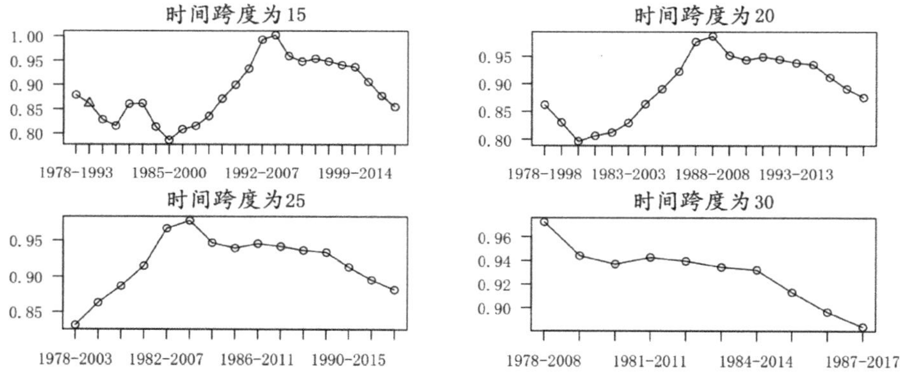

图4-1　不同时间跨度下的协整检验结果

注：图中Δ表示对应模型未通过协整检验。

自2008年国际金融危机以来，我国政府债务规模显著扩张。这引起了以IMF为代表的国际组织的忧虑。然而，我国在短期内出现系统性债务危机的可能性并不是很大。无论是用债务占GDP比重的传统衡量标准，还是用政府的资产负债表来评判，中国政府债务均处在可控范围之内。但是，债务可控不等于没有债务风险，更不等于未来绝不会爆发债务危机。多年来，中国经济的高速增长掩盖了财政体制本身的结构性风险，并维持了财政的可持续。然而，需要保持清醒的是，这种高速的增长不可能长期维持下去。在经济增长的“三驾马车”中，出口受到重挫，短期内没有重新恢复的可能；社会保障体系尚未健全，普通民众不敢在短期内打开钱包放心消费；投资上，无论是投资基础设施，还是投资房地产，其投资乘数都越来越小，不仅不能很好地刺激经济，反而导致杠杆过高、房地产泡沫等一系列问题。并且，随着未来财政收入增速放缓，财政支出逐节攀升，我们将很难像过去那样用经济的高增长来化解政府公共债务。化解政府债务风险、增强财政可持续的基本逻辑应当是对财政体制实施结构性改革，建立健全公共财政收支体系，规范并约束政府预算收支活动。

4.2.2 预算余额分解测度

预算余额是预算平衡水平的直接体现，它反映为财政收入和支出的差异，其形成既有经济内生波动的原因，同时还受到政府相机抉择的预算政策的直接影响。前者的影响通常是暂时的，其影响结果可定义为周期性预算余额；后者的影响则具有长期性，其影响结果可定义为结构性预算余额。对这两种预算余额需要加以合理区分，否则在预算过程中，可能出现财政政策的反应过度或反应不足。本小节试图测度我国预算余额中的周期性与结构性构成，并从跨年度平衡的角度作进一步考察。

1. 预算余额分解测度理论应用

为准确把握政府预算运行态势，为经济决策提供依据，有必要对政府预算余额进行相关评估与测算。早在 1956 年，Brown 就围绕着公共预算余额的测算机制、方法及关联性，率先测算出了充分就业的预算盈余，用以评估经济是否处于充分就业水平，此即为后来的周期性预算余额的前身。20 世纪 70 年代，周期性调整的预算余额得到不断发展，加之各种先进的统计技术被引入预算余额分解，预算余额被分解成临时性的与永久的两部分。1974 年，Blinder 和 Solow 继续从预算余额中分解出结构性预算余额，以期揭示中长期预算的盈亏趋势。结构性预算余额迅速应用在预算监督、政策制定等领域，并取得明显效果。包括欧盟诸国纷纷对结构性预算余额进行测度，在 2005 年之前，欧盟便要求用结构性预算余额来分析各成员国的财政状况与公共风险。欧盟修订的《稳定与公约》(2005，以下称《公约》）进一步把预算余额分解为结构性预算余额与周期性预算余额，并将其作为监督区域内财政活动的主要工具。目前，剔除掉周期性因素影响后得到的结构性预算余额，依然是评价财政决策行为的有效指标。近年来，新西兰、智利、巴西、罗马尼亚等国家在实施跨年度预算后，也广泛对预算余额进行分解，重点测度其结构性预算余额，为中长期预算决策提供依据。为使测算结果更符合实际，当前学者们在指标应用的方向上改进计算方法，提高测算的准确性。Mourre 等（2013, 2014）调整并更新了结构性预算余额的测算方法，改进了原来的预算敏感性参数，代之以预算半弹性参数。在我国，预算余额的分解应用研究也逐渐变多。通过使用状态空间模型，石柱鲜和王立勇（2006）测算了我国 1996—2004 年的潜在产出，得到了周期性预算余额与结构性预算余额。周波（2014）在估算我国财政政策的自动稳定功能时，主要从周期性与外生性作用角度，分离计算财政政策所产生的结构性预算余额。总之，对预算余额进行测算分解是一个理解财政政策的实用工具，它剔除掉了周期性因素的干扰，集中于财政政策本身的纯粹的影响。也正因如此，这一工具对我国跨年度预算平衡管理具有一定的指示性作用。

2. 预算余额分解测度方法

基于上述预算余额分解测度的理论与实践，下面对国际上通行的预算余额分解测度方法作进一步系统梳理，为我国的预算余额分解测度提供具体的研究方法与思路。

（1）预算余额分解测度的基本方法

实践中，有两类方法测度结构性预算余额 (Structural Budget Balance, SBB)。第一类方法是由 Blanchard 在 1990 年提出的，先对财政收入和财政支出进行回归分析，再借助 VAR 模型估算预算余额，但是由于这类方法基于经济数据进行回归分析，考虑的变量因素较少，未作周期性与结构性预算余额的分类，运算结果的实际理论意义不够鲜明，政策意图不易沟通传达。第二类方法的应用更为广泛，这种方法分两步走：第一步是通过衡量财政收支要素弹性、经济周期位置等参数，求出周期性预算余额（Cyclically Budget Balance，CBB）；第二步是用名义预算余额（Nominal Budget Balance, NBB）减去第一步求出的周期性预算余额（CBB），得到结构性预算余额（SBB），即为公式 SBB = NBB−CBB①。在工具使用上，可以通过 TAXSIM、STAMP 等模型求得周期性与结构性预算余额（Cohen and Fllette, 2000）。这种方法有效提示了要素产出弹性对政府间收支的内源性差异的影响，计算结果也更为精确。下文将基于第二类方法的原理测算我国的预算余额。遵照 Girouard 和 Andre（2005）及 Mourre 等（2013, 2014）的方法，结构性预算余额（SBB）的计算表达式为：

$$\mathrm{SBB}=\mathrm{NBB}-\mathrm{CBB}=\frac{\mathrm{BB}}{Y}-\mathrm{gap}\times\theta=\frac{R-G}{Y}-\mathrm{gap}\times\theta \qquad (4\text{–}22)$$

其中，Y、R、G、θ、gap 分别代表名义产出、名义财政收入、名义财政支出、周期性调整参数和产出缺口。名义预算余额是名义财政收支余额占名义产出的比值，即 $\mathrm{NBB}=\frac{R-G}{Y}$。周期性余额为产出缺口（gap）和周期性调整参数（θ）之积，即 $\mathrm{CBB}=\mathrm{gap}\times\theta$。式（4–22）是指数公式的近似线性表达式，原公式为：

$$\mathrm{SBB}=\frac{\mathrm{BB}^P}{Y^P}=\frac{R^P}{Y^P}-\frac{G^P}{Y^P}=\frac{R}{Y^P}\left(\frac{R^P}{R}\right)-\frac{G}{Y^P}\left(\frac{G^P}{G}\right) \qquad (4\text{–}23)$$

式（4–23）中的上标 P 代表经济处于潜在水平上，即各变量处于潜在水平。公式表达的含义是，排除了周期性因素的干扰后，结构性预算余额为经济处于潜在水平时的政府预算余额与产出的比值。假设收入弹性和支出弹性为常数，对式（4–23）求解微分方程可得：

$$\left(\frac{R^P}{R}\right)=\left(\frac{R}{Y^P}\right)^{\eta_R} \qquad (4\text{–}24)$$

① 所有变量都表达为其占 GDP 的百分比。

$$\left(\frac{G^P}{G}\right)=\left(\frac{Y^P}{Y}\right)^{\eta_G} \tag{4–25}$$

进一步地，将式（4–24）、式（4–25）代入式（4–23）中，进行极限化求解，得到：

$$\begin{aligned}
\mathrm{SBB} &= \frac{R}{Y^P}\left(\frac{R^P}{R}\right)-\frac{G}{Y^P}\left(\frac{G^P}{G}\right)=\frac{R}{Y^P}\left(\frac{R}{Y^P}\right)^{\eta_R}-\frac{G}{Y^P}\left(\frac{Y^P}{Y}\right)^{\eta_G} \\
&= \frac{R(1+\mathrm{gap})}{Y}\left(\frac{1}{1+\mathrm{gap}}\right)^{\eta_R}-\frac{G(1+\mathrm{gap})}{Y}\left(\frac{1}{1+\mathrm{gap}}\right)^{\eta_G} \\
&= \frac{R}{Y}(1+\mathrm{gap})^{\eta_R}-\frac{G}{Y}(1+\mathrm{gap})^{1-\eta_G} \\
&\cong \frac{R}{Y}[1+(1-\eta_R)\mathrm{gap}]-[1+(1-\eta_R)\mathrm{gap}] \\
&= \frac{R}{Y}-\frac{G}{Y}-\left[\frac{R}{Y}(\eta_R-1)-\frac{G}{Y}(\eta_G-1)\right]\mathrm{gap} \\
&= \mathrm{NBB}-(\theta_R-\theta_G)\mathrm{gap}=\mathrm{NBB}-\theta\times\mathrm{gap}
\end{aligned} \tag{4-26}$$

为便于分解出结构性预算余额，使得极限求解后的公式更加简洁，直观地表达为名义预算余额减半弹性系数与产出缺口的乘积。通过式（4-26）不仅可以计算结构性预算余额，还能增加 3 项中长期预算管理的内容。这 3 项内容分别是：一是衡量预算余额受经济波动的影响程度；二是分析影响财政可持续性的风险因子；三是评估政府相机抉择预算安排的适度性。

（2）周期性调整参数的半弹性升级

在欧盟 2012 年之前的预算管理文献中，使用预算敏感性（sensitivity）作为周期性调整参数（θ），即 $\theta=\mathrm{sensitivity}=\left(\frac{\frac{\mathrm{d}R}{R}}{\frac{\mathrm{d}Y}{Y}}\right)\frac{R}{Y}-\left(\frac{\frac{\mathrm{d}G}{G}}{\frac{\mathrm{d}Y}{Y}}\right)\frac{G}{Y}=\frac{\mathrm{d}R-\mathrm{d}G}{\mathrm{d}Y}=\frac{\mathrm{dBB}}{\mathrm{d}Y}$。其含义是政府预算余额与产出的边际变化之比[①]。Bellofore 和 Halevi（2011）、Dullien（2012）、Mourre（2013）等人研究发现预算敏感性并不能有效反映出经

① 收支差异的一阶导数与 GDP 一阶导数的比值。

济周期，因此，在此基础上计算的结构性预算余额会出现误差。根据预算敏感性可推理出：

$$\text{SBB}=\text{NBB}-\text{CBB}=\text{NBB}-\theta\times\text{gap}=\frac{\text{BB}}{Y}-\frac{\text{dBB}}{\text{d}Y}\times\text{gap}=$$
$$\frac{\text{BB}}{Y}-\frac{\text{dBB}}{Y}\frac{\text{d}Y}{Y^P}=\frac{\text{BB}}{Y}-\frac{\text{dBB}}{Y^P}\neq\frac{\text{BB-dBB}}{Y^P}\tag{4-27}$$

从式（4–27）可以观察到，预算敏感性参数只对结构性预算余额的分子产生影响，却遗漏了对分母的影响。但是，在理论上，周期性影响还应当同时造成分母的变化。所以，根据预算敏感性参数测度所得的结构性预算余额的准确性不足。针对预算敏感性参数的缺点，Palumbo（2013）、Mourre（2013）提出使用预算半弹性（semi-elasticity）参数替代预算敏感性参数来反映周期性影响，预算半弹性可表示成：

$$\text{semi-elasticity}=\theta=\frac{\text{d}\left(\frac{\text{BB}}{Y}\right)}{\frac{\text{d}Y}{Y}}\tag{4-28}$$

预算半弹性，也称预算盈余(或赤字)比例对产出的半弹性，它可以用来衡量预算对经济周期波动的反映程度,即产出每变化1%所带来的预算盈余(或赤字)的变化。假设经济处于潜在水平上，该参数对预算余额的周期性效应有一定的修正作用。把式（4–28）代入式（4–22）得：

$$\text{SBB}=\text{NBB}-\text{CBB}=\text{NBB}-\theta\times\text{gap}=\frac{\text{BB}}{\text{Y}}-\frac{\frac{\text{d}\left(\frac{\text{BB}}{Y}\right)Y}{\text{d}Y}-\frac{\text{d}Y}{Y}\text{BB}}{\frac{Y^2}{Y}}\times$$
$$\text{gap}=\frac{\text{BB}}{Y}-\left(\frac{\text{dB}}{\text{d}Y}-\frac{\text{BB}}{Y}\right)\frac{\text{d}Y}{Y^P}=\left(1+\frac{\text{d}Y}{Y^P}\right)\frac{\text{BB}}{Y}-\frac{\text{dBB}}{Y^P}=$$
$$\left(1+\frac{Y-Y^P}{Y^P}\right)\frac{\text{BB}}{Y}-\frac{\text{dBB}}{Y^P}=\frac{Y}{Y^P}\frac{\text{BB}}{Y}-\frac{\text{dBB}}{Y^P}=\frac{\text{BB}^P}{Y^P}\tag{4-29}$$

式（4–29）的演算结果符合预期。当经济处于潜在产出水平时，结构性预算余额占潜在产出的比率，在结果上能够同时影响预算余额比率的分子（财政收支差额）和分母（产出）。dBB 代表名义预算余额与处在潜在产出水平时的预算余额的差异，即 dBB = BB−BBP。公式中产出缺口 $\text{gap}=\frac{\mathrm{d}Y}{Y^P}=\frac{Y-Y^P}{Y^P}$，含义为实际产出与潜在产出的差额与潜在产出之比。与预算敏感性（sensitivity）参数的代入结果相比，用预算半弹性参数代入的结果可以使预算余额的内涵得到更为准确的表达。

（3）预算半弹性的分解

结合上文论证，预算半弹性还可作进一步分解，通过数学变换，其可转换为财政收入半弹性与财政支出半弹性之差：

$$\theta=\frac{\mathrm{d}\left(\frac{\mathrm{BB}}{Y}\right)}{\frac{\mathrm{d}Y}{Y}}=\frac{\mathrm{d}\left(\frac{R}{Y}\right)}{\frac{\mathrm{d}Y}{Y}}-\frac{\mathrm{d}\left(\frac{G}{Y}\right)}{\frac{\mathrm{d}Y}{Y}}=\left(\frac{\frac{\mathrm{d}R}{R}}{\frac{\mathrm{d}Y}{Y}}-1\right)\frac{R}{Y}-\left(\frac{\frac{\mathrm{d}G}{G}}{\frac{\mathrm{d}Y}{Y}}-1\right)\frac{G}{Y}=(\eta_R-1)\frac{R}{Y}-(\eta_G-1)\frac{G}{Y} \tag{4-30}$$

式中，$\eta_R=\frac{\frac{\mathrm{d}R}{R}}{\frac{\mathrm{d}Y}{Y}}$ 代表财政收入对产出的弹性，$\eta_G=\frac{\frac{\mathrm{d}G}{G}}{\frac{\mathrm{d}Y}{Y}}$ 代表财政支出对产出的弹性，$\frac{R}{Y}$ 代表财政收入占产出的比值，$\frac{G}{Y}$ 代表财政支出占产出的比值，（η_R-1）代表财政收入占产出比率对产出本身的弹性，（η_G-1）则代表财政支出占产出比率对产出本身的弹性。

基于式（4−30），根据不同财政收支类型，预算半弹性还能表达成各类财政收支弹性的加权，即收入弹性 η_R 是以各项税收[①]分别对产出的弹性值乘以

① 主要参考了马国强于 2014 年编订的《中国税收》（教材）中划分我国税收体系的方法，即把财政收入划分成商品税、所得税、财产税和非税收入。这 4 类收入与我国产出的增长与下降紧密联系，周期性比较明显。受限于数据可得性，商品税选取了增值税、营业税、消费税与关税，所得税选择了个人所得税与企业所得税，财产税则包括资源税、土地增值税、房产税。

其占总收入的权重 $\frac{R_i}{R}$ 后加权，支出弹性 η_{G_t} 则选取了具有周期性特点的社会保险支出对产出的弹性值，表达式为：

$$\theta=\theta_R-\theta_G=(\eta_R-1)\frac{R}{Y}-(\eta_G-1)\frac{G}{Y}=\left(\sum_{i=1}^{4}\eta_{R_i}\frac{R_i}{R}-1\right)\frac{R}{Y}-\left(\eta_{G_t}\frac{G_v}{G}-1\right)\frac{G}{Y} \tag{4-31}$$

继而，我国结构性预算余额公式可作如下表达：

$$\begin{aligned}\text{SBB}&=\text{NBB}-\text{CBB}=\frac{R-G}{Y}-\theta\times\text{gap}=\\&\frac{R-G}{Y}-\left[(\sum_{i=1}^{4}\eta_{R_i}-1)\frac{R}{Y}-\left(\eta_{G_t}\frac{G_v}{G}-1\right)\frac{G}{Y}\right]\times\text{gap}\end{aligned} \tag{4-32}$$

总结式（4–22）至式（4–32）的推导，可通过以下几个关键步骤分离出结构性预算余额。

步骤一：估计潜在产出与实际产出缺口（gap）。

步骤二：计算商品税、所得税、财产税、非税收入及社会保险支出对产出的弹性，求得周期性调整参数（θ）。

步骤三：将产出缺口（gap）与周期性调整参数（θ）相乘，求得周期性预算余额。

步骤四：用财政收入减去财政支出，求取财政收支差额占名义产出的比值，此即名义预算余额。

步骤五：用名义预算余额减去周期性预算余额，得出结构性预算余额。

3. 我国预算余额的分解测度

基于上述讨论的预算余额分解测度方法步骤，本书从多年期预算平衡的视角对我国 1997 年第一季度到 2018 年第二季度的政府预算余额进行考察，并从中归纳出结构性预算余额与跨年度预算平衡管理的内在联系。

（1）潜在产出与产出弹性

①潜在产出及产出缺口。从式（4-29）可知，经济处于潜在水平时的预算余

额与潜在产出的比值构成了结构性预算余额（SBB），而名义预算余额（NBB）围绕结构性预算余额波动起伏。本书截取我国 1997 年第一季度至 2018 年第二季度的数据[①]，使用 HP 滤波法来测算产出缺口。基于 GDP 的统计数据，先画出此期间 GDP 走势，如图 4–2 所示实线，反映我国 GDP 总体趋势稳步上升，但存在季度波动性。为消除季度波动，我们可采用 X-12 方法来处理，以增加数据的稳定性，如图 4–2 所示虚线，呈现出平衡上升的特点，符合处理预期。为判断其是否为确定的时间序列，可用 ADF 检验产出序列的平稳性。由此初步检验其为非平衡序列，再检验其一阶差分序列，我们取得的 ADF= –3.4757，*P*= 0.049，在 5% 显著性水平上拒绝了存在单位根的假设，意味着进行季节调整后的产出序列为一阶单整序列。

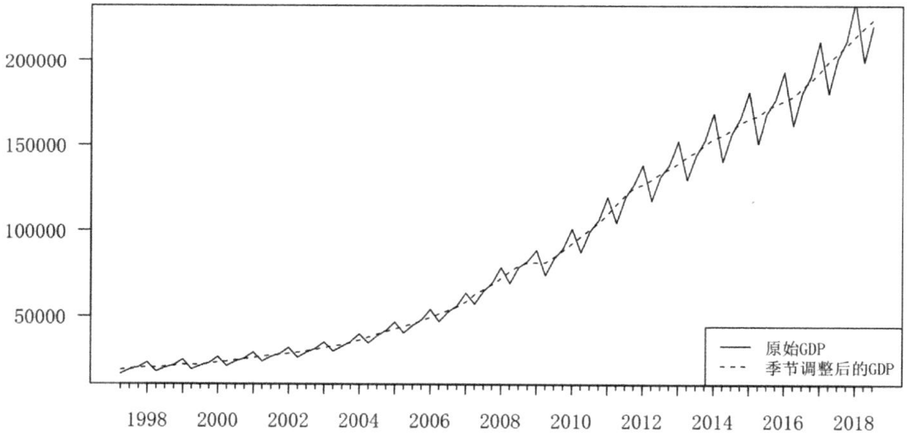

图 4–2　我国 1997 年第一季度至 2018 年第二季度 GDP 的走势图

接着，采用 HP 滤波法对实际产出作趋势分解，求潜在产出与产出缺口，因为数据序列为季度数据，根据经验 λ 取 1600[②]，结果如图 4–3 所示。经济周期的动态可以通过产出缺口的变化表现出来，经济繁荣时产出缺口占潜在产出比值为正，经济衰退时产出缺口占潜在产出比值为负。此期间的潜在产出

① 数据来源于 CEIC 数据库及财政统计年鉴。

② 在较早地对季度数据的使用上，Hodrick 和 Prescot 对 λ 取值为 1600，后来这个值成为季度数据统计量的普遍取值。

在保持持续增长的同时，也有一些阶段性的特征：1997—2004 年，经济以平稳的速度增长；2004—2012 年，开始了一段较快速度的经济增长；而 2012—2018 年，经济增速明显放缓。观察产出缺口可以发现，产出缺口以较高的频率不规则地上下波动，共有 5 次“V”形结构的正负值产出缺口交替转换：1997 年第一季度至 1999 年第三季度间波动平缓，波动均值为 1.80%；1999 年第四季度至 2006 年第四季度波动幅度进一步收缩，波动均值为 1.69%；由于 2008 年国际金融危机爆发，2007 年第一季度至 2010 年第三季度波动均值急剧扩大，到达了 2.82%；2010 年第四季度至 2017 年第一季度产出缺口的波动幅度逐年收缩，波动均值回落至 1.74%；2017 年第二季度至 2018 年第二季度产出缺口的波动幅度进一步收缩，波动均值下降至 0.68%。

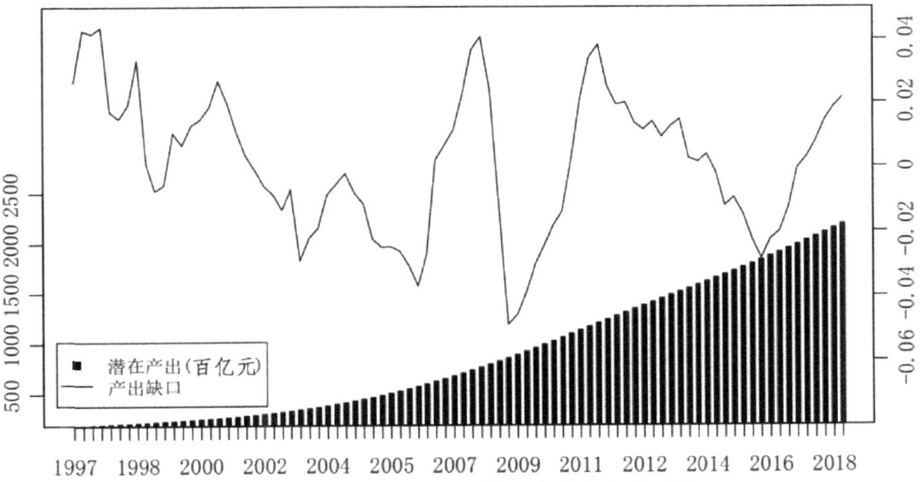

图 4–3　潜在产出及产出缺口占潜在产出比值

注：左轴为潜在产出，单位：百亿元；右轴为产出缺口绝对值占潜在产出的比值，单位为 1。

②产出弹性[①]。建立产出与财政收支（各项税收、社会保险支出）的函数，并计算财政收支项对产出的弹性。对各序列作 ADF 检验以及协整检验，避免出现伪回归。表 4-7 列出了各预算收支的产出弹性。

① 除社会保障支出由于缺少季度数据，采用了年度数据来代替，其余数据一律使用上述年度的季度数据。

表 4–7　各预算收支的产出弹性结果及统计量

	商品税	所得税	财产税	非税收入	社会保障支出
ar 系数	4.83	–0.27	0.56	1.07	–0.08
R.squared	0.99	0.97	0.92	0.96	0.97
DW	0.57	1.30	0.30	0.83	1.46
ar(p)	2	2	2	2	4
ols 系数	0.92	0.99	0.40	0.64	0.71

税收弹性能很好地反映税收与经济增长的关系，同时，也是规划预算的重要指标。表 4–7 中的数据表明，我国商品税的产出弹性较大，为 4.83，这说明在我国目前的分税制体制、税收征管水平以及产业结构下，商品税仍是我国最主要的税收收入来源；在我国的税收体系中，所得税属于直接税，并不居于主导地位，其规模也较小，所以表现为缺乏弹性且为负值，在预期之内；与所得税相似的，财产税亦属于直接税，在我国以间接税为主导的税收体制中，其规模不但较小，而且缺乏长期稳定性，征收上亦不具有间接税那样的明确性，财产税的产出弹性值仅为 0.56；非税收入的弹性值与我国经济运行与财政活动相符，特别是各级地方政府的非税管理与经济增长呈正向相关，其弹性值在 1 左右也基本符合感观；社会保障支出的产出弹性为负值，方向符合预期，其值仅为 -0.08，它的反周期作用不够显著，这说明了我国社会保障体系的保障功能仍不完备。

（2）经济波动与周期性预算余额

理论上，周期性预算余额随着经济波动而变化，其数值变化反映了经济运行造就了某种预算结果。也就是说，即使财税领域内没有任何变化，经济明显下行时，或者衰退时，商品税、所得税、财产税、非税收入等具有经济周期特征的增量将会低于预期。与此同时，政府的社会稳定支出就会自动增加，从而增加了周期性赤字规模；相反的经济态势之下，赤字则会自动收缩。为便于研究，我们假定研究期间的各产出弹性保持不变。将产出缺口、产出弹性结果代入式中，求得预算半弹性参数以及周期性预算余额，结果如图 4–4 所示。

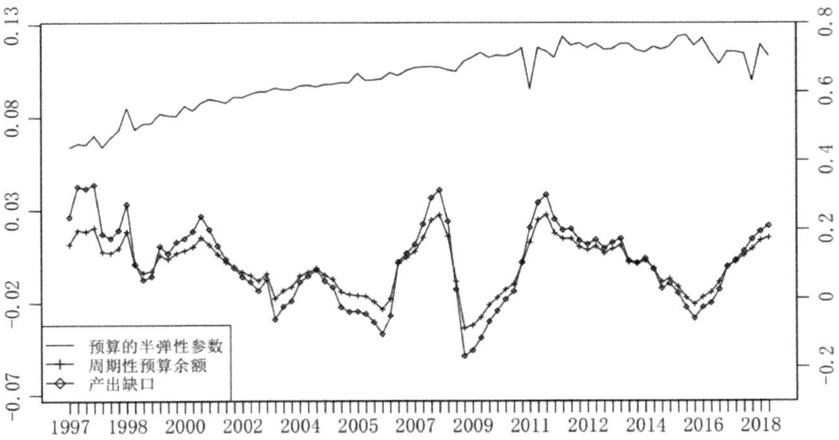

图 4–4　周期性预算余额、产出缺口与预算半弹性参数

注：左轴反映的是周期性预算余额和产出缺口；右轴反映的是预算半弹性参数，单位均为 1。

由图 4–4 可知，1997 年第一季度至 2018 年第二季度周期性预算余额波动幅度明显，其波动范围为 –3.36%~2.74%，说明了我国经济“自动稳定器”作用是存在的，周期性预算余额构成了影响预算平衡的重要因素。并且，1997—2018 年，以 3 年为周期的周期性预算余额的波动范围呈明显反复振荡趋势，波动均值呈现“收缩—扩张—再收缩—再扩张”状态，如图 4–5 所示。这说明了我国市场化机制逐步完善、个人所得税计征具有累进效应、社会保险类支出规模扩大、财政自动稳定的基础性调节作用得到明显的提高。但是，由于我国财政收入中，商品税仍然占据主要地位，这在很大程度上影响了经济“自动稳定器”作用的发挥。

在我们的观察期内，预算半弹性参数稳定上升，从 1997 年第一季度的 0.44 增加到 2018 年第二季度的 0.70，这说明我国预算对经济周期有着较高的敏感性，且呈上升的趋势，经济波动助长了预算波动。2013 年经合国家预算半弹性参数的平均值为 0.53（Moure 等，2014），而在同期，我国的该系数达到了 0.61，这可能与财政支出占产出比重的逐年提高有关，这一比重的提高使得经济波动很快便能影响到预算余额。

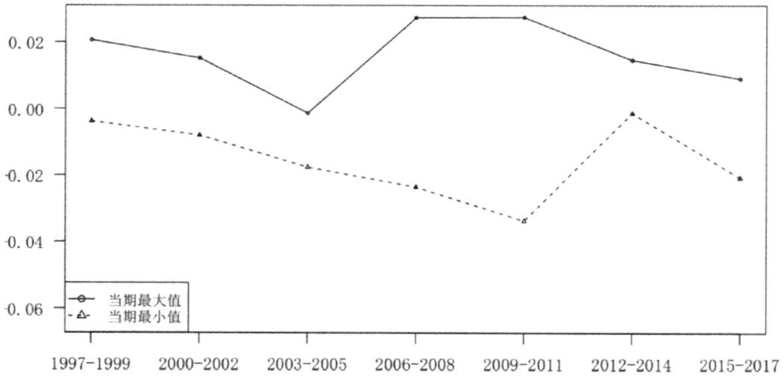

图 4-5　周期性预算余额的波动趋势图

从图 4-4 中还可以发现，我国的周期性预算余额与产出缺口在变化方向上总体保持一致，这反映了我国经济周期客观存在。在亚洲金融危机期间，产出缺口和周期性预算余额均出现了区域内峰值。之后，2007 年第一季度至 2008 年第三季度期间保持了良好的经济增长态势，财政收入与国内生产总值的季均增长率分别达到 4.06% 和 4.46%，周期性预算余额、产出缺口迅速转为正值。但是，2008 年再次爆发国际金融危机，产出缺口由 2008 年第二季度的 2.39% 在 2008 年第四季度后极速跌落为 –1.27%，在 2009 年第一季度更是跌至 –4.89%。

我们画出了产出缺口与周期性预算余额的散点图，如图 4–6 所示，证明了二者之间存在相关性。另外，通过统计回归分析还能发现，产出缺口每增减 1 个单位，周期性预算余额会相应地增减 0.6256 个单位。

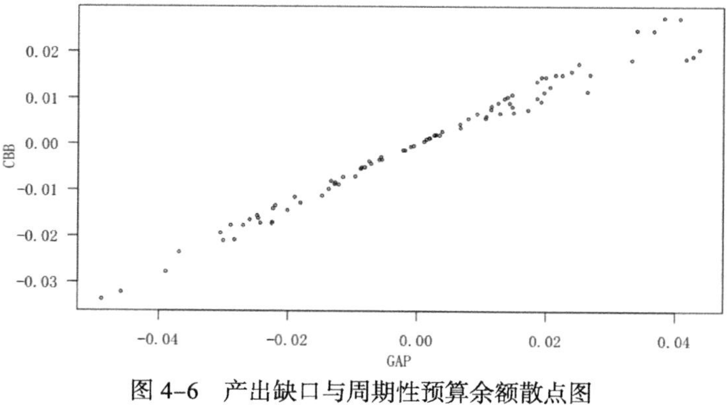

图 4–6　产出缺口与周期性预算余额散点图

（3）结构性预算余额的跨年度考察

结构性预算余额用名义预算余额减去周期性预算余额得到。相比周期性预算余额，结构性预算余额占产出比重在 –5.88% 至 2.73% 区间内波动（图 4–7），波动幅度更大，这也反映出我国财政在最近 20 多年来的基本走势。在经济下行阶段，逆经济风向的财政政策都起到了复苏经济的作用，特别是有效缓解了两次国际金融危机对国民经济的冲击。

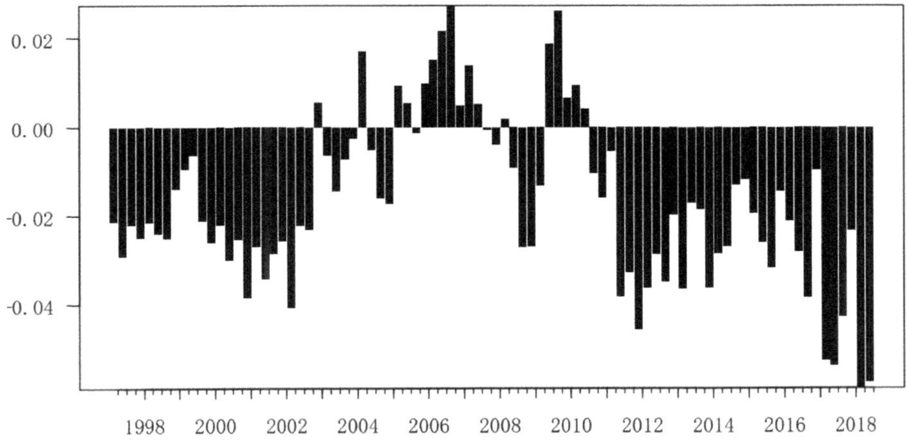

图 4–7　1997 年第一季度至 2018 年第二季度结构性预算余额

从图 4–7 中可知，结构性预算余额大多为负值，仅有 17 个正值且多集中于 2005—2007 年以及 2009 年部分季度。受周期变动或随机波动的影响，原始的时间序列数据往往会有很大的起伏，从而掩盖事件发展的趋势，使用移动平均法有利于降低这些波动因素的影响。结合本研究主张以 3 年作为预算平衡管理的滚动周期，因此，我们以 3 年作为一个滚动单位，测算了周期性预算余额及结构性预算余额。在表 4–8 中，除了给出年度预算余额的数值外，还提供了具有平滑预测效应的三年期的预算余额移动均值，并根据时间序列逐项推移使得长期趋势得以反映。

表 4–8　以 3 年为周期的预算余额的年度值和移动均值及对比

年份	周期性预算余额		结构性预算余额		年份	周期性预算余额		结构性预算余额	
	年度值	三年期移动均值	年度值	三年期移动均值		年度值	三年期移动均值	年度值	三年期移动均值
1997	6.99	NA	–9.74	NA	2008	5.94	0.36	–6.14	0.73
1998	4.21	NA	–8.46	NA	2009	–11.46	–0.89	3.89	–0.27
1999	–0.05	3.72	–6.27	-8.16	2010	–3.83	–3.12	–1.25	–1.16
2000	2.86	2.34	–11.57	-8.77	2011	8.22	–2.36	–12.24	–3.20
2001	3.46	2.09	–11.52	-9.79	2012	4.76	3.05	–11.98	–8.49
2002	–1.72	1.53	–8.03	-10.38	2013	3.69	5.56	–10.84	–11.69
2003	–4.68	–0.98	–3.00	–7.52	2014	0.44	2.96	–7.99	–10.27
2004	–1.52	–2.64	–2.12	–4.38	2015	–4.43	–0.10	–9.12	–9.31
2005	–5.27	–3.83	2.36	–0.92	2016	–6.08	–3.36	–9.68	–8.93
2006	–7.70	–4.83	6.91	2.38	2017	1.63	–2.96	–17.23	–12.01
2007	2.84	–3.38	1.44	3.57	2018	2.87	–0.53	–11.63	–12.85

注：表中预算余额为占产出的百分比，数据为本书测算结果。

基于对预算余额结果的考察与对比分析，可提出如下一些判断。

其一，结构性预算余额是主体，周期性预算余额亦明显。通过表 4–8 我们可以发现，观察期内，预算余额显现出周期性正负上下波动，说明经济周期对我国的预算余额影响效果是明显的，并且，由于我国已融入国际经济总体，与世界经济变化息息相关，受世界经济的周期性影响亦是显著的。但是，影响我国预算余额的决定力量还是财政上的相机抉择，即结构性预算余额。并且，由于我国的相机抉择用力过猛，在经济下行阶段，出现了近年来预算余额的大幅负向上行。另外，由于我国长期以来执行年度平衡的预算策略，在年度收支平衡原则的指导下，财政“高收高支”，助长了预算的顺周期，超预期收入并没有作盈余管理，而是投入基本建设活动，财政盈余未能作常规积累。在经济下行时，没有充足的财政储备以熨平经济波动，只能频繁采取举债这种短期性的相机抉择，而事实上，它又为中长期预算平衡预埋了麻烦。从表 4–8 中可以发现，当周期性预算余额在逐渐收缩时，结构性预算余额却仍有放大趋势。因此，为保持财政的可持续，应强化以中长期预算平衡为导向的预算管理。

其二，缺少对相机抉择的中长期效应的估算。经过市场经济在我国的多年发展，各级政府掌握了一些基本的财政手段以实现对市场经济的逆风向管理，取得了一些效果。但是，各级政府对于财政政策的中长期效应似乎缺少足够的预见，相机抉择在地方政府可能沦为机会主义抉择。在表 4–8 中，观察结构性预算余额，无论是年度值还是三年移动均值，除少数年份为正值外，其余均为负值。经济周期波动带来的被动赤字以及主动的赤字财政政策可对该余额作解释。受经济增速降缓、前期强刺激政策有待消化以及结构调整未到位等因素的叠加影响，2011 年的结构性预算余额迅速扩大为 –12.24%，其后年份该数据均维持在较高水平，至 2017 年甚至达到了 –17.23%。在国际贸易保护主义兴起、贸易冲突加剧的背景下，结构性预算余额在短期很可能仍将维持在一个较高的水平。

其三，预算稳定调节基金的调控效果有限。我国于 2007 年设立预算稳定调节基金。很快，在 2008 年，预算稳定调节基金便开始发挥作用。由表 4–8 可知，结构性预算余额从 2008 年的 –6.14% 迅速在 2009 年回正到 3.89%，但是，预算稳定调节基金规模尚小，还未形成基金补充与盈余的挂钩机制。这一基金管理制度未能经受住长期考验，2010 年以后，结构性预算余额再次转负，并继续放大。2012 年后，随着经济新常态的到来，以往的财政超收明显收缩，加剧了基金收入来源不足的问题。而同样值得关注的问题是，预算稳定调节基金的区域结构性不平衡。发达地区的基金规模不断扩大，甚至需要人为控制基金规模；而在欠发达地区，一方面亟须通过扩大财政支出来发展经济，另一方面由于基金规模过小，无法实现对财政收支缺口的弥补，甚至连原有的基金规模也难以维持。因此，预算稳定调节基金仍要从诸如规模、区域间统筹等层面加以设计。

其四，预算缺失跨年度视野会造成预算与政策的脱节，以及预算软约束。相较于一些经合国家的预算管理，我国目前仍缺少权威的预算审查机构，无法保证预算和多年期政策规划的有机联系。在我国，财政部本应被赋予这样的职权，但是其并未被完整授权审查各部门预算与多年期政策规划的遵从度，这导致了无法在预算审查中剔除那些遵从度低的支出项目。加之传统年度预算以“基数法”配置资源，侧重对预算增量的考量，对存量预算资源的分配缺乏反思以及“动刀子”的勇气。因此，预算平衡的压力始终居高不下。

4.2.3 中国预算平衡态势结论

上述两小节的实证分析有着不同的侧重点。4.2.1 节利用 1978—2017 年的财政收支数据测度了我国财政的可持续性水平，发现我国财政在总体上是可持续的，但是，动态地来看，可持续性水平呈持续减弱态势。4.2.2 节则集中于对预算余额的考察，对预算余额作分解测度，利用周期性因素与结构性因素共同解释了 1997 年第一季度到 2018 年第二季度我国的预算余额，其中，更为主要的原因为结构性因素，即政府活动对预算余额负主要责任，特别是在实施强刺激性财政政策期间，结构性预算余额表现突出，并且结构性预算余额具有多年传导性，需要较长时间来消解，难以在短期内通过收缩财政支出实现预算平衡。从实证结果来看，引入跨年度预算平衡管理已经到了“瓜熟蒂落”之时。当然，本研究同时也认为，要维护预算平衡，保持财政的中长期可持续，实现经济增长仍然是解决问题的关键，但同时需要对原有的财政体制、政府职能、财政收支等方面进行结构性的调整与改革。特别是在当前我国处在一个相对严峻的国际贸易环境下，充分释放居民的消费能力，让经济向实体经济回归，让财政向民生财政过渡，让生产服务于人，使经济获得内生性的增长动力。在当前财政政策的使用上，一方面要坚持以人为本的发展理念，加大对基本民生、生态文明等重点领域的支出力度；另一方面要通过财政收支政策，坚定不移地落实经济去杠杆化、去地产化的财政导向，减税降费使经济资源向实体经济回流。

4.3　中国预算平衡管理的演进特征

我国的预算平衡管理最初并没有确定改革蓝图，对平衡的追求是朴素的，部分时期预算平衡的实现也往往是无意识的结果。在我国的市场化改革进程中，由于财政制度的稳定性相对不足，也衍生了预算平衡管理上的权宜性，这种权宜性在某种意义上适应了预算管理知识准备不足的状态。中国经济从计划经济到市场经济，形成了利益主体多元化格局，中国预算制度也在不同利益主体间不断地改革和调整。在不同的时期，我国预算平衡管理有着不同的制度措施和不同的理念，体现出了各个历史阶段的特征及该阶段改革的局限。本节跳出各个阶段的具象表现，并试图勾勒出这一漫长过程的总体脉络，总结出了我国预算平衡管理改革的一些主要演进特征。

4.3.1 中央主导下中央与地方上下制衡

在国家从计划经济向市场经济转型过程中,初始阶段的改革以“放权让利”为核心特征，但仍受到了传统计划集权思想的影响，预算管理制度变迁是以中央政府为主导的强制性制度变迁。到了 20 世纪 90 年代中后期，随着经济体制改革的深入，特别是公共财政体制框架提出后，地方政府的预算主体意识逐渐复苏，以中央集权主导的自上而下的体制改革已越来越难适应急剧变化的环境，依赖中央推动的改革边际效果逐渐下降。逐渐地，中央与地方之间单向的权威与服从得以改变，表现出双向制衡的特征。第一，行为主体间的策略互动。在相互制衡中，策略对是否获益以及获益多少具有决定性意义。继而形成所谓的策略互动，任何一个主体的行为既影响其他主体，又受其他主体影响。各行为主体的策略选择综合作用形成某一博弈结果。第二，彼此依存的行为主体。行为主体要在策略互动中取得某种期望的结果，需与其他主体“配合”。当行为主体之间存在共同利益时，行为主体间的合作将增进共同利益。第三，对等行为主体地位。任何一方不能完全控制博弈过程及结果，行为主体之间是相互依存的，即便是强弱组合的主体关系，行为主体的博弈地位仍是对等的。第四，规则构成外部影响条件。规则变化就会引发行为主体改变选择策略，继而出现相异的博弈结果。那么，若是规则不够稳定、合理与明晰，就可能导致个体理性但集体不理性的博弈结果。而如果部分地方的改革被证明是有效的，这种改革就能自下而上地传递，如果得到中央政府的认可，就会继续自上而下地向各地推广。

地方政府具备了一定的预算自主权后，成为预算制度的重要创新主体，而不只是上级制度安排的受体，并可能对传统预算制度进行深度的改革。特别是在20世纪与21世纪之交，受“一级政府、一级预算”的公共财政理念影响，中央政府提供的制度供给往往捉襟见肘，于是部分地方政府率先改革。总结说来就是，中央起初可以强制地方对分配无条件服从，但在地方预算最终难以维持平衡时，最终也会汇合成整体预算的不平衡，中央被迫放弃绝对的预算主体权力，允许地方以预算创新实现预算平衡。

4.3.2 预算改革从渐进积累转为综合加速

改革的过程存在不确定性，为保证各项制度平稳过渡，中国在整体经济体制上，实施的是渐进式的改革，预算改革亦复如是。然而，在从集权计划式预算向现代公共预算转型的过程中，传统预算管理理念受到市场经济制度理念持续而广泛的冲击。经过30多年的市场化改革后，各项改革在进入“深水区”的同时，也积累了巨大的势能和动能，预算改革进程明显加速。

以部门预算改革为例，这一改革首先于2000年在河北省开始试点，由于试点效果很好，中央政府便在教育部、农业农村部、社会保障部和科技部的本部预算也作部门预算试点，并主动向全国人大报送部门预算。2001 年，执行部门预算报送机制的部门数量扩大到了 26 个。2002 年，所有中央部门均要求编制部门预算，同期，还有 102 个事业单位试点编制部门预算。2004 年，中央部门的预算实施了定员定额标准体系。2005 年，我国推出了对中央部门的预算绩效考评办法，并加强了对财政拨款结余资金的管理。2006 年 4 月，我国颁布了《政府收支分类改革方案》。

2009 年，为将国有企业收入与利润纳入预算管理，我国建立了正式的国有资本经营预算，使国有资产的使用管理受到初步的预算约束。2015 年，财政部印发了《推进中央部门中期财政规划管理的意见》，从 2016 年的预算编制开始，将中央部门的一般公共预算和政府性基金预算拨款收支纳入中期财政规划，并启动了 2016—2018 年的三年支出滚动规划。2016 年，为规范一般公共预算和政府性基金预算的结转结余管理，财政部修订并发布了《中央部门结转和结余资金管理办法》，规定了结转结余资金数以决算批复为准，结余资金按规定上缴国库，同时有效控制结转资金规模，强化考核并建立激励约束机制。同年，财政部印发了《进一步做实中央部门预算项目库的意见》，将项目划分为标准化管理项目和非标准化管理项目，强化中央部门主体责任，建立项目管理考核机制。

在经济全球化进程日益加深的背景下，各种先进的预算制度也在国际上传播，与各国实际的经济、政治、文化相磨合。各国不同预算制度的出现及其发展，也使得人们对预算的认识日益加深，预算的功能与预算本身的规范得到重新审视，预算平衡管理日益具有长远视野，并日趋精细化，预算制度与国家治理的结合越来越受各国政府重视。我国的预算平衡管理制度同样也要经历这样的引进、消化、吸收及创新的过程。当前预算改革的内容几乎覆盖了所能想见的各个环节，从政府预算资金决策、审批、使用全过程，到预算外收入管理、国库集中收付制度、政府采购制度、金财工程建设等各领域，当初的渐进式改革已然形成了综合加速的趋势，预算管理体系也日趋完备。

4.3.3 预算主体权利观念形成及发展

预算主体的重要职责是保证本级预算的平衡，这种平衡的实现本质上体现了一级主体财权与事权得到了合理的匹配。我国作为单一制国家，各行政区域单位不享有独立的主权。国家主权高于各地方行政区划，地方行政区并非独立的政治实体，不具备主权性质的力量，即各地方行使的权力来源于中央授权，并不是地方固有。尽管自中华人民共和国成立以来，中央与地方行政区域之间经济管辖权力有多次调整，但是这种单一制理念无形中还是扩展到财政领域，也影响了国家的预算平衡主体权力观念。

无论是在计划经济时期稍显紊乱的央地统收统支，还是在市场经济改革初期频繁调整的财政大包干，以及分税制改革以来漫长的权责划分，都反映了预算平衡主体权力关系的反复调整。这与我国长期没能形成合理稳定的预算主体关系设计有关。而在分税制改革这一央地预算平衡主体权力关系的大调整中，中央仍是制度的供给者，中央的预算平衡主体权力得以恢复，地方政府的预算平衡主体权力则有所欠缺。在分税制改革以来长达 20 余年的时期里，预算平衡主体权力虽有所发展，但总体上表现为中央以零星分散方式下放权力，地方则不失时机地灵活捕捉权力，勉力“做平”预算。

以我国的债务管理理念为例，中华人民共和国成立初期提倡的是“既无内债、也无外债”。内与外的主体只能一国中央政府。因此，政府债就是国债，国债具有强烈的主权唯一性特征，即发债主体只有中央政府一家。20 世纪 80 年代末至 20 世纪 90 年代初，修路建桥是这一时期政府工作的主要内容，为筹集巨额资金，在没有明确规定禁止地方政府发债的前提下，地方政府债一度风行。为防范地方政府过度举债，1994 年颁布的《预算法》规定了“除法律和国务院另有规定外，地方政府不得发行地方政府债券”。2008 年爆发全球金融危机，中央政府推出 4 万亿元的投资刺激计划，要求地方政府配套其中的 2.82 万亿元，考虑到地方政府的困难，避免破坏原有的地方财政收支平衡，中国人民银行与银监会（2018 年已撤销）在 2009 年 3 月提出支持有条件的地方政府组建投融资平台，拓宽中央项目的配套资金融资渠道[①]。

在法理上，低级预算主体在没有得到权力中心的授权或许可的情况下，不能自主“进入”制度创新以谋取自身利益最大化，也不得“退出”由权力中心所编织的制度。在垂直层面上的低级政府的预算主体权力受限时，以部门为单位的主体成了另一重要维度上的预算主体，并以各种方式争取其预算主体权力，证明其预算主体权力的科学性及合理性。2000 年的部门预算改革便可视为权力中心为协调预算平衡，在组织内部主动下放权力。部门基于传统的“块状”权力从属地位，原来并不强烈地谋求预算主体权力地位。现在，以部门为单位的预算管理变得更可评价，各预算部门开始主动谋求部门利益，展现部门价值。部门会更为积极地理解、利用预算权力。而各级政府权力中心，除了有节制地逐步下放预算权力到各主体部门外，还将精力主要投入评价部门使用预算资源的科学合理水平上，在要求其努力维持预算平衡的同时，力促部门活动创造更多公共价值。

我国预算主体权力观念的不断调整变化，不仅反映了政府在预算管理中的因时、因地制宜，也反映了我国预算管理制度仍不够健全。显然，构建稳定的预算管理制度，特别是赋予各级预算主体权力，有利于预算平衡的实现。然而，自下而上的预算主体赋权仍受到现有宪法秩序的限制，宪法秩序直接影响行为人进入政治体系的成本和建立新制度的难易程度。由于在现有秩序下微观主体难以承受进入政治体系的成本，既得利益者阻碍与拖延新的立法，或者微观主体的制度需求与现有法规相冲突，微观主体即便感知到获利机会，自发制度创新活动仍会受到限制。应当说，随着政府层级结构的复杂化，预算平衡管理不仅是本级政府的单一工作，它还会与其余部分的平衡有着紧密

① 来源于由中国人民银行与银监会（2018 年已撤销）共同发布的《关于进一步加强信贷结构调整，促进国民经济平衡较快发展的指导意见》。

联系，各预算平衡主体的博弈将会一直存在。

4.3.4 财政风险演化促进预算平衡管理

财政风险的累积是加强预算平衡管理的重要动因。在计划经济时期，预算平衡管理主要出于一种朴素的公共政治道德观，其与后来财政（可持续）风险管理意识并无太大联系。加之当时公共财政规模较小，政府支出责任相对集中于少数的领域，收入虽低但稳定性很强，预算平衡管理主、客观要求都不紧迫。市场经济改革后，经济运行中各种不确定因素增多，加之政府自身某些不适当的财政活动，财政风险从一种理论存在变成一种客观事实。我们观察1950—2017年的财政收支差额，会很清晰地发现，财政收支从中华人民共和国成立初期到20世纪90年代中期大抵相等，可以大体认为预算收支在这很长的时期里保持着平衡，而从20世纪90年中后期开始，财政收支的负差明显，且呈急剧下行之势，从趋势演进来看，难以期望恢复到原来的水平，如图4–8所示。

单位：百万元

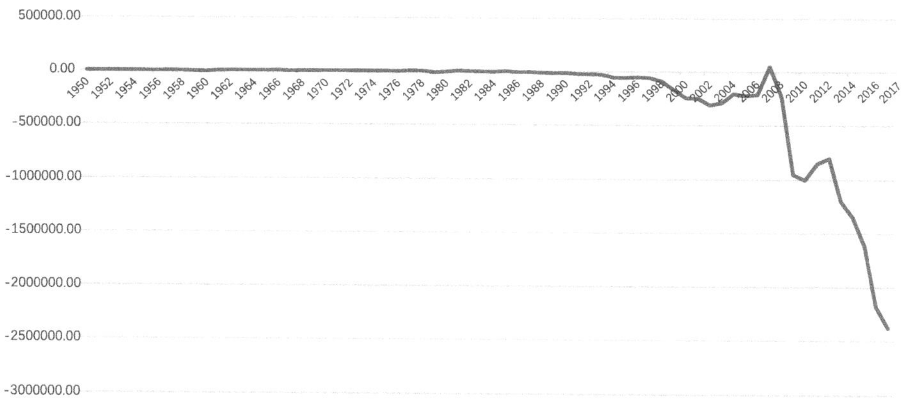

图4–8　1950—2017年财政收支差额图

数据来源：CEIC数据库。

预算的平衡程度清晰地反映着财政风险的大小。中国在建立现代公共财政管理体系的过程中，政府所管理的预算资金规模日益庞大，但是在控制财政风险、确保公共财政中长期可持续性上，中国的预算平衡管理仍有各种不足。

其一是在传统的单一年度预算管理框架下，政策的中长期影响未能得到有效的分析评估，预算与计划的分离使得中国预算体系的运行与政策、计划明显脱节。其二是政府会计改革未能有效跟进政府活动内容的变化，大量政府负债是在尚未建立有效的政府会计核算体系之前形成的，这构成了政府债务的道德风险。其三是财政风险的累积滞后性使得单一年度预算难以对财政风险事先预估及防范，直至风险加速累积并大规模呈现。预算环境逆转后，社会形成了未来的财政收支形势越发严峻的预期，政府债务偿还压力陡增，不得不通过跨年度预算管控债务风险。故而，也可以认为中国跨年度预算平衡管理改革是现实倒逼的结果。

值得补充的是，中国的债务风险与欧洲主权债务危机有着不同的机理。中国的财政风险，既有国内财政体制的内生性制度成因，也有在全球化进程中的外生性风险输入成因。无论是 20 世纪末（1997 年）爆发的亚洲金融危机，还是 21 世纪（2008 年）爆发的国际金融危机都影响着中国的内部债务决策，中国债务问题具有国际输入性。特别是随着中国的崛起并逐渐成为世界经济的第二大经济体后，中国的预算平衡管理也反映了中国对世界经济的担当。所以，不能单从中国内部来批评中国的预算平衡问题，还应以国际视野审视中国的债务问题。特别是某些国际组织在对中国的地方政府债务进行指责的同时，不能忘记中国为世界经济的复苏所起的巨大作用。国际上的一些信用评级机构在对中国主权债务评级中并没有考虑到中国的债务问题并不具有向外输出性，这与欧洲主权债务危机有着本质上的不同。从中国历年来内、外债的债务结构中可以很清晰地观察到，中国不仅在向世界输出大量产品，同时也向世界输出稳定，是世界经济增长的重要引擎，为世界经济复苏起到正面的、基准性的作用。事实上，中国是世界上主要的债权国，而非债务国。

客观来说，中国的预算平衡管理承接了世界其他国家经济的不稳定因素。中国的预算平衡管理改革向世界传递着积极的信号，展现出了中国以预算治理国家、社会的重大决心，表现出了强烈的预算平衡责任。特别是在吸收国际上先进的中期预算管理理念的同时，中国还结合自身国情特色提出了跨年度预算平衡管理，这体现出了中国预算平衡管理的开放性、灵活性和包容性。

总体上，我国的预算平衡管理发端于朴素的预算结余思想，属于全面的、集权的结余预算。随着国家机器的正常化，中央与地方预算趋于分离，但无论是中央政府还是各级地方政府都仍遵循着朴素预算平衡法则。改革开放后，国家机器不仅实现了正常化，政府职能更是出现了深化与复杂化，预算结构日趋繁复，预算收支的结构层次增多，政府预算改革也越来越绵密。特别是进入了20世纪90年代中后期，以分税制改革为界，中央与地方关系进行了巨大的调整，地方预算正式独立于中央预算，地方财政收支具有更为充分的自主性。此外，地方预算也更加依赖于中央的转移支付，更依赖于非税收入，挑战了传统的预算平衡管理思维，使得地方预算平衡变得更难捉摸。经过了21世纪10余年的预算改革，现代公共预算体系初具雏形，但是相对于复杂的社会治理环境而言，现有预算体系还存在着许多不足。

历史事实表明，不论对预算平衡的理解如何变迁，现实是，客观上的预算平衡的规制约束越来越强。当前我国推行的跨年度预算，顺应了国际预算管理主流趋势。与此同时，如何实施跨年度预算，以及维护跨年度预算平衡则既需要大胆尝试，也需要谨慎研究适用环境，并根据新情况加以灵活调整。此外，由于制度变迁存在路径依赖，新体制改革会依据原来的初始制度惯性朝着某一既定的方向滑行，这一滑行变迁既可能实现方向优化，也可能步入不利方向。为解决新旧体制转换中的路径依赖问题，有必要从不同角度深入探视一国的预算管理现状。

第 5 章 跨年度预算管理的国际经验

跨年度预算是我国在新《预算法》(2014)中提出的概念，国际早已有相似的预算平衡管理实践，尽管不同的国家对这一实践的称谓各有不同，但其本质均指向以远期视野来管理预算，试图实现预算的多年期平衡与稳定。我们通过分析他国的跨年度预算管理实践会发现，由于各国国情、历史不同，从不同的主体视角来看，各国面临的国际环境也不同，因此，即便面对的是跨年度预算这一共同主题，各国的出发点也极可能是不同的，从而导致了各国预算管理架构形式不同，跨年度预算实践的效果也不同。尽管如此，我们还是可以从中提取出一些有益的经验，供中国跨年度预算平衡管理之用。

5.1 发达国家跨年度预算管理

跨年度预算在称谓上是一种较新的预算模式，然而，当我们追溯其前期来由时，可以发现跨年度预算有着各种早期称谓与表现形态。而发达国家正是早期跨年度预算的探索者，尽管发达国家的跨年度预算管理有着不同的特点，但由于它们前期积累了大量预算平衡管理的经验，其跨年度预算管理取得了更好的效果。因此，我们先在发达国家中选取了 4 个国家加以分析介绍。

5.1.1 英国预算管理

英国是多年期预算改革的早期先行者。早在1961年，英国就已经推出了具有跨年度预算特点的公共支出审查（the Public Expenditure Survey，PES）。PES的核心要领包括：严格的预算纪律、强调政策合理性、通过跨年度支出决策获得支出效率。其跨年度预算措施集中于多年期支出的影响评价、中期经济目标实现程度的评估。

英国每年的预算编制工作开始于春夏之交。在此期间，财政大臣会同高级顾问、内陆收入服务部长与海关总长组成阁僚，对上一个三年期预算余下两个财年的预算可持续性予以审查，根据当年的财政经济运行信息，部署新的财政战略，包括新的三年期经济预测和三年期公共支出上限。因为各年的预算预测会在上一年预算预测的基础上更新，形成新的多年期预算预测，这一预测继而成为设计当年预算政策的基础，保证了预算的连续性与稳定性。

同时，为了维护财政资金使用的代际间公平，英国针对某一财政收支政策，评估其给当前世代纳税人带来的收益及其应当承担的成本，拒绝将成本作远期化处置。夏初，财政大臣、执行主管与各高级部长磋商，讨论形成三年期支出总额与部门支出上限以作“总量控制”，并就未来两个财年的支出计划予以审核并形成一个新的三年期预算预测，这一结果便是正式中期财政战略。从上述流程可以看出，英国的跨年度预算与年度预算在循环滚动中相互融合。

在英国的多年期预算中，财政部会将一份财政声明与预算报告（*The Financial Statement and Budget Report*）提交到议会，作为预算草案。财政声明与预算报告包括政府中期财政战略、短期经济预测、预算内的税收措施分析、公共部门借债要求的财政分析、年度财政战略报告等内容。

英国的预算活动有具体的法律保障，《财政稳定法案》（*Code For Fiscal Stability*）为政府的预算活动确立了一个基本框架。该法案规定，政府要说明本届议会的财政政策目标与运行规则，每一个预算都应重申这些目标及运行规则。作为财政预算工作的最低要求，该法案还要求预算中要包括财政形势预测、重大财政政策说明、预测期限（至少涵盖两个完整财政年度）、新旧财政数据比对、改变财政政策目标的条件等内容。并且该法案还规定，财政部在公布预算时要同时发布《年度财经战略报告》，该报告包括长期财政战略及其近期影响、财政可持续性、代际分配效应、对欧盟规则的执行情况等内容。此外，该法案还规定对主要财政指标的预测不低于 10 年。总体看来，尽管英国的预算编制未必将收支安排到未来很长的时间，但是，英国预算编制的理由有着较长远的视野，即其收支部署以多年期影响为虑。

各业务部门可以在财政部确定的上限内对项目作优先排序。业务部门对其内部项目的预算资源分配有很大的权力，比如变更项目的优先级、缩减甚至裁掉某些项目。这样，部门预算就遵从部门内的总量控制，这不仅确定了部门的总量上限，比如工资总额的上限，还确定了部门运营成本。近些年，英国财政部加强控制业务部门的工资支出，以强化节约行为并提高部门效率。业务部门如果确有需求增加额外的财政资源，可以提请财政部相关部门，相关业务部门会就这一请求会同支出部门对支出上限予以协调处理。

总体上，英国较早地意识到预算平衡的重要性，也极为重视政府预算的中远期效应，建立起了较为成熟的预算平衡基础性架构，规制政府的各个部门以及各个环节，也取得了较好的跨年度预算平衡效果。

5.1.2 德国预算管理

德国的《基本法》要求预算具有前瞻性，以中长期规划作为支撑，所有的收支都应列明，不得出现“黑账”，并极其重视支出的经济性。德国预算由联邦、州和地方政府预算 3 个层级组成，各级政府独立决定本级政府收支，在预算上相互独立。

在预算编制的时间安排上，德国联邦财政部的预算草案提前一年开始编制。预算草案编制一般开始于上年 12 月。编制预算时，先由联邦财政各部门下达预算编制的指示与编制要求。各部门则在次年 3 月 1 日前向财政部上报本部门的支出需求。接到支出请求后，财政部对期审查。税收收入估算是预算编制的基础性环节，联邦财政部为此组建了税收收入估算工作小组。税收收入估算工作小组的组成机构极其广泛，包括联邦财政部、德意志联邦银行、联邦经济部、联邦统计局、宏观经济发展专家委员会、外部的经济研究所以及各州财政部。税收收入估算工作小组在每年的 5 月、11 月共展开两次各机构独立的估算工作，基于经济增速和就业水平[①]预测未来 5 年的税收情况，通过综合各独立的预测，形成统一的税收估算结果并向外公布。各级政府会以税收估算作为编制财政中期规划和财政预算的基础。值得补充的是，德国税收部门并不设置税收任务，其征收管理十分规范。基于财政收入预测，财政平衡委员会讨论联邦及各州的支出结构，形成预算草案。7 月初，联邦内阁审批预算草案，并由总理将草案向联邦议会与参议院提交[②]。9 月，联邦财政部长在联邦议会上陈述预算草案，议员们在联邦议会上“一读”预算草案，参议员也会就草案提出修改意见。11 月中旬，由联邦议会组建预算草案审查报告小组，作全面的预算草案审查，形成具体的修改建议书提交联邦议会。联邦议会基于修改建议“二读”预算草案。接着议员再逐个审议预算草案并投票表决，完成所谓的“三读”表决。联邦议会的表决通过结果再交由参议院审议表决。12 月底前，正式的预算法案在经两院审批后由联邦总统、联邦总理、联邦财政部长共同签署，并在次年 1 月 1 日正式生效实施。

在预算编制的垂直管理上，联邦政府事先通过财政计划委员会（Financial Planning Council）与各州政府与部门进行事先协调。由联邦财政部长制定的计划要与所有三级政府的代表意见保持一致，通过在财政计划委员会上的讨论，对未来一个预算年度及后续 3 年的总支出增长水平、公共资源在三级政

① 德国的主要税收来源是直接税，以 2012 年德国税收为例，其中所得税占全部税收收入的 37%，而个人所得税则占了 34%，法人税占 3%。

② 德国联邦议会在每年的 7 月至 8 月底为夏季休假期，但议员在此前会收到预算草案材料。

府间的分配、政府借贷的规模达成一致意见。因为财政计划委员会的建议并非官方强制方案，所以财政计划委员会建议的有效性在很大程度上建立在其专业性与政府可信度上。实际上，计划制定过程中由联邦财政部长领导，仍代表着联邦国家政策制定的最高水平。

而在部门预算管理上，联邦财政部长发出预算通知给所有的联邦支出部门，要求它们提出来年年度预算的支出请求，并附上 3 年的预算预测。支出请求必须与具体的联邦预算意见指南保持一致，意见指南里设有的预算指导，包括年度预算的部级预算中各项支出的上限，以及跨年度预算预测方法。支出请求由职能部门（Line Ministries）提交，其中包括经常性支出与资本性支出。联邦财政部长收到各支出部门预算支出的自下而上的请求后，开始自上而下地协调各部门的支出上限。在预算协商的过程中，年度预算请求是否能够通过，在很大程度上取决于预算中的多年期支出预测是否合理，以及是否符合政府的中期财政战略。持续多轮的协商将促使部级预算请求与中期财政计划战略相协调。当支出目标大于总支出预测时，剩余的资金会被分配给总计划储备（General Planning Reserve），这一储备可以在未来需要时再作分配。相反的情况下，即当支出目标小于总支出预测时，财政部就负责准备一个草案来进行预算的裁减，以保证政府财政战略目标的实现。德国联邦预算的跨年度预算预测包括 1200 个收入项目和 8000 个支出项目。这些预测一并构成了德国中期预算财政计划的要件，它服从于议会年度预算草案。但是，联邦财政计划仅就 40 项功能性支出项目的预测作汇报，而具体的预测细节则由财政部保密。

可以说，德国的跨年度预算已融入完备的中期财政计划，这使得跨年度预算许多潜在的优点都得以发挥。跨年度预算收支预测实际上提供了某种中期财政效果预演，如果跨年度预算预测表明当前政府政策与政府的中长期财政战略不兼容，纠正政策就会包括在中期财政计划内。而且，跨年度预算加强了预算过程的稳定性和连续性，某一年支出预测会作为后续年份预算编制的起点，提供了政策一致性保障和预算问责的基础。因此，德国即便是在欧债危机最为紧张的时刻，其预算仍保持了极高的稳健性与可持续性。

5.1.3 美国预算管理

美国的预算体系下，国会预算办公室（Congressional Budget Office, CBO）与财政部、经济顾问委员会（Council of Economic Advisers, CEA）相互独立地掌握预算管理的核心权力，被称为美国预算组织架构中的“三驾马车”。在总统正式提交总统预算提案之前，需要“三驾马车”先对预算安排达成共识。总统预算提案要说明其所依据的经济前提，包括总统未来数年的施政政纲、对之前年度预测的调整等。

“三驾马车”中，国会预算办公室是制衡总统预算的主要力量，国会预算办公室协助国会审查和批准预算，它在预测财政收支的基础上，被赋予了扣押总统预算的权力。根据1990年开始实施的《预算加强法案》（*Budget Enforcement Act*）的要求，美国审计署（The General Accounting Office, GAO）就总统执行法规与程序情况向议会报告。参众两院筹款委员会负责拟定预算收支法案，其草案经国会批准后执行，财政部则承担预算的具体执行，国会会计总署负责预算的监督。预算的编制、执行和监督权由此分属不同的机构，这些机构在职能上保持着相互独立，同时又相互制约，确保了预算管理体系的正常运转。

《预算加强法案》对联邦预算设定了最高支出限额，并把支出分为两大类：弹性支出与直接支出。为保证财政支出总额上限不被突破，法案对弹性预算科目设置了扣押程序，如果国会拨款支出授权超过了自由支出的上限，那么所有的自由支出项目将会自动基于支出上限或预算限额缩减到相同比例，以保证预期的支出水平。为保证政府制定的政策在预定的支出上限内，中期支出预测就被包括在总统预算报告中，并以此反映未来政府政策与项目实施的成本。相类似地，财政收入预测在预算报告中同样会基于当前税收执行情况与税收立法予以反映。这些跨年度预算预测表明当前政策对未来诸如联邦赤字一类财政结果的影响情况。此外，在总统预算提案中公布的预测分析包括“当前服务预测”，目的是说明有哪些收入、支出、赤字将会在未来年度中执行。

美国的预算编制时间比较充足，预算编制早在预算正式实施之前的 18 个月便已展开。之所以提前这么长的时间编制预算，是为了确保预算提案得到科学的论证，避免预算在执行过程中频繁变动。预算审批环节极为严格，预算从审批到真正进入立法程序这一过程历时 9 个月，期间，如果总统否决了国会预算案，国会将再次启动审议机制。联邦预算要对预算年度之后 4 年的情况给出估测。以 2015 年编制的预算为例，要对 2016—2019 这 4 年的情况给出预测。

在地方政府层面，跨年度预算管理要求地方政府把关注重点放在成本上，要回答出应当做什么，为什么这样做。并且要求地方政府从长期而非单一年度配置资源。美国部分地方政府在编制跨 5 年期的预算时，通常参考 3 个文本：一是基于长期视野的 20 或 30 年未来报告；二是 10 年综合规划；三是 4 年战略规划。

美国为加强预算与战略规划的联系，推出了以结果为导向的预算管理改革，要求编制的预算在产出目标上，要有国家发展战略计划的依据。而部分州政府则把战略规划、拨款过程与绩效预算三者有机地联系在一起，实施战略计划与绩效预算制度，规定了政府各部门必须报告其预算绩效情况，并由预算管理部门监控绩效。

5.1.4 澳大利亚预算管理

澳大利亚在 2008 年的国际金融危机后，其主权债务评级仍被定为 AAA 级，原因正是其建立了以规则为导向的跨年度预算框架，审慎预测经济政策的中长期影响，相机安排其财政政策，维持了合理债务规模，保证了公共财政的稳健性。同时，澳大利亚把跨年度预算框架与绩效预算、财政透明度等改革结合在一起，使其避免遭受传染性债务危机的重创。早在 20 世纪 80 年代，澳大利亚政府就已提出中期财政战略，旨在达成缩减政府开支以及减少税收负担的财政目标。1998 年通过的《预算诚实法案》（*the Chapter of Budget Honesty Act*）为澳大利亚实施跨年度预算提供了方法，该法案要求政府审核中期财政战略并及时更新年度预算，并且要求这些内容都要在政府预算报告（*the Government's Budget Papers*）中公开。

澳大利亚的主要预算组织是支出审查委员会（Expenditure Review Committee, ERC），该委员会由总理、国库部长和财政部长，以及数名业务部长组成。在年度预算的准备阶段，ERC 为各支出部门设定支出限额，如果各支出部门的限额不足以覆盖既存项目成本，那么各支出部门就需要减少支出，或者寻求其他更有效的办法控制成本；如果各支出部门的限额高于既存项目支出成本，则各部门可根据盈余的大小引入新项目。

充分赋予具体业务部门预算预测权力，鼓励其提高公共资源的使用效率与严肃财政纪律，这是当前澳大利亚政府预算管理的重要特点。1998 年之前，预算预测工作一直由财政部（the Department of Finance）承担，而非由现在的业务部门（the Line Departments）来执行，在英联邦成员国中可谓树立了另类典型。1998 年，支出预测工作由财政部转移到具体业务部门，各部门量化当前政策推行所需成本，同时还一并提交后续 3 年的预算议案。这些预测构成了澳大利亚财政信息集中系统（Finance Informationon Resource Management）必不可少的部分。

为严肃财政纪律，在各业务部门的预测中，除非得到政府的事先同意，预测不得引入任何新项目或扩张既有项目的补贴。在下一财年预算形成之初，之前的预测会做更新，且其支出底线将作为新草案的基准，预算的重点是说明其与中期财政战略和政府优先政策的协调程度，以及相应所需对支出作的增减调节，而不是简单地提出一个支出数额。因此，额外的项目资金需求必须得到内阁的认可，否则只能在业务部门内部调整预算以寻求资金支持新项目或项目扩张。因此，在这种预算管理模式下，只要各支出部门能够保证其预算支出与政府整体财政战略相适应、不超过支出上限，部门内部可以决定预算资源如何在不同项目间分配。

相似地，部门内的不同业务管理者也具有对资金、人员分配的调度权，其只受项目预算资金限额的约束。为保证严格地执行跨年度预算，澳大利亚政府还要求通过一系统的预算文本向外界说明其跨年度预算的各项工作，这些文本也便于公众在未来评判政府活动绩效。澳大利亚预算书（*Australia Budget Papers*）正是这种预算文本的代表，其由 4 个分文本构成：预算战略展望（Budget Strategy and Outlook），陈述财政战略、经济展望和总体预算构想；预算方法，给出下一财年的预算方法，并包括跨年度预算预测；联邦财政体系（Federal Fiscal Relations），对政府间关系进行说明；联邦公共账户（Commonwealth Public Account）下一年财年的拨款议案（Appropriation Bill）。这 4 个分文本从不同的角度向外界说明其跨年度预算的工作设想或执行情况。

综观澳大利亚的跨年度预算管理，实现预算平衡的目标自然是根本，与此同时，其预算管理的重点已经从“控制”转向了“管理”和“计划”上来，以结果为导向。部门在预算总量限额之内，可以灵活地安排财政资金，自主决策其产出的结构、数量，并接受外部的监督、质询与问责。

5.2　转型与发展中国家跨年度预算管理

由于跨年度预算管理相较于传统的年度预算管理有着诸多优势，因此许多转型与发展中国家也先后进行了跨年度预算改革。同样地，由于各国的社会、经济、政治背景不同，其预算改革不仅在效果上，甚至在改革初衷上都有着非常不同的表现，这对我国的跨年度预算平衡管理改革同样具有重要启示意义。

5.2.1 乌干达预算管理

乌干达是最早实施中期预算改革的非洲低收入国家之一。20世纪60年代，乌干达实现国家独立，经济增长强劲。但从20世纪七八十年代开始，乌干达遭受了严重的宏观经济失衡，政府赤字严重，通胀率攀高。1986年，穆塞韦尼就任总统。1987年5月，国际货币基金组织、世界银行和其他多边机构以及双边援助国启动了对乌干达的经济改革项目，期望其重启经济增长、降低通胀率、防范爆发收支失衡危机的风险，因此带有明显的受援改革特征。乌干达于1992年正式引入中期预算，改革由财政计划和经济发展部主导。中期预算构建了一个宏观财政框架，采用三年滚动的方式，根据职能在部门和部分地方政府间[①]分配中期预算限额。乌干达中期预算编制工作主要包括以下步骤。

第一步，预测财政总收入和总支出。财政计划和经济发展部与央行合作协同预测财政收入，每3年更新一次预测。总支出限额管理分为两类：一类是本国财政税收，另一类是外国援助。第二步，制定政策与确定支出限额。乌干达以《消除贫困行动计划》（PEAP）作为政策制定的核心环节，PAEP受中期预算的制约，中期预算的编制以自上而下的方式进行，按照机构和主要经济分类分配限额，但乌干达没有要求对优先项目做自下而上的成本评估。第三步，制定审查部门政策。政策的制定和审查主要由职能部委履行。在PEAP这一整体框架的指导下，职能部委在其框架内可以自主设计具体政策，并由内阁审批是否通过此政策。

乌干达的中期预算有以下几方面特点。

一是改革实施过程中本国发挥了积极主动性。与其他非洲受援的低收入国家相比，乌干达的中期预算改革得到了总统的强力支持，可谓主动发力。总统接受世界银行等组织的建议，将财政部与规划部两部委合并为财政规划和经济发展部，避免了规划职能与预算职能分离，并且赋予了其较高的地位，

① 仅限有转移支付的地方政府。

从而使中期预算改革得以积极推进。

二是改革实施井然有序。乌干达的中期预算改革是有序推进的，与其他非洲低收入国家在改革初期就全面铺开不同，乌干达先是实现了有效的自我财政约束，以宏观财政框架作为中期预算的基础，之后才将改革重点转移到部门资源配置上，减少了中期预算参与者在其中的摩擦，提高了利益相关方的参与度。

三是突出重点，强调战略层面。相关专业人员不足，是乌干达的中期财政改革的主要约束条件，乌干达因此将焦点转移到战略层面，把主要精力集中到了宏观经济框架以及联结部门政策和预算资源分配层面上，从而降低了改革对人员专业水平的要求，避免改革陷入烦琐的具体预算细节。

自 1997 年起，中期预算提高了利益相关方在支出规划和审查中的参与度，并使援助机构参与到预算过程中，但是，乌干达的中期预算也存在一些不完善的地方。由于乌干达年度预算分配并未采用项目预算的方式，这使得中期预算缺少了根据项目分配资金的信息支撑。因此，其在预算资金分配时只能继续采用渐进预算的管理模式，其资金分配仍是在战略层面上“大块”分配，而那些具有较高政策重要性的项目却未能得到预算资源的优先保障。此外，由于其不能准确估算项目成本，这种“基数加增长”的渐进主义预算模式短期内还无法改变。

5.2.2 智利预算管理

智利的《国家财政管理法案》(1972)及《宪法》(1980)搭建起了初始的预算制度框架。这一框架要求所有政府机构、部门以及国会的各项预算收支均应整合到国家预算。预算管理权高度集中在政府，政府能够较为自由地调整预算。而国会的预算权力则较小，其仅在削减一些非法定的分项支出上行使权力。为了应对未预见到的紧急事件，预算中设置有中央应急储备基金(Central Contingency Reserve)，在实际支出超过批准数额时，可从中取得追加资金。

20世纪80年代，智利出现了严重的财政危机，昭示了其预算稳健性不足。各阶层强烈意识到必须约束政府支出，限制过高的政府债务。不论是财政保守主义者，还是政治立场偏左的政治人士都认为唯有确保财政的可持续性，才能保证各自的社会政策主张得到推行。否则，政府财政陷入危机极可能拖累经济和社会发展（Marcel and Tokman, 2002）。1987年，智利政府痛定思痛，启动了预算改革，通过设立铜稳定基金，来控制外部因素对智利财政收入的冲击。智利财政收入的主要来源是铜的生产和出口，国际市场铜价格的波动会对智利的财政收入产生重大的影响。对此，智利设置了铜稳定基金制度以对冲铜价波动对财政平衡管理的不利影响，保证了财政支出的中期稳定性①。到了20世纪90年代，智利进一步扩展了预算改革的范围，重点是提高资源配置效率、支出绩效和预算透明度，加强问责管理，对政府首脑在资金使用的自由度上作了限制。智利的《预算法》引入了一个特别条款，即不能将支出从资本性支出划转入经常性支出。1996年，智利为提高政府支出项目绩效，专门设置了政府项目评估体系，聘请外部机构对财政支出进行独立评估。自此，在新兴发展国家中，智利的预算制度堪称完善（Marcel and Tokman, 2002）。

亚洲金融危机袭来，智利未能幸免，财政状况迅速恶化，1999—2003年均出现财政赤字。改革者意识到，此前的预算制度尽管相对完善，但仍不足以确保财政的稳健与可持续。2001年，智利借鉴了IMF与OECD所倡导的结构性预算平衡理念与测算方法，建立起了结构性预算平衡规则，同时也完善了20世纪80年代建立的铜稳定基金。实施结构性预算平衡规则主要有3个步骤。首先，对财政收入（R）作周期性调节，同时考虑经济增长趋势和长期铜价走向对财政收入的影响。其次，分离周期性因素影响，设定一个结构性预算盈余目标（S^*）。最后，安排财政支出（G）。在结构性盈余目标确定之后，

① 其机制是，铜价上升时，某些收入将会储备留存，财政支出就不会随之挥霍；铜价下行时，再从储备留存中调用，在非预算赤字的前提下保证支出的可持续。另外，在经济处于良好的状态时，这一储备还会被用来偿还国外债务，起到了削减政府债务水平、减少经济不佳时的利息支出的作用。

结构性预算平衡规则便能起到自动稳定器的作用。财政支出按下面的公式来确定：$G_t = R_t - S_t^*$。其中，G_t、R_t、S_t^* 分别代表第 t 年支出、收入与预算余额占 GDP 的百分比。这种结构性预算平衡规则可以将受周期性因素影响的财政支出分离出去，仅基于结构性收入安排财政支出，从而提升财政政策效果（Fiess, 2002; Berganza, 2012）。在测算财政收入时，除了铜价之外，智利还把其他经济情况以及其他矿产价格影响考虑进来。于是，结构性预算平衡规则将中央的结构性平衡界定为根据潜在产出和长期铜钼价格估算的财政平衡。

应当说，正是 1998 年的亚洲金融危机促成了智利 2001 年的这轮预算改革，使结构性预算平衡规则获得强大的社会支持，并将这一规则制度化。2002 年，智利政府为更为可靠地预测铜的潜在产出及可能价格，专门组建专家委员会以提供与铜相关的预测。2004 年，权责发生制会计取代了传统的现金制会计，进一步改进了智利的结构性预算平衡规则。2006 年，智利国会颁布了《财政责任法》，从此，结构性预算平衡规则有了法律保障。此外，《财政责任法》还要求总统当于就职后 90 天内陈述其在财政方面的施政构想，以及说明施政构想对结构性预算平衡规则的影响。

总体看来，智利的结构性预算平衡规则不是从眼前的财政状况来安排相关财政活动，而是更关注中期的财政收支态势。并且，智利还将公共财政受周期性影响的成分分离出来，其收入估计是剔除了周期性影响后所能获得的净收入，支出则要与净收入水平相匹配。在经济形势较好时，智利政府就必须将某些收入储备起来；在经济状况不佳时，智利政府则可以动用这些储备。

5.2.3 俄罗斯预算管理①

相当长时间以来，俄罗斯预算投入实现分类管理，强调投入合规性，有

① 俄罗斯社会经济总体发展水平、工农业技术水平相对落后，就简单二分法而言，俄罗斯可列为发展中国家，至少不属于发达国家。但俄罗斯是传统的军事大国，具有强大的国际影响力，其是否属于发展中国家尚有争议 。

严格的事前管理和拨款规则。但由于规则有数千条之多，预算投入系统极为烦琐且难以管理，这些规则处于半遵从状态。于是，2006年，俄罗斯试图改变这种状态，在全国范围内推开中期预算，确定中期预算范围内的国家战略与政策优先支出方向，鼓励预算参与者追求良好结果，各类预算支出部门相互竞争，都试图证明本部门高效地使用了财政资源。俄罗斯采取滚动式的三年期预算，下一年度的预算需得到议会审批实施，其余两年为"纯计划年度"。跨年度预算编制基于对主要经济指数、影响预算政策和预算收支状况的各种内外部因素的分析与预测。预算编制工作主要由经济发展部负责，财政部在其中只起配合作用。

2010年8月，俄罗斯发布了《国家规划制定、实施和评估的程序》的联邦政府令，由此启动了以结果为导向的中期跨年度预算改革。由于俄罗斯的主要财政收入来自石油，因此选择编制以"乌拉尔"石油价格为基准，预计未来经济发展趋势的中期预算。

但是，俄罗斯不久便中止了中期预算制度。2014年，卢布兑换美元汇率下跌40%，国际原油价格更是下挫50%，这两个因素重创了俄罗斯预算预测的基础。同时，俄罗斯遭到了西方的强力经济制裁，同以往的制裁方式不同，美国和欧盟原来只针对俄罗斯个人和公司实施制裁，现在则是同时对多个经济部门整体制裁。内外交困之下，政府本应紧缩财政，调低预算收支预期，然而，2014年12月，俄罗斯让人诧异地发布了《联邦政府预算法案》（2015—2017），逆势扩大了当年9月提交的《联邦政府预算草案》（2015—2017）的收支规模。2015年1月，在《联邦政府预算法案》颁布尚不足一个月，俄罗斯财政部便要求调整预算。2015年4月，国家杜马认可了调整动议，从原来的100美元/桶的预算编制基点，大幅下调到50美元/桶。同时，相应压缩预算的收支规模，上调预算赤字规模，其占GDP的比重由0.6%上调至3.7%。此后，国际石油价格逐渐趋于稳定，并且价格水平超出了50美元/桶的预算编制基点[①]，联邦预算收入得到一定程度的好转。俄罗斯政府再次扩张预算，追加联邦预算收入7116亿卢布，扩大联邦预算支出2023亿卢布，并将联邦预算赤字占GDP的比重由3.7%降低到3%。

联邦预算经过上述多次调整，支出结构幅度变化极大，严重干扰了各级政府及各个部门的工作。俄罗斯各个政府部门都希望，编制的2016—2018年联邦政府预算应避免在一年内多次大规模调整，要保证预算的稳定性、可操作性以及可实现性。然而，国际经济形势仍非常不明朗、国际制裁持续、卢布数次探底，要实现这一愿望显然十分困难。按照《预算法典》的规定，本应在2015年9月底提交《联邦政府预算草案》(2016—2018)，但是，要对2016—2018年的政府预算做出准确预测的难度非常大，因此，俄罗斯不得不一再推迟预算公布。2015年10月，俄罗斯最终决定中止实施中期预算，重新以年度为单位编制2016年预算。

俄罗斯中止实施中期预算，其原因与中期预算制度本身的关联不大，主要有以下3点。

一是外部政治经济环境恶化。自2014年3月起，西方开始对俄罗斯进行制裁，俄罗斯直接经济损失重大，并且国际制裁也迅速恶化了俄罗斯的投资环境，出现了大量的资本外逃，使原本就走势低迷的俄罗斯经济雪上加霜。

二是国内宏观经济形势低迷。2015年年底，由俄罗斯联邦统计局公布的经济数据显示，俄罗斯当年国内生产总值比2014年减少了3.7%，通货膨胀率达12.9%，失业人数高达426万，比2014年增长了7.4%，资本投资减少了8.4%，天然气产量减少了2.6%，零售额下降了10%，工业生产萎缩了3.4%；居民实际收入下降了4%，实际工资同比下降了9.2%。各项经济数据都宣告了俄罗斯经济进入寒冬。

三是对石油的依存度过高。油气收入在俄罗斯有着至关重要的战略意义，

① 2015年1—9月，国际石油平均价格为54.4美元/桶，俄联邦预算当年的石油价格编制基点为50美元/桶。

油气收入占其国内生产总值的 20%，财政收入更是依赖石油收入，石油收入占其财政总收入的 50%。国际油价的风吹草动对俄罗斯政府的预算收入有着非同一般的影响。因此，俄罗斯政府除了将政府预算收入以美元汇率为预算编制基点外，还选择以“乌拉尔”石油价格作为另一预算编制基点。俄罗斯在 2015 年 1 月、10 月，以及 2016 年 1 月对联邦预算所作的大规模调整，都是对国际石油价格波动所作的不得已的应对。

综上所述，俄罗斯若要重启中期跨年度预算，就不得不认真考虑外部政治经济环境、财政收入结构对其预算平衡管理的影响。

5.3 国际经验启示

各国法律习惯、财政规划目标、行政效率以及资源可获得性等方面不尽相同，跨年度预算管理方法在各国形态各异，效果亦不尽相同。本章前面两节挑选 7 个不同国家的跨年度预算实践作介绍，具有一定的代表性。从中，可以总结出一些有益的经验启示。

5.3.1 灵活调整跨年度预算方法

各国应根据本国独特的财政现实与政策需要进行“量体裁衣”，选择适合本国的跨年度预算管理方法。各国的预算管理方法应当是具体的、独一无二的。例如，德国跨年度预算被视为最具体的跨年度税收与支出计划，其跨年度预算方法堪称完备。德国跨年度预算在多方面保障了其预算过程，最为重要的是其保证了财政政策与经济政策目标的一致性，而且预算能得到及时的更新调整以适应新情况，保证了财政政策的高度稳定，以及预算的可持续性。但是，德国的跨年度预算模式却很难复制到其他国家。首先，整合完备的跨年度预算计划相当复杂，对行政体系要求极高。并且，完备的跨年度财政计划要求高度的政治与社会认同，而这可能正是其他国家特别是发展中与转型国家所缺乏的。其次，考虑到快速的经济与制度变迁是转型与发展中国家的典型特征，德国式的跨年度财政计划对大多数国家而言极为严苛。因此，在实施跨年度预算改革时，各国要事先认真评估各自的预算制度现状，并选择合理的跨年度预算目标，设计具体的管理办法。

跨年度预算平衡管理改革是一系列预算管理方法变革、体制变革[①]，这构成了“体之变”，但改革的目的不是“体之变”，而是“用之变”。所谓“用之变”的“用”在于改变以往预算管理“短视、粗糙、可持续性弱”等问题，实现预算的中长期平衡与可持续。因此，在预算平衡管理改革中，只要是有利于预算的中长期平衡及可持续，应允许预算平衡管理方法的多样性，允许在具体的管理体制上作适当的调整，而不应追求形式上统一的跨年度预算方法及体制，应坚持“用之变”重于“体之变”。跨年度预算与年度预算并非一种先进（替代）与落后（被替代）的关系，而是二者谁更为适合的比较关系，事实上二者可以是并行不悖的。在理论上，尽管传统的年度预算存在各种不足，然而跨年度预算也并不完美，其运行往往有着极为严苛的条件，目前尚不存在一种放之四海而皆准的跨年度预算平衡管理模式。就此意义而言，传统的年度预算并非完全没有价值，在一国或者某个地区政府发展出成熟的跨年度预算管理方法之前，应当保留年度预算以维持基本的预算功能，避免落入“高不成，低不就”的尴尬局面。

5.3.2 重视法律架构的规范性作用

预算平衡或者说跨年度预算平衡的要求实际上构成了对政府活动的约束。一国之内，政府往往能对其他主体施加强制性约束，而政府之上却别无其他主体可以对其施加约束。显然，实现跨年度预算平衡，不能成为一句临时性

① 参见本书第 2 章第 2 节跨年度预算平衡管理机制。

口号来规范约束政府活动，必须要有对政府活动的真实约束，而法律正是约束政府活动的力量。法律具有指引、评价、预测、教育以及强制等规范性作用，以法律规范政府活动极为必要。只有将跨年度预算平衡的若干要素要求转换成明确的法律文本，才可能保证跨年度预算平衡管理在执行过程中不至于沦为口号。英国的《财政稳定法案》、美国的《财政稳定法案》、智利的《国家财政管理法案》、澳大利亚的《国家财政管理法案》等对预算的多年期平衡提供了基于不同出发点的法律文本规范。并且，预算活动具有复杂性，仅靠一两部法规并不能有效约束政府预算，要想形成良好的规则，往往需要多项法规的组合，从不同侧面构筑规范约束政府行为的法律框架体系，如有的法规是对政府职能架构的安排，有的法规是对政府支出权利的设计，有的法规则是在发债规范上约束政府。事实上，预算法律体系较为完备的国家，其权力组织架构也是极为严密的，权力间的相互制衡已经深深嵌入包括预算在内的所有公共活动领域。这些法律规范的文本体系不仅是对政府的约束，同时也是政府实施跨年度预算平衡管理的指南。当然，值得补充的是，严密且配合良好的权力组织架构，是需要长时间培育的，非一朝一夕之功。

5.3.3 进行准确、审慎的预算预测

预算的跨年度预测是推行跨年度预算平衡管理的重要基础，预测的存在提供了预算收支安排是否与政府的中期财政目标兼容的早期预警。准确的多年期预测可以成为预算形成的基点，提升预算过程的稳定性、可持续性。而不准确的预测，最终会在未来的预算执行中“碰壁”，俄罗斯中止中期预算的直接原因便是其受各种客观因素影响，未能形成可靠的预测，预测频繁地调整、忽左忽右，打乱了各部门原有的预算安排。

为保证预算的稳健与可持续，不仅需要提高预测的准确度，还需要提高预测的审慎度。政治驱动的收入预测的风险是相当明显的，政治家会冒险或尝试给出过于乐观的收入预测，以之匹配过高的支出，这样的案例不胜枚举。

提高跨年度预算预测的审慎度可以从以下两方面入手。第一，收入预测可建立在经济预测的基础上，这些经济预测相对偏悲观（如建立在稍低于经济增长或高于利息率水平的“一致认同”的预期），或者建立在财政展望上。财政展望包括两个不同的收入预测集：一个是反映最有可能的经济场景，另一个是反映在较不利情形下经济环境下的财政状况。第二，预算过程可能要求政府比较财政部（预算部门）及其他信息来源的不同收入预测。其他信息来源所作的收入预测一般可能会独立于政府部门（如中央银行、议会预算办公室等）之外。如果没有这些独立的机构，也可以使用来自跨国机构（如国际货币基金组织、世界银行等）或者独立的国内来源（如主要金融机构、高校科研组织等）的信息。事实上，越来越多的经合国家正是通过提交其国内的经济预测给外部州政府以确保其预测的审慎。

5.3.4 接纳跨年度预算渐进成长

跨年度预算有着传统年度预算所不具有的优势。然而，这些优势在各国的表现不尽相同。总体来说，跨年度预算在发达国家的运行效果要普遍好于转型与发展中国家。究其原因，无论是在预算预测、预算编制，还是在预算执行环节上，发达国家表现出了更高的管理水平。但同时也要看到：发达国家缜密的预算管理经过了较长时间的积淀和发展，并非一日之功。转型与发展中国家取得的跨年度预算效果较差，甚至有的暂时中止了跨年度预算，不能因此视其不适应转型与发展中国家，相反地，正是其财政战略缺乏跨年度视野才导致了其财政困境，新的制度运行需要调适磨合。因此，转型与发展中国家可先从简单的跨年度方法（要素）中获益，如在多年期视野指导下设置年度预算，以此便可获得国家财政战略的“虚线框架”的辅助；或者，采用结构性及优先性思维，也有利于在有限的预算资源约束下取得更好的支出效率。

世界银行在帮助各国推行中期预算过程中也发现，中等收入和高收入国家推进中期预算的效果要好于低收入国家，这说明跨年度预算在设计时要考虑国家的实际条件。因此，在转型与发展中国家推行跨年度预算的基本路径应当是，接纳其跨年度预算的渐进成长，容许其从简单的跨年度预算要素设计开始，检验其适用性，随着管理能力增强，财政绩效得到提高升，简单的跨年度预算要素逐渐稳固后，再渐次引入系统复杂的跨年度预算方法，最终演进成为更具整体性、更宏大的跨年度预算。

跨年度预算平衡有模式吗？或者是否有既定的模式可循？本书第 3 章从基本要素、技术要素以及组织要素这三大要素对跨年度预算作了一个一般性的框架设计，权且可以理解为一种模式。然而，从国际跨年度预算实践来看，跨年度预算管理模式又是各不相同的，并且效果不一，跨年度预算似乎没有一种既定的模式。正如在国际经验启示中所总结的那样，各国的预算管理模式的形成有着各自的国情背景，尽管跨年度预算平衡管理是一种先进的预算管理模式，但是各国在实施过程中不可避免地要“量体裁衣”，也应当“量体裁衣”。发达国家更好地实践了跨年度预算平衡管理，取得了良好的效果，这可能并不是因为它们更严格设计或执行了各框架要素，而仅仅是因为其经历了更长的历史积淀，发展出了相对完善的体制来匹配构建完备的跨年度预算。就这一意义来说，预算改革是有一个方向性的模式的，而具体模式的选择是多种多样的。在迈向跨年度预算平衡管理过程中，一方面要廓清所谓的跨年度预算的一般性框架模式，另一方面要具体分析自身的国情、区情特点，调整设置好的适用于当地的个性化模式。

在第 6 章，我们将把研究的重心继续放回到中国，对中国的跨年度预算平衡机制的构建提出建议。

第6章

中国跨年度预算平衡管理框架建构

历经近40年的市场经济改革，中国已经基本建立了相对成熟的市场经济体系，价格的形成与资源的配置基本实现了市场化。在经济高速增长之下，我国政府在公共经济领域内的活动一度具有较大的随意性，预算平衡被视为一种陈旧信条。自2008年国际金融危机以来，我国的预算平衡管理失范逐渐开始困扰政府，社会对预算失衡、财政可持续的担忧与日俱增。2016年，中国全面推开营改增试点，当年便降低企业税负5700多亿元。2017年又开始实施减税降费的积极财政政策，再度减少企业税负3500亿元左右。自2019年起新冠疫情直接导致各个地方的财政收入进一步降低，而财政开支在进一步提高。2024年，中国经济运行仍面临一定下行扰动，财政政策需继续加力稳增长，把一般公共预算收入目标定得略低一些，希望能为后续实施更大力度的税费“减降退缓”预留政策空间。当前我国经济发展环境的复杂性、严峻性、不确定性上升。如何在这一背景下仍维持预算平衡将考验各预算单位及部门。因此，采用新的政府预算管理方法，控制支出的过度膨胀，已是当务之急，跨年度预算提供了预算平衡管理的新思维。中国经济当前正处于换挡期，如何构建起适合中国国情的跨年度预算平衡管理框架，正是本章要回答的问题。

6.1 预算平衡与政府职能调整

预算可理解为公民与政府签订的契约。契约的一方是提供资金的公民，另一方是接受委托并提供公共服务的政府。首先，公民将公共预算资金委托给立法机构处置，形成基础性契约。接着，立法机构与行政部门再签订分契约，财政部门是一般行政部门的代表，得到了部分预算资金处置权和监督权，并承诺提供预算契约中约定的服务。从上述意义来看，预算可以视为公民与政府部门间的多重契约关系。预算失衡在很大程度上说明了政府在职能履行上的失败。然而，自凯恩斯主义兴起以来，赤字预算不但不被避讳，而且成为一项有意为之的活动，平衡预算似乎从政府职能中淡化。因此，有必要廓清政府在预算平衡上的职能实现问题。

政府职能与预算平衡的主体均为政府，政府通过提前编制预算，并以预算的执行实现各政府目标。预算起到统束、指导政府活动的作用，政府活动在周期内结束后，自然会表现出预算的某种平（失）衡状态。然而，我们并不能因此忽视预算平衡管理的重要性。如果没有预算中长期平衡及可持续，而是表现为勉强地维持预算收支，那么政府存在的合理性、合法性就会逐渐下降。现实中，政府为保证某一重要职能的履行，可以在短期内放弃预算的平衡，将预算赤字作为短期性策略使用，这是有必要的。但是，短期性政策长期化使用，或者说，缺少了预算的中长期平衡管理，预算失衡将影响到政府其他职能的履行，比如出现公共产品供给不足，甚至是政府停摆。就某种意义上说，预算平衡始终是政府执政的内在要求，预算平衡管理是政府的一项基础性职能，守住了预算中长期平衡，才能保证政府稳定地履行其他职能。

6.1.1 政府与市场职能边界调整

各国同时存在着政府与市场两种配置方式，且二者存在显著的替代关系。

在资源总量有限的前提下，政府配置资源越多，留给市场配置的资源就越少，反之则相反。总的来说，有限的财力供给与无限的公共财力需求的矛盾日益加深，预算的平衡问题也随之凸显。

1. 克服政府职能缺位、越位

政府职能缺位，是指本应由政府提供的公共产品和服务，却出现了缺失。比如，基础设施的建设、社会保障服务、市场秩序建设、城市公用事业服务等未能得到有效供给。与此同时，社会公众的公共财政意识越来越强，民众将会越来越直接地表达对这些公共服务的诉求。政府最终是要“补账”的，缺位越多，时间越久，“补账”的压力就越大，预算平衡的压力也就越大。

政府职能越位，是指政府包揽了本来可由市场、社会就能有效生产的“私人产品”，或者可以由政府和市场共同提供的“混合产品”。政府职能越位具体表现在以下几个方面。第一，政府职能与市场功能不分，设置了重重的行政审批，市场机制作用难以有效发挥。第二，政府承担社会中介组织职能，不但阻碍了非政府公共组织在公共管理中作用的发挥，而且这些事务在后来难以退出，财政支出压力就会增大，预算平衡就会变难。第三，政府变相管理企业，使企业处在政府庇护之下，无法成为独立的法人，不仅代替企业各项决策，而且还最终负担亏损。从表面上来看，政府介入市场越多，其获得的资源控制能力就越强，但实则是政府给自己增加了更多的公共义务，加重了自己的财政负担。

因此，要科学界定政府的职能范围，要明确哪些事务当由政策承担，哪些则不然，要能进能退。其中，关键的一点是要想办法降低经济对公共投资的依赖程度，弱化财政的建设职能，退出一般竞争性领域，将支出集中到关系国计民生的公益性、基础性项目建设。

2. 提高公共服务有效性

政府的职能边界在何处？一般回答是市场失灵时，就可以考虑由政府出手干预，履行职能。这并没有错，但却没有提供多少有益行动的线索。因此需要从公共服务有效性的角度来思考政府职能边界。提高公共服务有效性，应当在具体的执行层面，让公共服务既“叫好”又“叫座”。公共服务光“叫好”不“叫座”，说明公共服务的需求不大，只有少数人享受公共服务，其公共性不足，即社会收益不足；光“叫座”不“叫好”，则说明政府未能充分满足公共服务的需求；既不“叫好”也不“叫座”，则说明那是政府臆想出的公共需求。因此，政府要根据公众需求，进一步提高公共服务的有效性。在公共服务内容的设计上，由原来的政府“派送式”改为公众“定制式”。有的地方公共服务的内容存在问题，如一些文娱活动形式死板、内容老套，一些宣传教育服务灌输色彩浓厚、说教意味重等，出现“政府叫苦，民众不叫好”的问题。从本质上来说，公共服务是政府和群众的纽带。提高政府公共服务能力的有效性，就要以公共需求为核心，不断实现服务内容的精细化、服务方式的制度化。

我国的社会主义市场经济体制改革仍待深化，要让政府找准其公共职能所指，使财政回归公共属性，最大限度地满足社会公共需要，只有受公共（市场）认可的政府支出才能在预算上获得资源。所以，以市场作为资源配置基本方式的政府预算应当是“轻盈”的，而非“臃肿”的。同时，对于这样的政府预算，公众才更加认可，预算平衡也才更容易实现。

3. 引入多种公共产品提供方式

随着市场经济的基础性资源配置作用不断加深，政府应当在此过程中，努力实现政府职能和理念的转变，打造服务型政府，减少对市场不必要的垄断与干预。特别地，在公共财政日益紧张的背景下，政府应当调动各市场主体在公共产品提供中的积极作用，主动做轻预算、做平预算。

对于市场类项目，政府应当大幅减少行政干预，改变市场准入秩序的管理模式，从原来的行政审批转换为注册核准；果断减少对过剩落后产能的补贴以及破产救助，通过政策引导，促使其实现债务重组和生产效能的提高；对于新兴产业项目，也应当控制政府补助力度，降低新兴产业对财政的过度依赖，特别要避免因政府补助抑制了市场的公平竞争。

对于公益类项目，积极探索政府与社会资本合作（以下简称 PPP）模式。如在医疗、养老、市政、交通、水利、教育等项目中引入市场的力量以提高项目运营效率。由于 PPP 模式在我国仍处于起步阶段，这就要规范好政府合作者、监督者的角色。同时，为规避 PPP 模式的风险，还应在以下环节做好匹配工作：一是出台 PPP 的法律法规，对合作建设和运营服务的项目制定更高的标准；二是设立 PPP 资产交易中心，通过市场化机制约束社会资本严格履约，提高建设运营质量；三是加强前期调查论证，深入调查社会资本的背景，掌握其专业水平、融资能力、诚信记录等关键信息，筑牢合作基础。

6.1.2 政府间事权职能匹配

长期以来，政府间事权职能不匹配是造成我国预算平衡管理难题的根源之一，其主要体现为中央与地方间垂直事权职能不匹配[①]。党的十九大报告将政府间事权职能匹配提到更为显著的位置，这主要是因为垂直事权职能匹配设计涉及国家稳定及公共风险治理，具有国家基本制度的属性。也正因为如此，在深化财税体制改革的过程中，政府间垂直事权职能匹配的相关改革已经进入“深水区”，改革的步伐显得较为慎重并相对缓慢，但是，目前也已经到了非改不可的时候了。

1. 静态事权划分与动态事权调整

（1）静态事权划分

对于中央政府事权职能，要强化其在维护国家领土安全、协调区域经济发展、维护市场秩序、彰显社会公平等方面的职能事项，中央的财政事权原则上由中央直接行使。而对于面向基层、具有地方区域性特点的公共服务，

① 政府间事权职能匹配关系包括垂直、水平事权职能匹配关系，本书主要讨论的是垂直事权职能匹配关系。

则可将其划归为地方政府财政事权，让地方政府拥有充分自主权，且不受中央政府的干扰，使其能按照本级政府的意志来满足地方基本公共服务需求。如将社会治安、地方公共交通、城乡社区发展事务等地域性强、信息较为复杂的基本公共服务确定为地方财政事权。自不待言，独立事权的支出责任要有明确的责任主体，如果事权责任当在中央的，无论是在条条上，还是在块块上，都不应当将所谓的地方财政匹配和条件要求分担支出。倘若是中央将事权委托下放给地方执行的，则必须有相应的专项转移支付经费作为保证。同样，本属于地方履行的财政事权，原则上也只能由地方以其自有财力加以安排。

为降低地方支出责任的不确定性，中央各个部门要通过法治化方式来提高自身行动的协调性、可预期性，并将地方的分工与责任明确稳定下来，避免随意发文件，不能把履行事权的责任层层往下推。在以“中央决策、地方执行”为主的事权划分方式下，法律没跟上，事权主要是按照偏好履行的。探讨事权划分改革很重要，但更重要的是，怎样以法治化方式来履行好中央地方各自的责任，包括共同事权，减少随意性。否则，即使事权被重新界定了，也未必有效。

中国政府间垂直事权划分的法律基础较为薄弱，划分事权的依据常常是各种文件，缺乏必要的法律权威和约束力。这导致了现实支出责任上的讨价还价，事权的上收下放频繁。因而，有必要以法律来规范政府间静态事权划分。省级以下政府事权划分则应基于当地实际情况，适当比照中央的做法，遵循相似的事权划分原则划分省级以下政府事权职能。将部分宜由高级政府承担的事权职能上移，主要集中到省级政府，在多数省份，可继续优化多年来的“省直管县”的有益措施，强化省级政府在保持本省区社会稳定、经济发展以及基本公共服务均等化等方面的事权职责。在总体布局上，要适当减轻省级以下政府的支出责任，避免将过多支出责任压到基层政府。

（2）动态事权调整

基于外部客观条件及其变化，财政事权划分要有相应的动态调整。对于某些新增的公共事务，或未被明确划分的公共事务，首先要根据市场经济体制进程与社会发展需要，以及财政财力水平，将应由市场或社会承担的事权从政府中转移出去，大胆交由市场主体或非政府性组织承担。

对于具有全局性、基础性、战略性的影响生态环境治理与保护的基本公共服务，逐渐上划作为中央的事权职责。而其中事权责任跨地区、具有外溢性的重大基础设施项目、环境治理等事权责任，才应考虑中央与地方按比例共同承担的方式，或者以中央补助的方式部分承担事权支出责任。

对部分责任涉及其他非财政部分的事权划分要与其他部分的改革作动态的统筹考虑，不宜封闭考虑支出事权安排。比如，在社会保障事权方面要与社会保障基金管理部门协同安排，在教育事权方面要与相关教育领域内的改革相协调。

对地方在履行财政事权时，的确存在收支缺口的，先考虑通过依法发行地方性政府债务的方式来弥补，其后才考虑由上级政府给予一般性转移支付满足其支出需求，但是不能因此而认为事权责任是上级政府的。对于地方财政事权委托中央机构行使的，地方政府亦应当承担相应费用。

2. 政府层级与平衡模式选择

1991年发布的《国家预算管理条例》规定了我国的五级预算管理体制，这奠定了我国政府间垂直预算分配关系的最初架构。政府间垂直预算分配关系，既是财政分权体制下的重要内容，同时也是复杂的政治、经济和国家治理的组成部分。这种预算分配关系在经济社会中，特别是在维持各地预算平衡及其可持续所起的作用，必须结合特定的制度环境加以分析。

在我国五级预算管理体制的大纵深结构下，各层级政府应当因地制宜地选择跨年度预算平衡改革方案，不能用一个模子自上而下套到底。亚洲开发银行对一些中期预算改革不太成功的国家进行了研究，总结了其失败的原因通常集中在经济稳定性不足、宏观经济预测能力弱、预算执行纪律性不强等方面。因此，基于不同层级政府在权责结构与预算管理水平上的差异，选择不同跨年度预算改革方案，符合我国大纵深预算结构的客观现实。我国的省级政府往往还安排有部分宏观调控的任务，在财政管理人员匹配上也明显要优于其下级政府。在跨年度预算改革初期，省级政府应当作为改革的先行军，多要素深度推进跨年度预算管理。比如，在“国债余额限额”范围内，省级政府可实施发债平衡预算的多年期管理，并通过财政总额控制实现跨年度预算平衡；而在市及以下级别财政中实施“宽口径预算平衡管理”，即执行财政支出总量控制的原则，继续坚持预算收支基本相等的财政原则，强调单一年度内预算的总体平衡，保证预算不偏离，逐渐提高预算执行力、预算预测水平。

3. 转移支付的调整优化

1994年，我国实施分税制改革后，收入相对集中于中央，地方对中央的依赖程度大大增加，为了维持地方预算平衡，中央不得不加大向地方的转移支付力度，以使地方恢复预算平衡。然而，尽管转移支付力度不断加大，转移支付的制度层出不穷，还实施了各种收入返还等措施，仍难以从根本上改变地方政府的预算平衡困局。这说明，各级政府间的垂直预算分配关系仍不够合理、制度安排仍不尽清晰、转移支付缺少足够的稳定性。而地方政府的预算决策正是依据中央政府双向收入转移后的净财政资源进行的，致使各级政府编制的中期财政规划难以准确预测规划期的财政收支，从而难以确定各年度财政支出框架，即使最后预算能勉强维持平衡，该平衡也是滞后的。并且，财政转移支付的不确定性会自上而下逐渐增加，下级政府越是依赖转移支付，预算自主性就越差，预算平衡的难度也就越大。

为优化整合政府间垂直预算分配关系，在短期内，要降低各级地方政府的预算平衡压力，特别是要降低基层政府支出责任，这就必须进一步加大专项转移支付的力度，特别是加大一般性转移支付的力度；而在长期，则要增强其预算平衡的内在动力，内在动力的根本是提高其预算的主体性地位。比如目前我国尝试放开省级地方政府的发债权限，对提升省级政府的多年期预算平衡管理动力有很大助益。

6.1.3 部门预算职能调整

预算运行是多部门协调运作的结果，而改革的进行则涉及部门职能的变动与调整，从这个角度来看，跨年度预算平衡管理改革需要更为谨慎仔细地设计改革。

1. 减少预算权力切割

（1）减少法定支出项目切割

法定支出是将某一财政支出与国民经济绑定，以法定形式规定其支出数额占 GDP 的一定比重的支出管理做法。比如，我国的教育、农业等重点支出同生产总值或财政收支增幅挂钩。由于法定支出以相关法律、法规、政府文件等形式规定，因此其具有支出刚性特征。20 世纪 90 年代出台的法定支出，对当时的某些领域内的社会经济发展起到正面作用。但是存在着规模过度扩张[①]、计提模式粗放等问题，而且，各部门独特的“部门法”与《预算法》（1994）存在矛盾，阻碍了作为“经济宪法”的《预算法》（1994）在预算领域功能的发挥。预算是为实现公共资源的有效配置，对整体财政资金进行分配、管理和监督。但是，部门支出也受《农业法》《科学进步法》《教育法》等林立的部门法律的保护。在预算支出与法定支出发生分歧时，以何者作为支出依据尚不明确。因此，本研究认为，各部门法律应重点针对部门内的专业性事项作相关规定，而不宜设定特定的支出增长挂钩条款。

（2）减少非正式的权力切割

理论上，在正式的预算权力制度结构中，公民将预算资金处置权、监督权委托给立法机构，立法机构再向下分配财政部门以预算权力。然而，我国

① 据审计署 2012 年对 54 个县的财政性资金的审计，发现农业、教育等法定支出占当年财政支出总额的 77.23%。

正式预算制度中的权力结构尚不完善，存在着非正式预算制度渗透正式预算制度的现象，破坏了正式预算制度的完整性，也使得预算平衡管理难以有效实施。马骏（2005）通过对中国省级预算决策过程的研究，发现正式预算制度安排中，省委书记、省长、常务副省长等领导人不应当拥有直接的预算权力，然而“批条子”等非正式预算制度却广泛存在，使得他们可以影响预算资金的分配，围绕着这些预算资金，形成了各种各样的“私人关系”，正式预算制度对预算行为的约束力较差。改革当确立以财政部门为中心的预算结构，使得预算编制、执行及监督实现分离。这可以在一定程度上解决预算支出“私人关系”问题，遏制各种非正式预算制度的发展。

2. 部委职能的整合

国家发展改革委和财政部都是国务院下属部委，都具有强大的综合经济管理能力。根据相关文件精神[①]，这两个部委在中期经济发展规划上有如下职责定位。

国家发展改革委：控制经济总量平衡，拟定社会经济发展政策，储备政府投资项目、统筹三年滚动投资计划，根据国家“五年规划”对中期财政规划及预算提出目标任务，合理安排支出规模和结构。

财政部：草拟国家财税发展战略和规划，牵头编制全国中期财政规划，承担中央各项财政资金的收支管理，在下一年度预算编制启动之前，提前编制中期财政规划草案，指导地方中期财政规划和年度预算编制。

从这两个部委的职责定位来看，尽管有一些区别，但更多的是重叠，实则是对预算权力的切割。在预算的执行过程中，可能出现财政部已将项目资金拨付到位，国家发展改革委却迟迟不能下达项目批复；或者也可能出现项目得到了发展改革委的批复，可是财政部却没有足够的财政资金支持项目。因此，需作部委职能的整合。职能整合有两种路径选择：第一种是借鉴韩国的经验，韩

① 这里主要是指“国发〔2015〕3 号”与“发改投资〔2015〕2463 号”文件。

国在 2008 年建立了“企划财政部”取代了原来的“财政经济部”和“计划与预算部”，后两者相当于我国的国家发展改革委和财政部；第二种是提升财政部的权力级别，使其能统摄国家财政全局，在跨年度预算框架下制定国家财政政策。

但是，无论是以哪种方式整合部门职能，都会面临部门间的紧张与冲突。因此，预算管理职权配置必须得到顶层设计的支撑，必须在国务院主导下整合部委职能。事实上，从更一般意义上来说，不仅要作上述两部门的职能整合，还要明确该两部委与人民银行、审计局、人大财经委及其他政府部门在预算编制中的职能分工及协作。

3. 部门预算人才配备

在传统的预算管理模式下，部门内的预算管理者只需遵照规则和程序操作，不必拥有预算裁量权，也不必对具体的结果担责。而实施跨年度预算平衡管理后，预算管理者被赋予了更多的管理灵活性，在一定程度上可以对资源的调配组合进行决策。此外，跨年度预算平衡管理对人的要求也更高了，跨年度预算编制需要专业知识作支撑，因此，各部门必须在职能模块上配备若干预算管理专业人才。这不仅是部门内工作的要求，同时也是实现跨年度预算改革在多部门协作的重要基础，因为即使改革参与者并不缺乏沟通的意愿，都以实现科学决策为目标，但如果部门间没有共同的预算专业知识作为话语基础，将会出现各部门基于本部门的先验经验来主观想象其他部门的职能运作，从而导致跨部门沟通困难。

6.2　财政支出管理

财政支出表现为政府向社会提供公共服务，实施各项政府公共职能。财政支出管理水平不仅关系着公众所能得到的公共服务的数量与质量，同时，还决定着预算平衡（不平衡）的结果。跨年度预算的首要平衡抓手是财政支出管理。

为更好地达成预算平衡，控制支出规模是根本，但是困难在于如何在控制支出的同时，保障公众对公共产品的需求，这就要求在既有的预算支出结构下，提高各部门的支出效率。因此，支出端的平衡管理并非简单控制支出增长，还需要协调好各支出部门的资源分配、提高财政支出效率等。概括来讲，就是要在支出端“减支增效”。而这就要求改变旧的预算过程，包括支出总额控制、支出结构优化、项目支出规范、或有负债管理、支出绩效管理等。

6.2.1 支出总额控制

从20世纪80年代开始，支出总额控制是多年期预算框架的主要特征，为越来越多的国家所采用，成功地维护了其国内财政纪律。在我国的跨年度预算中，支出总额控制同样也是实现预算平衡管理的基础性环节。合理控制支出总额上限，避免上限设置得过高，否则预算的监督功能会丧失；上限设置得过低也不行，那会导致预算执行困难。因此，需要根据实际财政收入水平、财政战略规划作全盘统筹，形成一个合理的支出总额上限。在跨年度预算安排中，头一年的预算支出总额上限通常具有最强的约束力，除非遇到特殊的冲击性事件，一般不考虑调整；而其余年份的预算支出总额上限约束可适当降低，可将其作为指导性指标。此外，还应当考虑物价变动、政府在财政收入一侧的调控安排，明确支出总额控制是硬约束还是指导性约束。

1. 支出总额制定

制定支出总额，应重塑“两上两下”的集中式预算决策管理流程，在当前的财政体制架构下，要形成“自上而下”为主、“自下而上”为辅的支出总额形成机制。在决策前期，上级预算管理部门要在把握整体宏观经济运行态势的基础上，形成初步的预算总额并将其下达各级基层预算部门。同时，给予基层预算部门适度的预算决策上的自由裁量权，设定能够反映支出优先次序的支出总额。

中央与省级政府基于在预算信息、人员配备上的优势，可以考虑采用基线筹划技术以及计量预测模型预测多年期的财政收支，形成上层的支出总额安排；省以下级别政府可本着传统的“以收定支”原则，按“保工资、保运转、保民生”的范围，综合考虑确定投入基本公共服务上的财政资金需求，形成大致的跨年滚动预算总额上限，而对所谓的“促发展”类的支出则要严格加以控制，特别是对其以各种变相方式增发地方债的隐性支出扩张要保持警惕。

制定支出总额，政治层面上的共识极为重要。各级党委与政府参与制定支出总额，能够加深其对财政资源约束的真实理解，这在很大程度上可以减少预算执行过程中它们以不知情为理由突破支出总额的现象。此外，让总额约束上升为法律自觉。在这一环节中，人大作为权力机关，除在预算审批上对收支总额进行表决，还应以人大立法的形式将预算总额确立下来，强化其对预算总额的控制职能。在新制度的推行阶段，法律的共识性仍是最广泛、最有力且最迅速的。

2. 支出总额分配

支出总额分配包括两个部分：一是定额标准分配，二是年度间分配。

定额标准分配是依据不同类型的支出设定支出标准，从而形成支出总额约束。根据分类标准不同，可以形成不同的支出分类。本处仅以基本支出与项目支出的二分法讨论支出总额标准。我国当前已形成了基本支出的定额标准，但仍需着重增强基本支出定额与政府职能转变的衔接；我国的项目支出定额标准制定则稍显迟缓，可考虑以可量化、经常性的支出项目为重点，坚持急用先行。而对于编制定额标准较为复杂的项目，可以从项目中分解出可以标准量化的部门设置定额。

年度间分配是在跨年度预算管理框架下，将整个跨年度预算周期内的收支总额分配到各个预算年度中。基于本书提倡执行三年期滚动预算的做法，预算总额分配就会在每个预算年度结束后更新，因此，预算总额分配将只对第一年的支出总额产生严格的约束作用，剩余的第二、第三年的支出总额则只具有指导性。同时，在第二年重新制定新的三年期预算总额时，如果涉及对之前设置的预算总额有较大的调整的，应当在新的预算中加以说明，从而避免对后两年预算总额设定的随意性。因此，就总额作用取向上，要提倡保持三年期的总额分配在各年度的预算约束力。对此，新加坡的做法也值得我们适当借鉴，其容许在三年的总额上限下，对支出作年度间的调整，但是要做相应的利息收取管理。

3. 支出优先排序

依据战略目标和政策重点，确定项目支出等级次序，并给予相应的资金安排，这便是支出优先排序。在跨年度预算平衡管理中，各级政府、部门采用前瞻性的战略方法，根据具有中长期视野的战略目标及以往资金使用效率水平，引导财政资金先投入排序高的支出项目，从而既保证了财政资金的有效使用，还能对预算赤字和公共债务扩张施加一定的约束，强化财政纪律的严肃性。支出优先排序的基本做法是：事先设置若干评价指标，并对各评价指标匹配不同权重分值；然后评价各支出在所有评价指标的得分，加总各项指标得分，总分高者获得较高的项目优先排名；最后在财政资金允许的前提下，先保证排名高的项目获得资金。

4. 总额控制体系

艾伦·希克（Allen Schick）是马里兰大学公共政策教授，当代最负盛名的预算研究者之一，其2000年在我国译版的《当代公共支出管理方法》一书中针对预算权力较为分散的问题，提出了极有必要控制政府的主要支出的建议。我国当前的预算也面临着各种预算权力切割问题，因此，有必要在一个大的预算框架下考虑支出总额的分配与协调。除了上文提及的要减少法定支出项目切割、非正式权力切割之外，我国还应当真正将全口径预算落实下来，将一般公共预算、社会保险预算、国有资本预算以及政府性基金预算等均纳入预算管理。正常情况下，要避免资金在账户间随意挪用，努力维护每个账户的平衡。但是，对于与一般公共预算支出有关的其余三本预算收入，在特殊时期可以考虑调入一般公共预算支出，形成账户间的临时调剂，从而构成一个囊括各类主要支出项目的分类总额上限控制体系。

6.2.2 支出结构优化

财政支出结构是指财政支出总额中各类支出的组合以及各类支出在支出总额中所占的比重。一般地，只要尽可能地压缩支出便有利于预算平衡的实现，但是，没有理由以无差别的压缩支出来争取预算平衡，有的支出具有较强的刚性，而有的支出则不然。合理的支出结构调整意味着财政资金得到有效的配置，更符合公共利益。

1. 控制一般性支出

从结构上来看，预算支出可以分为一般性支出与项目性支出。一般性支出主要是政府机构运行的成本，主要包括人员工资、办公费、招待费等。此类支出是必不可少的，但是若不加控制，极易膨胀，并对经济社会产生负面影响。控制一般性支出可分两步走。

第一步是压缩一般性支出，控制行政成本。目前，我国一般性支出占财政支出的比重较大，并且快速增长，为严格控制其比重，应大力控制三公经费，压缩会议费、宣传费、咨询费、培训费等一般性支出，清理非急需和长期固化的支出项目，减少绩效不高的项目的预算安排，压缩各事业单位楼堂馆所建设，通过一般性支出信息化建设，推进机关节能减排工作。

第二步是稳定一般性支出。一般性支出具有稳定性，以定员定额等方法确定其支出规模并不困难。在支出总额确定后，在某一周期内便可以不增加支出。进一步地，人员经费与日常公用经费也是相对稳定的，因此也可以分别控制总额，减少内部调剂。在编制跨年度预算时，可以先从一般性预算开始，要求其严格执行每一年所分配的预算总额。

为实现对一般性支出的长效控制，可从以下两方面巩固其控制基础。一是实施权责发生制的政府综合财政报告制度，以准确的行政成本计量，推动预算会计与财务会计相互衔接又适度分离，从而提升政府中长期财务报告质量，为实施跨年度预算夯实财政财务信息基础。二是设置控制政府行政成本的机构，并在机构内部分设专业化模块，精细化控制各项行政运行成本。

2. 提高民生支出实效

民为一国之根本，民生则为一国之根基。我国《2008 年国务院政府工作报告》对民生的内涵有如下界定：民生内容包含教育、卫生、就业、社会保障、居民收入和消费、社会管理、住房保障以及人口和计划生育等项目。为增强民生支出的实效，提高民众的获得感，就要提高在上述方面的支出水平。此外，即使是增加民生支出，仍需要作轻重缓急的划分。实际上，民生支出是“层级化”分布的[①]，如图 6–1 所示。由此，需要在有限的财政资金中，安排好民生支出的内部结构，而不是大包大揽，应当根据财政收入的能力逐次递进。甚至，如果有条件，根据灯塔经济给我们的启示，可以退出某些公共产品的提供领域，为提供其他有需要的公共产品创造空间[②]。

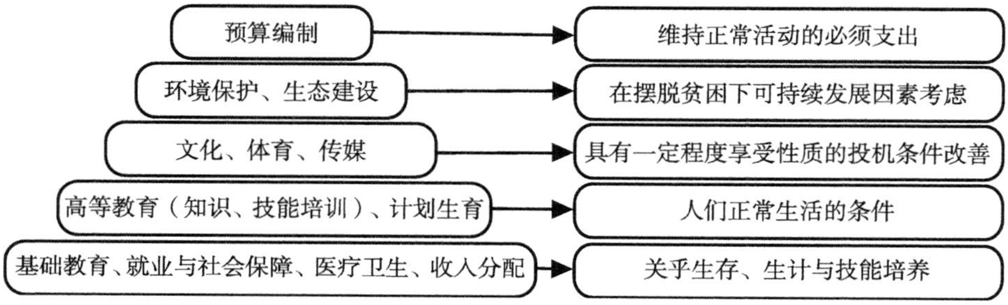

图 6–1　民生支出层级结构示意图

① 马海涛，和立道．公共财政保障民生的次序研究——基于民生支出项目的“层级分布”要求 [J]. 地方财政研究，2010(02)：28-34.

② 科思在 1974 年发表了《经济学上的灯塔》，证明了即使像灯塔一类的公共产品，也可能实现私有化供给。

6.2.3 项目支出规范

项目支出存在以下几种较为突出的问题，导致了项目预算难以降到合适的规模：一是为应对上级临时下达的没有专项经费支持的项目建设任务，相关部门会策略性地事先多申请项目经费；二是有的项目存在的依据仅仅是领导的批示或者某次会议的纪要，要求财政部门对其进行安排，这成为领导的口袋预算；三是预算编制部门与监督者之间信息不对称，使得预算编制部门有意提高支出标准，以套取更多的预算资金；四是项目一揽子表决方式，人大整体审议预算草案，没有单项表决，很多不宜通过的单个项目在整体审议中被“携带”通过。针对上述不合理、不合规的项目，可成立由财政、发改、国土、建设等部（委）、局组成的“项目统筹小组”控制项目支出规模，形成定期会晤机制，邀请社会人士旁听，可以直接否决或剔除有问题的项目。而最终在人大表决时，也建议引入单项项目表决机制。对确实需要增加的项目，当从预算中机动预备费支出，拒绝乱批条子、乱上项目、乱增项目支出。

6.2.4 或有负债管理

或有负债是政府的一种未来支出，由于其难以在传统的政府会计与预算体系得到反映，这类支出会对远期预算平衡带来不利影响。大部分或有负债所滋生的财政风险都会溢出中期支出框架的时间跨期。政治家所承诺的福利扩展尽管是受欢迎的或有负债，并且取得了政治正确，但是这无益于未来的财政健康，并威胁到远期的预算平衡（Schick, 1995）。从 20 世纪 90 年代开始，越来越多的政府开始了或有负债管理。在我国，尽管不存在明显的政治家承诺的政治特征，但是，随着未来民生财政的拓展，我们极有必要以长期的视野做好相关的制度设计，渐次将或有负债纳入政府的预算会计体系：一是将或有负债附于初始编制的预算中；二是编制单独的或有负债预算，对或有负债施加一个总限额；三是将或有负债整合进传统现金制预算；四是推行完全权责发生制的预算。此外，政府在或有负债管理上，要防止以民生为理由，出现“民粹化”的支出倾向，还要坚持政府支出的“兜底”性定位。涉及民生领域的改革，仍需充分考虑各级财政的承受能力，不可随意拔高支出标准，要基于财政实力确定公共服务的水平，并且要注意代际间的公平问题。

6.2.5 支出绩效管理

支出绩效管理是我国目前预算管理改革的热点。然而，当前的财政支出绩效管理并未与跨年度预算管理改革实现有机联系。事实上，支出绩效管理所提倡的综合的、动态的管理与跨年度预算平衡管理理念是相契合的。一方面，要实现科学合理的绩效评价，单一年度的时间跨期往往是不够的，适当延长评价期间有利于合理地评价支出项目的实际效果；另一方面，跨年度预算平衡的目标也不单单是预算的多年期平衡，还包括诸如财政纪律、资金分配、资金使用、产出时效等绩效目标。结合前面的观点，推行严格意义上的跨年度预算平衡管理对低层级政府来说并不现实，但是，从支出绩效管理的角度来看，各级政府都具备实施绩效评价的条件。因此，有必要以支出绩效管理驱动跨年度预算平衡管理。对此，财政支出绩效评价指标体系如表 6–1 所示。

表 6–1　财政支出绩效评价指标体系

一级指标	赋　分	二级指标	赋　分	三级指标	赋　分	指标含义
评分标准	20	项目目标	4	目标内容	4	目标的明确、细化、量化程度
		决策过程	8	决策依据	3	对社会发展规划和部门工作计划的遵从情况
				决策程序	5	申报条件是否齐全，项目申报、批复、调整是否合规
		资金分配	8	分配办法	2	是否制定资金分配管理办法，资金分配因素是否全面、合理
				分配结果	6	资金分配是否符合相关管理办法，分配结果是否合理

续表

一级指标	赋　分	二级指标	赋　分	三级指标	赋　分	指标含义
项目管理	25	资金到位	5	到位率	3	实际到位／计划到位 ×100%
				到位时效	2	资金是否及时到位及其对进度的影响
		资金管理	10	资金使用	7	支出依据是否合规，有无虚列项目支出；有无截留、挤占、挪用项目资金情况；有无超标准开支情况
				财务管理	3	资金管理、费用支出等制度是否健全、是否严格执行，会计核算是否规范
		组织实施	10	组织机构	1	机构是否健全，分工是否明确
				管理制度	9	是否建立健全项目管理制度，是否严格执行相关项目管理制度
项目绩效	55	项目产出	15	产出数量	5	产出数量是否达到绩效目标
				产出质量	4	产出质量是否达到绩效目标
				产出时效	3	产出时效是否达到绩效目标
				产出成本	3	产出成本是否达到绩效目标
		项目效果	40	经济效益	8	对社会的直接或间接的经济效益
				社会效益	8	是否产生社会综合效益
				环境效益	8	是否对环境产生积极或消极影响
				持续影响	8	对人、自然、资源是否带来可持续影响
				满意度	8	服务对象对项目实施的满意程度

可以这样认为，支出绩效评价得分较高的部门，其预算平衡能力就越强，后期其系统推行跨年度预算平衡管理的可行性就越大。财政支出绩效管理不仅要监督预算资金使用部门，还应使得预算资金使用部门由“被动接受”绩效评价转变为“主动筹划”绩效预算，致力于优化资金在3年的预算期内的灵活安排、节约控制成本、提高部门对预算资金的配置效率，形成内外结合的绩效管理综合体系。

6.3 财政收入管理

对于预算收支平衡的两端，管控重心通常放在支出端，原因在于支出端的人为可控性更强，而收入端更多是一种外部客观存在，可控性较弱。但是，这并不意味着对收入端的管理不重要，收入管理仍是预算平衡管理中的重要环节。“锚定”收入端，对实现预算平衡有着重要意义。

6.3.1 保持财政收入规模适度

财政收入应保持适度规模。增加财政收入规模，虽然能在短期内增强公共财政的支付能力，但是会造成社会整体税负过重，降低社会的生产积极性，这些反过来又会影响到财政收入规模。财政收入规模太小也不行，这可能造成某些必要的政府职能的履行困难。规模适度的财政收入是财政收支的平衡与匹配。所谓“适度”，不仅是简单的收支在规模上等量持平，更是公共财政链条一环环相互咬合，即实现“公共偏好—政府职能—财政支出—财政收入”传递匹配，政府公共职能履行达到合意状态。具体地，我们可以从以下几个方面保持财政收入规模适度。

第一，要合理地安排好公共经济与市场经济的关系。在征集财政收入实现宏观调控的同时，也要尊重市场经济本身的运行规律，在促进公共资源有效配置的同时，也要减少其对私人经济活动的扭曲；在保证公共投资需要的同时，也要降低对私人投资的挤出。

第二，保持财政收入增速的适度。使财政收入增速与宏观经济增速保持在一个适当的比例范围内，一般地，要使其与宏观经济增速相同或略低于宏观经济增速。过快的财政收入增速不仅会伤及经济的活力，也会伤害财政与经济之间的良性互动关系。

第三，增强财政收入的规范性。规范的财政收入不仅可以遏制征收“过头税”，也可以严格控制各种“制外”非规范收入的存在。过多“制外”收入不仅会侵蚀正规收入的规模，还会破坏正规收入应发挥的作用。

6.3.2 实施财政收入预期管理

在静态的收入制度层面，要明确规定不同类别财政收入的财权归属、征收标准等，在保障收入的权威性和严肃性的同时，也稳定了各预算管理主体的预算预期。收入不再是硬性的任务约束指标，而需依法征税，清理规范税收优惠，杜绝“应征少收，不征”，或者征收“过头税”。

财政收入预期管理不仅包括静态的预期管理，动态的预期管理更为复杂，也更需要注意。在整个国民经济发生结构性变化，或者需要根据特殊的经济时期进行调整时，财政税收制度也需做出相应的动态调整。而在制度的调整过程中，管理好各级政府对预算收入的预期，显得尤为重要。同时，预期管理还应当包括在制度调整后，使各主体对相关财政事权与财权的匹配度有一个相对统一的认识。如果财政收入制度拟作调整，则应提前测算由此带来的财权事权匹配缺口的大小，及时在转移支付制度、税种划分、共享税比例等方面做出安排，降低预期调整造成的不确定性。

当前，我国财税体制正处于密集的变革调整期，这对我国的跨年度预算平衡管理提出了挑战，各级政府需就本级财政收入变化作整体性评估，主要是对地方主体税种，如对销售税、房地产相关税收、个人所得税的变化趋势应有事先的预判。如果财税体制有较大的变动，则应当对其加以说明，特别是对预算平衡可能产生的冲击要有事先的预估。以营业税改增值税（以下简称营改增）为例，我国2012年从上海开始试点推行营改增，首要目标是捋顺税收的价值链条，提升制造业综合竞争力，次要目标是把总体税负降下来，特别是要把第三产业营业税的税收负担降下来。有了这样事先的预判，税收下调对预算平衡产生的冲击就有可能在后续年度预算中提前加以应对。

6.3.3 合理统筹管理各类现金

随着经济新常态的到来，财政收入不再如以往那样充裕，支出压力日渐增大，这就需要统筹盘活现有的各类存量现金，从以往的现金控制思维转变为现代现金管理思维，从预算执行用款计划、现金保值增值以及投资安全性角度来管理现金，为公共现金注入活力。

1. 引入现金预算管理

现金预算是指预测组织还有多少库存现金，以及在不同时点上对现金支出的需要量。在企业的资金管理中，现金预算是基础性的财务管理活动，为提高公共用款计划编制的科学性，我国应考虑引入现金预算，有效地匹配公共财政资金的流入与流出。目前，我国的公共预算资金收入中，有不少长期挂账的暂付款、违规占用款项，可以考虑清理撤销部分财政专户资金，将其缴入国库或与其他专户分账核算，在跨年度预算周期内收回借出，或者转出财政专户作相关的保值增值安排。另外，基于不同部门的用款特点，可以编制出不同的投资、用款计划，使资金活动起来。

2. 制定现金管理法律

国库改革以来，集中到国库形成的国库余额规模日益庞大。部分地方政府也尝试着将小部分资金按照一定的期限以滚动的方式存入商业银行，获得少量收益。但是，这种财政现金管理的规模很小，投资渠道也较为单一，所以仍不能称为完整的现金管理。究其原因，主要是缺少明确的法律授权与相关的监督制度作为匹配，尽管收益可观，但是一旦出现风险就意味相关人员触碰了“高压电线”。所以，要实施有效的现金管理，应当对国库现金的投资使用制定有针对性的法律、法规，对现金管理机构及其职责、现金投向、问责条款等加以具体规定。

3. 动态统筹资金使用

动态统筹资金使用，就是要加大力度盘活存量资金，把资金用在“刀刃”上。这需要利用国库数据系统对财政资金分配实施动态监控，保证预算执行进度，激活财政存量资金，将没有能够按进度支出的资金，特别要将长期未被分配使用的资金作异常处置，督促支出单位及时落实项目。如果项目资金不能及时落实为支出，则可启动盘活程序，将其统筹分配到其他民生项目的缺口上。

更进一步地，未来如果条件成熟，可考虑将政府性基金预算纳入一般公共预算，实施多年期的统筹管理，详细划分、弄清包括政府性基金在内的所有可供动用的财力。2017 年，我国有高达 61462 亿元的政府性基金收入，而与此同时，地方政府仍背负着巨额的债务，形成了鲜明的反差。事实上不少政府性基金收入与一般公共预算联系密切，有着相近的公共性特征。对那些具有一般公共预算特点的基金收入，应当考虑将其统筹到一般性公共预算收入的大盘子里，维护公共预算的统一性。

4. 完善国有资本利润上缴

国有资本是重要的公共资源之一，而国有企业上缴利润是公共资源的使用回报，是具有契约性质的国家收入，让全国人民共享国有企业发展与改革的成果是社会主义优越性的重要体现。随着全口径预算的推出，国有资本预算也被纳入了公共预算的大盘子，使其进一步回归预算的公共属性，同时，这也提高了公共预算的完整性，为从整个财政收入的大格局来安排预算创造了条件。但这还只是开始，国有资本利润上缴仍有很长的路要走。目前国有企业的收益征收尚未实现全覆盖，并且征收比例低，资金使用“取之于国有企业，用之于国有企业”，用于公共财政和社会民生的规模及比例均很小，回避了国有资本的公共财政职能。当前与国有企业相关的经营性收入、清算性收入、产权性收入仍还未能在预算中得以充分展现，学界普遍呼吁要进一步扩大国有资本收益收取范围，提高国有资本收益收取比例。对于本研究的跨年度预算平衡管理而言，我们需要打通国有资本预算与一般公共预算之间的血肉联系，实现两本预算在目标协同、绩效考评以及监督审计上的有机衔接。

6.3.4 培育稳定的地方主体税种

20 世纪 90 年代中期的分税制改革，目的是提升中央财政的两个比重，改变中央财政的弱势格局，有着“财权上收”的充分理由。2016 年 5 月全面推行的营改增，首要目的是优化税收增值链条，减少重复征税，客观上进一步强化了“财权上收”的格局。但是，在“财权上收”的同时，事权在总体上却是“下沉”的，其原因可能有两方面。一是通常所说的“事权下放”。在中央与地方的博弈台面上，中央与地方的权力话语并不对等，中央的自然倾向是把“事权下放”给地方。二是新增大量公共事务①。其在性质上大多具有地方性特点，地方不得不为，其支出很自然地就落在了地方头上。因此，地方事权责任的增加并不完全是“事权下放”的结果，还包括新增事务本身就具有地方性特点，地方难以推卸。无论是什么原因，地方财政的预算平衡能力在持续削弱，中央不得不通过大量的转移支付为地方财政输血。但这种做法从制度运行的角度上来看是不可持续的、不健康的。因此，在当前的税种分配格局难以做出重大改变的前提下，必须想办法培育出稳定的地方主体税种。

① 即便是一些具有全国性的、跨区域性特点的公共事务与地方也还是有着各种联系，地方不能说没有事权。

1. 房地产税改革[①]

本章主要讨论的是房地产税的征收目的、方式，以及征收时间、步骤等操作层面的问题。

我国开征房地产税的目的有较多说法，有的人认为是抑制房价过快增长，有的人认为是调节收入分配，也有的人认为是扩充地方财力。我们认为，开征房地产税抑制房价过快增长的作用有限，对调节收入的作用更明显，但是其作用结果可能并不明确。而作为地方性税种，一旦房地产税开征必然能够快速扩充地方政府的财力，使地方获得稳定且可靠的财政收入，这本不应避讳。然而，对这一目的，我国在宣传上似乎仍显得有些含糊。我国自分税制改革之后，从地方税收取得的自有财力始终没能得到有力保障，这与我国长期以来财产税征纳意识薄弱、居民个人财产信息登记系统不健全有关。随着居民个人房产信息系统的全面联网，房地产税改革的条件已经成熟。在西方国家，房地产税是一种普通的地方性税种，我国开征房地产税只不过是对现代税收制度的回归。在短期内我国的既有税种分配格局不会作大幅调整的前提下，开征以房地产为主的财产税，并将其划入地方税，是分税制改革后期的进一步完善之举，也是克服地方税财力不足的根本性举措。

此外，在减税降费、增强老百姓获得感的时代大背景下，房地产税的开征肯定会刺激到社会的情绪，可谓“牵一发而动全身”。多套住房持有者的利益必然会受到房地产税的影响，金融系统与房地产市场也有着千丝万缕的联系。因此，房地产税开征的时点与细则仍需谨慎设计，避免引发系统性金融风险和社会的反弹。本书建议在具体税制设计上，除农村居民自用房地产可暂免征税外，城镇居民个人用房均应纳入房地产税的征税范围，以房地产评估价值减除一定的扣除项目标准后的余额作为计税依据。在税率设计上，对经营性房地产与非经营性房地产实行差别税率，鉴于各地经济水平不一，中

① 本书讨论的房地产税仅对房地产的保有环节征税。

央可提供一个税率指导范围，容许地方确定具体的税率。对居民的非经营性房地产，允许地方根据当地实际情况，按照房产面积或套数设定具体免征额度。

2. 个人所得税改革

个人所得税改革（以下简称个税改革）的目标取向是明确的，一方面是希望通过个税改革充实国家财政，实现国家税收从以间接税为主体向以直接税为主体的税制转型；另一方面是希望通过个税的结构性调整，改变目前个税负担的不合理状况，改变个税是工薪税的局面。2018 年年底，我国的个人所得税免征额提高到了 5000 元。并且，2019 年起增加了个税的 6 项专项附加扣除政策减免，获得广大个税缴纳者的欢迎，大大提高了税负公平程度。但是，目前由于个人所得税的纳税主体并没有改变，广大工薪阶层仍是个税缴纳的主力军，因此，此次个税改革无疑将会降低政府个人所得税的收入规模。因此，个税改革仍需从结构改革上下功夫。一方面，要降低个税的负担水平，降低单个个体的税负水平，特别是要落实个税的 6 项专项附加扣除政策减免，但是，这一制度在运行过程中仍可能出现各种新情况或新问题，因此，需要在执行过程中进行调整。比如对家庭中抚养子女数量与扣除的规定上，只有 2 个子女的扣除上限规定仍需要在执行中根据现实情况进行调整。另一方面，要改变长期以来，个税被普遍称为“工薪税”的诟病。这意味着，个税的征收范围应当是所有的个人收入，而不能仅限于对工薪阶层开征。大量游离于个税征收之外的群体的存在，本身是不公平的，税收征管部门应设法将这一部分个人收入纳入个税征收的范畴，做到应收尽收，充实地方税收财力。

除了上述两项税收可作为地方财政的主体税种之外，从预算平衡的角度来看，还可从以下税种设计上提高地方税收财力。一是整合地方附加税，地方附加税由城建税、教育费附加以及地方教育附加组成，这三项附加税均是基于纳税者所缴的增值税、消费税税额，按一定比例进行征收的，所以，可以考虑把地方的这三项附加税综合为一个独立的地方性税种，简化地方税制结构，并允许地方基于当地经济发展水平，调整当地的征税范围及税率结构。二是在部分资源丰富的地区，如原油、天然气、煤炭、金属、非金属矿产等丰富的地区，可以考虑让地方根据当地情况，培育资源税成为地方性主体税种或一般性税收来源。

6.4　预算稳定管理

6.4.1 预算稳定调节基金

我国于 2007 年开始设立预算稳定调节基金，其功能在于保持财政的可持续性、缓解财政压力，并调节财政收支波动，在过去的 10 余年里的发挥了规范超收收入的作用，还在一定程度上缓解了政府债务和赤字波动对经济的负面影响。2014 年，新《预算法》亦设有预算稳定调节基金的相关条款，我国应在跨年度预算平衡机制下设计规范的、有效的年度间预算稳定调节制度，增强预算稳定调节的充足性、及时性、有效性。2018 年，财政部为建立全面规范透明、标准科学、约束有力的预算制度，实施跨年度预算平衡机制，进一步规范了预算稳定调节基金的设立和使用，根据预算法等法律法规，制定并印发了《预算稳定调节基金管理暂行办法》，规定了各级政府财政部门要负责提出预算稳定调节基金设置、补充和动用的具体方案，报经同级政府同意后，编入本级预决算草案或者本级预算的调整方案。

1. 管理基金收入来源

我国之前设立预算稳定调节基金的目的，是治理连年的财政超收。然而，现在已经没有了当初连年财政超收的情况了。大相径庭的是，设法取得收入扩充基金才是当前基金管理的要务。对此，可从以下两方面优化调整基金收入。

一是丰富基金来源渠道。预算稳定调节基金是一种调剂性储备。储备的取得不具有常规资产那样的稳定性，但是，各地却可以根据当地不同资源禀赋，按规定提取一定比例收入划转入基金。例如在某些资源、能源产地，地方财政可从产品销售所得或者资源税所得中按比例提取一部分划转到基金中。比如，内蒙古自治区就有相近的做法，其将“本级留用的探矿权、采矿权使用费及价款收入的20%”划转入基金。

二是规范超收收入的转入。预算超收收入仍然是地方财政取得基金收入的主要途径，但是，对基金提取转入的规范性还十分欠缺。实际管理中，我国对调入基金的超收收入的规模、比例不仅缺少明确的规定，而且各地在资金转入操作上较为随意。对此，可以借鉴国外的做法，当超收收入满足一定条件后，按固定比例或者相应的公式从中提取收入转入基金，从而降低人为的随机因素影响。

2. 区别基金功能定位

基于我国地区经济发展水平不一，各地对其基金的功能侧重当有所不同，并在实践中摸索基金管理使用方法，充分发挥基金的稳定调节作用，巩固预算的多年期平衡管理基础。在市场发展成熟，且风险程度较高的地区，如我国东部地区对基金的功能设计上应当侧重于基金的调节功能，由于这些地区多数经济发展较快，可供调度的基金数额较高，在经济衰退时，大规模的基金可为政府提供政策回旋空间，保障关键性支出不受重大影响，减少对原预算的受迫性调整，从而发挥逆经济周期的调节作用。而在市场成熟度不高的地区，由于其基金规模较小，变动幅度也不会太大，在基金功能定位上，则应强调其财政储备功能，尽可能地汇小溪成大流，使基金为财政平衡持续积累点滴支撑。

3. 规范基金提取使用

为降低基金使用决策者的主观随意性，基金的提取使用可分两种情况加以规范。一种是弥补常规性收支缺口，此时按公式提取即可，不必要经过繁复的基金提取审批环节。在公式设计上，主要考虑收支缺口的性质与数量变化。

另一种是为应对突发情况的相机抉择，而未必已经真的出现收支缺口。这时，则需要各级人大、政府部门经过相关法定程序后才能提取使用基金，主要考虑的因素则是国内外的经济环境变化、预算编制变动等。

6.4.2 预算调整规范

由于预算编制水平有限，未预期事件的发生等都可能迫使政府调整预算。尽管如此，观察市场经济发达国家，还是会发现其预算调整是极为严苛的，往往需要经过繁复的法律程序。其逻辑是：提高预算调整难度，倒逼预算编制的可靠性，而不是放松预算编制，纵容后期的预算调整。我国的预算改革刚刚起步，不足是相当明显的，“年年预算，预算一年”的预算频繁调整现象还是普遍存在的。基于此，我国应当从以下一些方面规范预算调整，及至减少预算调整。

1. 优化预算调整的内容

我国新《预算法》（2014）对预算调整的内容有相关规定，包括预算总支出增减、调入预算稳定调节基金、调减预算重点支出以及增加举债数额。其中，调入预算稳定调节基金和调减预算重点支出本就是有利于预算平衡的，将其加入调整规范似乎没有太多的必要性。进一步地，节余、增收原则上不得在当年预算执行中动用，而应作为后续年度的统筹财力。本书认为预算调整的规范应当以调增支出、调减收入的事项作为重点监督对象，并且，从预算平衡管理的角度来看，预算调整时，还应就其对多年期财政规划遵从性、多年期预算平衡的影响等加以评价说明。

2. 严格预算调整审查

为维护预算的严肃性，凡是对法定预算的调整，都应加以严格审查。具体内容可包括：涉及各级政府预算支出总额变动的，特别是增加政府预算支出总额的，必须按预算草案的报批程序，报人大常委会批准；动用超收收入、历年结余以及新增一般性财政补助的，要按预算草案的报批程序，报本级人大常委会批准，而对已经列为上级支出的各种专项拨款补助，可以不再经过报批；若预算总额不变，仅是部门内预算科目间调度，则可不经本级财政部门批准。

3. 提高预算编制的可靠性

预算调整是一种被动的政府活动。降低被动的预算调整的关键是提高预算编制的可靠性。对此，首先要增强对宏观财政经济形势的研判，采用先进的预算方法模型，精确预测多年期的财力资源，降低未来出现财政超收或短收的可能。其次是基于可用财力，科学安排支出，控制预算规模及结构，避免支出安排失误造成的各种预算调整。最后是在各期预算执行完结后，评价预算预测方法模型的效果，不断迭代优化方法模型，强调预算编制的严肃性，提高预算编制的可靠性。

6.4.3 预算与规划衔接

我国各种多年期规划林立，诸如“十三五”规划、财政五年规划、三年滚动财政规划等，再加上政治任期内规划、各类行业的发展规划等，更是不胜枚举。无论何种规划均与预算收支有着密切联系，应努力做好预算与规划的衔接配置工作。

1. 预算与规划兼容调校

国民经济与社会发展五年规划，是国家战略意志的体现，也是各层级政府履行其职能的重要指针与纲领性文件，并且经过数 10 年的实践，已经具备充实的理论基础和相对严格的操作规则。但是，规划主要考虑国家政治、经济及社会发展的需要，对战略、目标、规划等的描述相对模糊，“调门”较高，期限较长，较少考虑资源约束，而预算则会充分关注资源的可获得性、稳定性、可控性，所以年度预算最为常见。随着新的预算管理技术的出现，要求打通预算与战略规划的呼声日益高涨。

理论上，一步到位的做法是将包括预算在内的所有规划期限与最高指南保持一致，即都以 5 年作为期限。但是，目前地方政府普遍没有如此强大的预算规划管理能力，现实的做法是采用三年期的延展滚动式跨年度预算，一方面克服了传统年度预算短视的缺点，另一方面时间周期亦未过长，三年延展滚动式预算保留了传统年度预算（预算仍可用 1 年作为小周期）。为提高跨年度预算与规划的兼容水平，应基于经济社会发展规划设计跨年度预算的多年期收支。具体地，可以从以下几方面进行设计。

第一，将财政政策细化为可操作的财政政府活动，然后将政府活动的支出需求分解于五年规划中，匡算支出总额上限。

第二，将公共支出项目分解落实到规划期的各年度，以便具体编制到滚动的跨年度预算之中，也即体现第一年的预算安排和第二、三年支出预算限额。

第三，跨年度预算编制过程中，力求各预算年度内的财政支出与规划的协调，促使规划目标实现。部门间的预算资金分配，既要维护总体的预算平衡与资金使用效率，又要照顾好各部门的基本利益诉求。

2. 预算与规划钩稽

跨年度预算并非否定年度预算，而是不强制维持预算在单一年度的静态平衡，代之以动态的多年期平衡。在滚动的多年期预算中，第一年的预算拨付是正式的，具有严格的法律约束，其后第二年或者其余年份的预算拨款是“虚化”的，具有“指导性”，需要在来年进行重新确认或相应调整。这样看来，滚动的多年期预算似乎只有起点而无终点，但是，我们还是可以在每一个三年周期结束后，对过去 3 年的预算平衡情况加以评价，代表三年周期的了结。因此，每一年就既是起点，也是终点。或者，为了减少工作量，也可以每 3 年作一次评价了结。总之，在滚动式的跨年度预算中，既没有取消年度预算，又很好地衔接了各个年度预算，将年度预算纳入了一个更大的平衡管理时间框架。结合上面对预算与规划的兼容调校，我们拟以“十四五”（2021—2025）规划为例，设计了图 6-2 所示的三年滚动跨年度预算与五年规划的钩稽运行图。

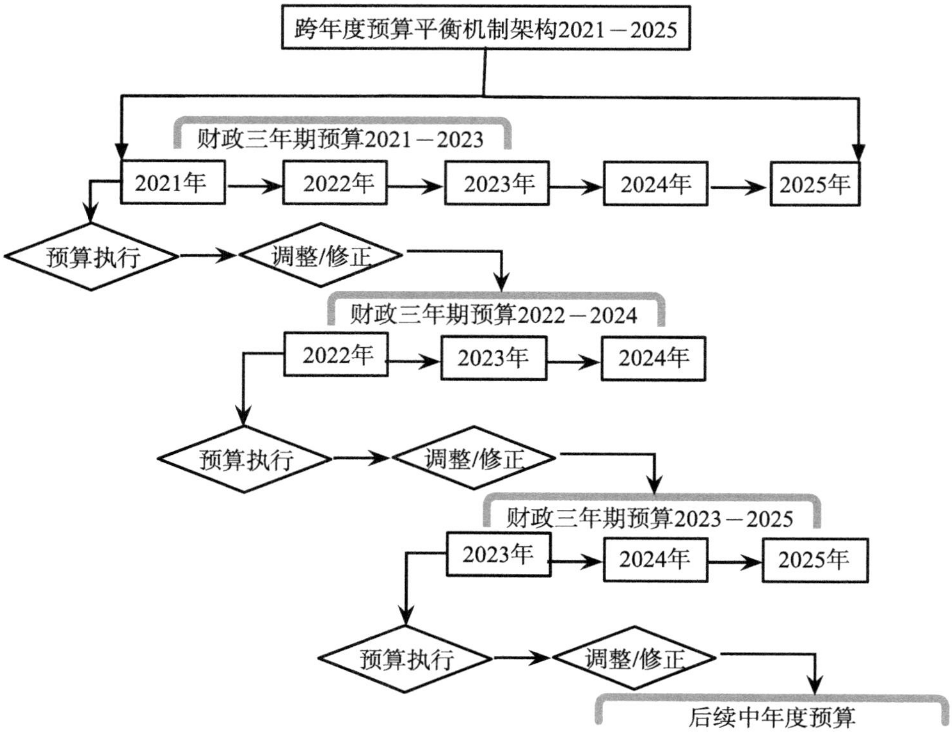

图 6-2　滚动跨年度预算与规划的钩稽运行图

在图 6-2 中，数个三年期的滚动跨年度预算与五年规划并行不悖。在每个预算周期内，各级政府根据国民经济与社会发展五年规划设定未来三年滚动预算，包括目标任务、支出总限额、部门支出限额、债务规模、赤字率等指标。在第一个滚动预算周期中，即在 2021—2023 年的跨年度预算周期内，跨年度预算的第一年安排即是 2021 年的年度预算，不必另行编制，这一年的预算收支具有严格的法律约束，后续的 2022、2023 年的预算则得到一个“虚化”的指导。滚动到第二年，即在编制 2022—2024 年跨年度预算时，根据前一年的预算绩效，评估预算执行与五年规划的遵从性，如果遵从性较好，且能够维持原定的跨年度预算平衡计划，则继续执行原定（2022、2023 年）的预算指导；否则，就应描述偏离规划的原因，以及对原定预算平衡的影响，并相应地调整这两年的预算安排，并延展出 2024 年的预算，形成新一期的三年滚动跨年度预算。如此循环，直到“十四五”规划的完结，下一个五年规划的开始。整个过程中，预算与规划保持着如影随形的关系。

在跨年度预算执行过程中，部分年度可能出现财政收支不等的情况。在当年收入大于支出时，结余可结转到剩余年度使用，或用于冲减财政赤字；在当年收入小于支出时，也不必削减当年支出，可运用预算稳定调节基金予以安排，在预算稳定调节基金仍不足时，可保留赤字在未来两年进行弥补。通常没有理由会持续出现非预期的预算赤字，如果后续几年仍无法抹平赤字，则应考虑调整未来的财政收支。总之，年度平衡与跨年度平衡之间存在着内在关联，跨年度预算并不是放任年度预算赤字，而是提供了一个更有利的平衡冗余。

6.5　地方政府债务管控

截至 2017 年年底，我国各级政府的债务余额约为 29.95 万亿元，其中，中央财政国债余额约为 13.48 万亿元，地方政府债务余额约为 16.47 万亿元，政府负债率达到了 36.2%①。地方政府债务规模过大，增速过快，对预算的中长期平衡带来了巨大的压力。面对政府债务，应该认识到市场经济条件下财政经济不可能在“零风险”状态下运行，要站在总体风险的系统管控的高度来驾驭债务，既需要在短期内对既有的庞大的地方政府存量债务加以紧急处置，又要有长远眼光，构筑长效的政府债务管理机制，促使地方政府债务“举债有度、用债有效、还债有信”，维护预算的多年期动态平衡。

地方政府债务管控可分两个层面安排。首先是常规性制度管理，我国地方政府债务近乎是一种灰色的存在，历来没有得到法律的正式认可，常规性制度几乎处于空白，只是到新《预算法》（2014）颁布后，才得到了有限的认可，6.5.1 节提供的正是常规性制度建设的建议。其次，由于我国地方政府债

① 财政部部长肖捷在十三届全国人大一次会议上答记者问。

务规模迅速扩张，并且近年迎来了持续的偿债高峰，可谓“近火”燃眉。对此，光靠长期性常规债务制度的“远水”是不够的，还要有对存、增量债务采取应急性管理的“近水”举措。

6.5.1 常规管理制度建设

1. 地方政府债务限额管理

对地方政府债务实行限额管理。限额先由财政部根据各地经济发展水平、财政实力、债务风险状况初步测算，测算得出的债务限额报由国务院确定，国务院再将拟定的债务限额报由全国人大或全国人大常委会批准。在省（区、直辖市）以下级别分地区需要债务融资的，应在省级人大之前获批的当地限额内确定各分地区的债务配额。为有效管理地方政府债务，可以分设省（区、直辖市）、市级的政府债务管理办公室。该办公室的政府债务管理内容包括债务决策、偿还及风险控制等方面，业务范围涵盖债务计划、监督风控、行业运营、审计等环节。

2. 创新公共产品投融资体制

为从根源上抑制地方政府的发债冲动，可从创新公共产品投融资体制入手，提高社会投资公共产品的积极性，降低政府债务筹资风险。可遵循“政府引导、社会参与、市场运作”的原则，调动社会资本的热情，缓解政府自有财力不足的困难。就此，地方政府必须大幅减少对市场类项目的行政干预，对市场准入由行政审批转变为注册核准，减少对落后、过剩产能的财政补贴和破产救助，利用政策引导其实现债务重组、提高生产效率。与此同时，也要控制对新兴产业项目的政府补助力度，防止政府补助抑制了市场竞争。

3. 编制地方政府债务复式预算

将地方政府债务纳入财政预算，使之与“四本预算”形成一个复式综合预算体系，已经成为业界与学界的共识。更进一步地，实施地方政府复式预算管理被认为是债务预算管理的最理想状态和最终模式[①]（马海涛,2014）。地方政府债务预算可分为本级政府债务总预算和部门预算两部分，具体内容包括债务收入预算、支出预算、余额预算、偿还和利息预算。其中，在债务收入预算编制方面，应当从原来的融资途径进行债务分类逐步转换为按债券的期限和品种进行分类，从而在时间上形成预算平衡管理的对接关系。在债务支出预算编制方面，首先应该健全债务支出的功能分类，设置资本性支出和非资本性支出两大“类”，在“类”下设置详细“款”和“项”级划分；然后在“项”级支出下设置经济分类科目，实现债务支出透明化。

6.5.2 存量债务偿还计划

债务偿还是指政府按照约定，对到期债务支付本金和利息的行为，它是债务运行的终点。目前，我国面临着巨额的政府债务，特别是地方政府前期累积了大量的债务，并且债务偿还迫在眉睫，对既有的存量债务要制定科学合理的偿还计划。

1. 政府存量债务分类

把握存量债务类型是化解存量债务风险的关键，而采取科学的存量债务分类方法则是关键中的关键，只有完整准确地统计政府存量债务的类别结构，才能对存量债务管理提供科学的依据。我国的地方政府存量债务可作以下几类划分，并规定不同的偿还责任。一是债券形式的政府债务。地方政府需依法全部偿还。二是非债券形式的政府债务。依债权人是否同意转换为政府债券，作分类处理：债权人同意于规定期限内置换成政府债券的，政府依债券规定全部偿还；不同意的，则由原债务人依法承担相关偿债责任。三是或有债务担保。经甄别认定不属于政府债务的，地方政府不承担偿债责任；属于政

① 地方政府债务的预算管理除复式预算管理外，还有公共预算管理、附属预算管理。

府出具无效担保合同的，政府仅承担不超过债务人不能清偿部分 1/2 的民事赔偿责任。四是对未定政府救助责任的，地方政府在保持对债务人追偿权的情况下，可以酌情给予适当救助。

2. 政府债务锁定与偿还

各省级财政部门清理债务后，可将债务分为一般债务、专项债务及或有债务这 3 类并上报。其中，前两项债务分别纳入一般公共预算、基金预算管理，以当年预算保证当年的本息偿还。此时，存量债务才能作正常清偿处理，在规模上是只能减少、不能增加，以此锁定地方政府债务规模。

在偿还上，对已纳入预算管理的债务，允许地方作债券置换，优化债务期限结构，降低利息负担。对于经营性项目，如房地产开发经营等项目，要将之推向市场，按一般竞争性企业债务处置，使经营性项目债务逐步与政府脱钩。对于公益性项目，如供水供气、环境治理等项目可以用 PPP 模式管理，实行公司化的举借与偿还，政府也不再承担偿还责任；对社会资本缺乏兴趣，难以吸引社会资本参与的公益性项目债务，由政府发行债券再融资，本质上也是债券置换。债券置换本质上是债务的“借新还旧”，是将持有的短期地方债置换成中长期债务，债务总体规模不变，但是起到了延长偿债期限、控制总体风险的作用，避免政府在短时间内陷入无法集中偿还债务的困境。

6.5.3 约束规范增量债务

1. 有限放开地方债发行权

过于宽松的发债环境不仅不利于地方政府维持预算平衡，还会增加中央政府宏观调控难度，并最终引发财政危机。新《预算法》（2014）第三十五条规定在主体上明确了目前只省、自治区、直辖市一级政府可以在限额内发债，在使用方向上规定了要用于必须的建设投资。综合新《预算法》（2014）的上下文，不难发现跨年度预算平衡机制与地方政府债务相关法条内在契合，无论是跨年度预算管理还是地方政府债务发行，都体现出高层谨慎的态度，正是因为地方政府债务的发行所带来的预算平衡挑战，故而目前只放开了省一级政府的发债权。相应地，省一级政府就必须在债务管理上谋求预算的跨年度平衡，不能只顾发债，不顾偿还。省一级政府成为此轮跨年度预算平衡管理的"排头兵"。而省级以下政府缺少发债工具,资金的跨期调度能力受到限制，再加上其本身综合的预算管理能力相对较弱，自然地，其跨年度预算平衡管理模式就不能完全与省级政府相同。

2. 地方政府债务配额控制

2017 年,财政部发布的《新增地方政府债务限额分配管理暂行办法》规定，在流程上，应当由财政部测算省级政府可得债务配额，该配额得到国务院批准后方下达省级政府；省本级及市县政府如需新增债务，在财政部下达的配额内，省财政主管部门再测算省本级及市县政府可获得配额，配额报省级政府同意后，再向省本级及市县级财政部门下达。

省级配额的测算采用因素法，具体测算公式如下：

某地区新增限额＝该地区财力 × 财力系数＋该地区重大项目支出 × 重大项目支出系数 × 该地区债务风险系数 × 波动系数＋债务管理绩效因素调整＋地方申请因素调整

其中：

财力系数＝（某年新增限额-某年新增限额中用于支持重大项目支出额度）÷ $\sum i$各地政府财力

重大项目支出系数＝某年新增债务限额中用于支持重大项目支出额度 ÷ $\sum i$各地重大项目支出额度

上面两个系数根据各地区财力、重大项目支出以及当年全国新增地方政府债务限额规模计算确定。

该新增限额的公式充分考虑了地方的实际债务风险、财政实力、债务管理绩效等举债能力因素，体现出债务配额的正向激励，让债务风险低、财政实力强、债务绩效管理好的地方获得更多的债务配额，而对于债务或财政状态不好的地区则少安排或不安排新增债务。同时，为防止债务出现异常波动，该公式还考虑到了年度间地方财政运行的稳定性因素，以全国新增限额平均增长率为基准确定波动系数空间。

另外，该公式还照顾了一些地区的重点融资需求，如为落实打赢脱贫攻坚战、推进农业供给侧结构性改革、实施京津冀协同发展、建设长江经济带等国家重大战略可适当调增债务限额。同时，各地区还可根据基本公共服务保障程度的差异，提出地方性的债务限额突破申请。

3. 合理设置债务期限结构

公开发行的一般债券在原有债券期限结构下，增加 2 年、15 年、20 年期限。各地应当根据项目资金状况、市场需求等因素，合理安排债券期限结构。公开发行的 7 年期以下（不含 7 年期）一般债券，每个期限品种发行规模不再设定发行比例上限；公开发行的 7 年期以上（含 7 年期）债券发行总规模不得超过全年公开发行一般债券总规模的 60%；公开发行的 10 年期以上（不含 10 年期）一般债券发行总规模不得超过全年公开发行 2 年期以下（含 2 年期）一般债券的规模。

公开发行的普通专项债券在原有债券期限结构下，增加 15 年、20 年期限。各地应当按照相关规定，合理设置地方政府债券期限结构，并按年度、项目实际统筹安排债券期限，适当减少每次发行的期限品种。公开发行的 7 年期以上（含 7 年期）普通专项债券发行总规模不得超过全年公开发行普通专项债券总规模的 60%；公开发行的 10 年期以上（不含 10 年期）普通专项债券发行总规模不得超过全年公开发行 2 年期以下（含 2 年期）普通专项债券的规模。

对于公开发行的项目收益专项债券，各地应当按照相关规定，充分结合项目建设运营周期、资金需求、项目对应的政府性基金收入和专项收入情况、债券市场需求等因素，合理确定项目收益专项债券期限。

6.6　跨年度预算的编制实施

从年度预算向跨年度预算的升级转换，需要深入分析预算制度升级所需的运行条件，减少各项制度变换过程的摩擦成本，从全局视域把握跨年度预算编制实施的整个过程。在错综复杂的政府治理环境下，为确保跨年度预算管理改革顺利推进，需要从预算编制、执行、监督等具体细节入手组织实施。

6.6.1 预算编制流程管理

长期以来，我国各级政府遵循传统“两上两下”的年度预算编制流程，这一流程提高了预算与各地现实的接合程度。但是，由于年度预算周期过短，缺失中长期预算视野，从而削弱了预算的导向性及约束性。并且，在一年内执行完“两上两下”的编制流程，在时间上十分仓促，从而导致财政收支预测的准确性得不到保障。针对这些问题，可从以下 3 个层面管理我国跨年度预算编制流程。

1. 构建预算总体流程框架

跨年度预算平衡管理机制的运行，是一个系统性的自上而下与自下而上相结合的多年期预算规划过程。下面以部门预算为例说明跨年度预算的整体管理流程，如图 6–3 所示。

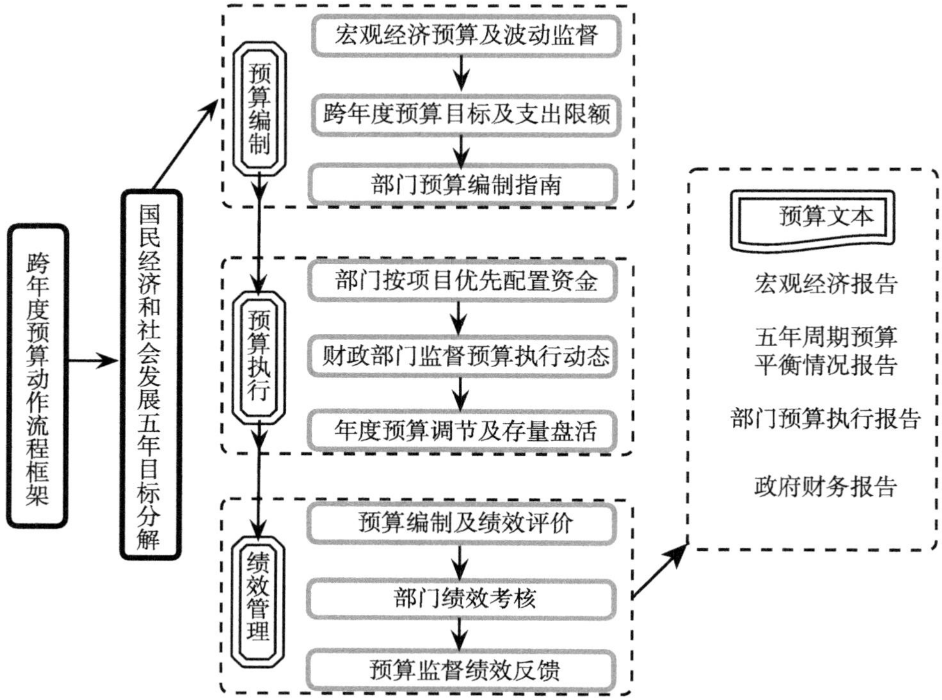

图 6–3　跨年度预算运行流程框架

第一步，根据国家五年规划，分解细化出各项中期财政政策的支出目标，使支出目标融入三年期滚动预算的初步编制。

第二步，国家预算编制专门机构邀请非政府研究机构对未来多年经济运行态势及财政收支情况进行分析、预测。专门机构根据预测数据测算各部门未来三年的支出上限，为各部门提供预算编制指南。

第三步，各部门根据预算编制指南安排支出项目的优先次序，编制部门预算并上报，上级部门进行审核和批复。（以上三步大体对应图 6–3 中间的预算编制环节。）

第四步，各部门在预算执行过程中按项目优先排序配置资金，在中长期项目执行中实施动态绩效评估，及时调整绩效水平低与风险系数高的项目，保证财政资金流向社会经济效益更高的项目中。财政部门一方面监督各部门预算执行动态情况，尤其是中长期资本支出项目的动态；另一方面，通过预算稳定调节基金管理超收和弥补赤字，并着力盘活各种类型的财政存量资金。（此步骤对应图 6–3 中间的预算执行环节。）

第五步，是绩效监督、评价和管理环节。在本环节中，首先要明确对部门预算进行绩效考核的要点是优化资金配置、节约控制成本，促进部门对预算资金的配置由“被动接受”转换为“主动筹划”；其次要按照流程顺序对预算编制过程进行绩效评价，进一步改进薄弱环节，提高预算编制质量；最后，完整意义上的绩效管理也需要对预算流程中的一切监督行为进行评价和反馈，使得整个预算流程处于相互约束、协调有序的状态。

第六步，在预算周期结束时，由预算编制专门机构和财政部门共同发布宏观经济报告、五年周期预算平衡情况报告、部门预算执行报告、政府财务报告，并提交政府部门和立法机构审议。（第五、六步大体对应图 6–3 中间的绩效管理环节。）

2. 预算编制上下结合

各国在预算编制实践中，多采用“上下结合”的模式，即所谓“自上而下”结合“自下而上”。这种模式既使预算权力得以向财政部集中，确保预算编制统一指导，也能较好地预防预算制度僵化。我国当前的“两上两下”模式在名义上便是这种“上下结合”模式。但在现实中，“下”的预算控制数额构成难以被挑战的实际约束；“上”的过程所报数额则流于形式，未能基于切实的需要编报。各部门的预算编制仍缺少向上表达诉求的途径，而上级部门的财政规划指标下达后，也难以取得下级部门心领神会的支持。所以下级部门的策略也很简单，便是基于本部门利益，尽可能囫囵地争取更多预算资金。因而，我国的预算编制仍属于“自上而下”，而没有很好地实现“上下结合”。因此，应在跨年度预算的编制过程避开旧有缺陷，优化“上下结合”的预算编制过程。一是加强预算编制的上下沟通，而不是简单粗暴地上传下达。二是形成预算限额意识。无论上下，无论预算盘子的大小，都要有限额意识，只有上下联动、一致支持限额管理，才能控制支出的扩张。三是下放部门预算编制权，允许部门在限额内自由编制多年期预算。

3. 调整预算编制时间线

财政部门预算编制时间紧、任务重，造成了我国预算调研不足、沟通不够、编制质量不高的现实。跨年度预算延展了预算的周期，这既使得预算具有了更长远的视野，同时也要求预算编制必须更从容，而不是复制加拼凑，而必须科学合理地安排预算编制时间线，实现其与当前的年度预算的有机整合。这方面可以借鉴世界银行的经验，即在下一财年开始前，预留出足够的时间给立法机构、监督机构及预算审议机构审议预算草案。天津市的“标准周期预算”管理模式也可以作为各地具体时间节点设计的参考，将每一年度预算的标准周期设为 30 个月，并将其划分出 3 个阶段：预算编制阶段 12 个月（借鉴了世界银行的中期预算支出框架范本）、预算执行阶段 12 个月、决算与绩效评价阶段 6 个月，即所谓的“12 + 12 + 6”模式。这 3 个阶段在时间上彼此连接、承前启后。参考世界银行的中期预算支出框架的编制流程，本书对我国跨年度预算的编制作了时间节点安排（表 6–2），以资参考。

表 6–2　跨年预算编制时间安排示例

下一财年前 9～12 个月
国务院与各部门分别制定国家与部门的多年期战略发展规划； 财政部会同发展改革委等宏观经济主管部门，提出三年期支出框架（可不包括部门支出上限）； 各部门提呈现有项目、新项目及其资金需求； 财政部编制三年预算战略书、支出框架指导文件（包括部门支出上限）等跨年度预算文本
下一财年前 6～9 个月
国务院审核财政部编制的跨年度预算文本，批复暂定的部门支出上限； 提交财政部编制的跨年度预算文本供全国人大参考； 各部门对跨年度预算文本进行商讨，确定跨年度预算文本的约束力； 各部门根据本部门战略以及对预算文本商讨的结果编制预算报告

续表

下一财年前 3~6 个月
财政部审核各部门预算报告，组织听证； 国务院对重大预算支出项目进行咨询并给出意见； 财政部根据国务院意见更新跨年度预算文本
下一财年前 0~3 个月
国务院审核新的跨年度预算文本，认可后提交全国人大审议批准； 各部门根据支出上限重新调整之前编制的本部门跨年度预算

注：本表格主要参考了世界银行 2013 年编订的《超越年度预算：中期预算支出构架的全球经验》。

结合表 6-2 与各类优秀的预算编制实践，可以发现，预算编制的一个主要“窍门”是留足预算编制的时间，有效地划分预算编制的阶段，并明确每一阶段的预算编制任务。这个“窍门”其实并不复杂，然而，阻碍其使用的是对预算编制的专业性、复杂性、有效性的认知不足，因此，有必要先加强各级政府部门对预算工作的重视程度。

6.6.2 跨年度预算表格设计

本书主张先从省级政府开始编制跨年度预算。因此，下面内容以省级政府的跨年度预算编制为例，设计了主要的几个跨年度预算表格①。

1. 一般公共预算收支总表

一般公共预算收支总表是未来 3 年收支的总体安排，反映了政府对未来 3 年财政收支的一种提前预判。表 6-3 所示为跨年度预算第一年收支总表，呈现了三年期的预算总体安排，其中既有三年预算收支总额 T_1 和 E_1，特别是 E_1 反映了三年期支出总额上限。该支出总额反映了在未来 3 年政府提供公共服务的总代价。在跨年度预算平衡管理下，单一年份的预算不强制作平衡要求，

① 预算表格设计主要参考了 2018 年河北省省级预算公开的相关表格的内容。

而 3 年的预算总余额（T_1-E_1）合计应当为 0，即处于 3 年期的预算平衡。

表 6–3　跨年度预算第一年收支总表

	一般公共预算收入	一般公共预算支出	预算余额
2021 年	T_{2021}	E_{2021}	$T_{2021}-E_{2021}$
2022 年	T_{2022}	E_{2022}	$T_{2022}-E_{2022}$
2023 年	T_{2023}	T_{2023}	$T_{2023}-E_{2023}$
合计	T_1	E_1	T_1-E_1

在三年滚动周期的第二年，继续以表 6–3 的基本格式编制 2022—2024 年的收支总表，在滚动表格新增 2024 年的一般公共预算收支。在新表中，允许调整变动表 6–3 中的 2022、2023 年的一般公共预算收支数额，但需要对预算收支的调整变动（$T_{2022} \neq T'_{2022}$、$T_{2023} \neq T'_{2023}$、$E_{2022} \neq E'_{2022}$、$T_{2023} \neq T'_{2023}$）进行说明，特别是有较大变动的必须说明。当上一年实际执行结果与预算安排的预算余额存在差异时，需要对产生差异的原因加以说明。如果存在盈余，可将其划转入下一年的预算稳定调节基金；如果存在赤字，则后续年度的预算活动安排要相应压缩支出规模。但是，如果确实存在无法压缩后续年度支出，或者由于经济形势需要继续增加支出的，同样地，也要在三年期预算安排保持预算收支在三年期内的平衡。跨年度预算第二年收支总表如表 6–4 所示。

表 6–4　跨年度预算第二年收支总表

	一般公共预算收入	一般公共预算支出	预算余额
2022 年	T'_{2022}	E'_{2022}	$T'_{2022}-E'_{2022}$
2023 年	T'_{2023}	E'_{2023}	$T'_{2023}-E'_{2023}$
2024 年	T_{2024}	E_{2024}	$T_{2024}-E_{2024}$
合计	T_2	E_2	T_2-E_2

继之在跨年度预算周期的第三年，也按照表 6–3 的基本格式编制 2023—

2025 年的新的收支总表，在新增 2025 年收支安排的同时，对 2023、2024 年的收支调整变化进行说明，3 年的预算总余额（T_2–E_2）合计应当为 0，实现三年期预算平衡。

2. 一般公共预算收入表

一般公共预算收入由于各省具体情况的不同，可以设置不同的收入类、款、项。下面选择省本级收入、转移性收入、调入收入以及债务收入这 4 类收入作为类级收入。其中，将债务收入从原来的非税收入中独立出来，这主要是基于新《预算法》（2014）认可了省级政府的债务发行权的考虑。地方政府债务发行跨年度安排意味着财政收入的丰歉有了远期考虑，表 6–5 所示为一般公共预算收入表。

表 6–5　一般公共预算收入表

项　目	各年预算数			三年收入总额
	2021 年	2022 年	2023 年	
一、省本级收入				
（一）税收收入				
1. 增值税				
2. 企业所得税				
3. 个人所得税				
4. 资源税				
（二）非税收入				
1. 专项收入				
2. 政府性基金收入				
3. 行政事业性收费收入				
4. 国有资源使用收入				
二、转移性收入				
1. 中央补助收入				
2. 市县上解收入				

续表

项　目	各年预算数			三年收入总额
	2021年	2022年	2023年	
三、调入资金				
四、债务收入				
合　计				

3. 一般公共预算支出表

为了科学地反映财政支出的结构、规模，以及作相关的效益分析，有必要对政府支出进行分类。参照国际通行做法，我国现行的支出分类采用了支出功能和支出经济两种分类方法。基于此，我们也按这两种分类方法设计了省级政府的2021—2023年的跨年度支出预算表，分别为表6-6所示三年期功能支出预算表和表6-7所示的三年期经济支出预算表。

表6-6　三年期功能支出预算表

项　目	三年总上限	2021年	2022年	2023年
一、一般公共服务支出				
二、公共安全支出				
三、教育支出				
四、科学技术支出				
五、文化体育与传媒支出				
六、社会保障和就业支出				
七、医疗卫生计划生育支出				
八、节能环保支出				
九、城乡社区支出				
十、农林水利支出				
十一、交通运输支出				

续表

项　目	三年总上限	2021 年	2022 年	2023 年
十二、资源勘探信息等支出				
十三、商业服务业等支出				
十四、金融支出				
十五、援助其他地区支出				
十六、国土海洋气象等支出				
十七、住房保障支出				
十八、粮油物资储备支出				
十九、预备费				
二十、债务付息支出				
二十一、债务发行费用支出				

表 6–7　三年期经济支出预算表

	三年总上限	2021 年	2022 年	2023 年
一、工资福利支出				
二、对个人和家庭的补助				
四、商品和服务支出				
三、机关资本性支出				
四、对事业单位经常性补贴				
五、债务还本支出				
六、债务利息支出				
七、基本建设支出				
八、转移性支出				
九、其他资本性支出				

表 6–6 比较全面地从支出功能的角度对我国政府各种支出活动进行了划

分。应当说，并不是所有支出都具有跨年度支出的特征，有不少支出具有日常性特征，对此，在预算编制上，可以适当考虑物价等因素并适当对预算加以调整。而对于一些功能支出，由于其具有明显的跨年度特征，每一年的支出差别较大，应当在具体的明细表格中加以说明。表 6–6 只是在类的层面上作了三年期的跨年度预算编制，实际上，我国的功能支出分类或已落实到项级科目。相较功能支出分类，经济支出分类则简单得多，按照我国 2017 年财政部颁布的政府支出经济科目设置，划分了九大支出类型，如表 6–7 所示。经济支出预算主要反映人员经费方面的支出。值得说明的是，我国当前经济支出分类仍不够细化，可考虑在部分款级科目下设项级科目，根据预算管理的需要细化支出。

4. 一般公共预算专项转移支付地区分配

在我国，省级预算是最高一级的地方政府预算，更低级别的地方政府预算是基于省级预算的架构编制的。因此，从某种意义上来说，省级预算是地方政府预算的先行。其中，专项转移支付是省级以下地方政府的一项重要收入，省级政府对专项转移支付的安排起到了承上启下的作用，表 6–8 所示为一般公共预算专项转移支付地区分配的三年期安排。

表 6–8 一般公共预算专项转移支付地区分配的三年期安排

地 区	中央专项转移资金				省级专项转移资金			
	三年上限	2021 年	2022 年	2023 年	三年上限	2021 年	2022 年	2023 年
A 市								
B 市								
C 市								
⋮	⋮	⋮	⋮	⋮	⋮	⋮	⋮	⋮
N 市								
合计								

表 6-8 中三年上限为 2021—2023 年的专项转移资金的上限总和，在该总和上限不被突破的前提下，各市可根据本市支出需要，自由安排各年专项转移资金数额。然而，专项转移支付具有很强的不确定性，就省级预算而言，需要首先从中央处获取未来 3 年专项转移资金总额，或者根据以往经验大致判断可获得的专项转移资金总额。各市所得到的专项转移金额与此表形成钩稽关系，亦是各市确定跨年度预算中各年收入的重要依据。本节内容主张先在省级政府推行跨年度预算，其中的一个重要原因便是只有省级政府的专项转移支付预算被证明是可靠的，才能为更低层级政府编制跨年度预算提供坚实的基础。

6.6.3 增强跨年度预算执行约束力

在跨年度预算的相关编制工作完成之后，需要努力将其实施落地，实际上便是保证预算约束发挥作用。这是一个极为严肃的命题，预算若不能产生约束力，无论其编制得再合理，都终将沦为形式与过场，虚有其表。而当预算编制者意识到其不能产生约束力后，便不会认真对待预算的编制工作，从而再度降低预算的约束力。保证及增强预算的约束力是整个预算循环得以持续的重要前提。基于目前我国预算约束力不强的具体情况，本书认为可从以下几方面增强预算的约束性。

1. 预算修正权

预算修正权是外部约束政府活动的一项极为重要的预算权力。如果没有预算修正权，人大代表就只能在整体通过或整体否决这两个极端的选择之间作表决。明确人大预算修正权，可避免政府预算草案整体“卡壳”的尴尬局面。在理论上，对预算草案的整体通过与整体否决并不是问题，只要最终草案经过协商修改后能通过就行，但现实是如果出现否决，后期又未能协调一致的话，那么反复提交整体性预算草案必然会影响到其他正常的预算收支安排。

即使我国的新《预算法》(2014)也尚未对人大预算修正权进行明确规定[①]，在没有正式的预算修正权的情况下，本内容建议人大应积极探索适合我国国情特征的预算修正方式，如可考虑先在一些重点支出项目使用预算修正权，以这种单项审查的方式增强预算的约束力。

2. 专业审查

预算公开要求预算活动在“阳光”下进行，除涉及国家重大机密的内容外，所有预算内容应以预算文件形式向全社会公开，赋予纳税人自由获取预算信息的权利。通常我们寄希望于人大代表认真审查预算，然而，预算审查既需要时间，也需要专业知识，并不是每一位人大代表都能看懂预算。其实，也不必所有人大代表都能读懂专业的预算文件。为实施专业的预算审查，有必要在人大集中一批能读懂预算文本的专家，组建一个下属于人大的“预算委员会”，负责审查、监督及解读每年的预决算，并将相关的意见与建议向人大与社会公布。

3. 绩效管理

为了获取绩效管理效果，一是要求下级部门向上级部门报告绩效信息，实现上级对下级的监控，各部门向决策者和管理者报告信息，以改进决策质量和管理质量；二是政府要向立法机构和公众报告绩效信息，从而实现对政府责任的外部控制；三是为体现绩效评价的客观、公正，可请资质良好的社会评估机构作为第三方对预算资金使用效益进行独立的绩效评价，立法机关、财政审计部门可将第三方评估结果作为相关政策及行政处置的依据。

---

① 我国少数地方人大对预算修正权有所规定，如湖北人大常务委员会在 1996 年通过的办法规定，人大各专门委员会、人大代表会议期间提出预算修正案。此外，山西（1999）、云南（2000）、海南（2001）、广东（2001）、河北（2001）也在地方人大的预算监督条例或决定中规定人大代表有预算修正权。

结　语

对预算平衡的理解是不断演化变迁的，也正因为如此，预算平衡变得越来越模糊，越来越难琢磨。什么样的预算才称得上是平衡的预算呢？预算平衡在所有的各种公共价值体系中，是否具有独立的价值呢？如果将其与经济增长、就业保障、社会公平与福利等价值摆在一起，是否具有独立的价值呢？这些问题变得很难回答了。或许，预算是否具有独立的价值，这样的命题本身可能是个伪命题，预算平衡只有被置于其他价值体系总体中时才有其价值及意义。因此，不能说其能否独立，这就如同手不能独立于身体而存在，必须服从于人这个有机体整体而存在。当然，这样的演绎也可能用于其他公共价值中，比如，独立的（纯粹的）经济增长也是没有意义的，至少还要考虑社会的公平、公正等价值。那么，是不是预算平衡就因此失去了讨论的必要呢？答案显然是否定的。即使预算平衡不具有独立的价值，撤掉预算平衡这一公共价值，其后果必将是不可想象的。因此，预算平衡值得讨论，加以言说，以彰显其价值。

自20世纪30年代以来的国际公共财政实践，大体秉持着凯恩斯主义信条，即便是口头上未否认预算平衡的重要性，但在实际政策选择上，还是会牺牲预算平衡来保全其他公共价值，尽管暂时有所得，但是，从当前国际上的大量国家治理失败的案例中都能找到预算失衡的“遗迹”。失去方知其珍贵，平衡预算的呼声再次响起，经历切肤之痛的国家意识到预算平衡的重要性，在社会公共价值体系中，预算平衡不再是一个不被讨论的主题，而是一国财政健康与可持续的重要指征。为避免凯恩斯主义间歇施魅于无助的政府，引导政府做出短期的、错误的决策，就需要认真回答我们需要如何平衡预算等问题，否则，在预算平衡的价值判断问题上我们会一直"绕圈"。遗憾的是，预算平衡问题至今还未能得到系统的理论阐释。

不过，问题的回答方向却是明确的，至少已经得到了初步的回答。国际上，世界银行倡导利用中期支出框架约束政府过度支出，欧盟提出《马斯特里赫特条约》《稳定与增长公约》等协调财政政策、惩罚过度财政赤字、保证各成员国在中期内实现财政基本平衡目标；我国近年来提出跨年度预算平衡管理机制等，都标示出了公共预算改革的方向，即预算不仅应当是平衡的，而且单就平衡期限要求来说，其应当是具有中远期视野下的跨年度的预算平衡。

我国跨年度预算平衡管理机制的提出，显然是吸收了各国预算改革实践的新总结。具有中国特色话语特征的跨年度预算平衡，比中期支出框架等术语体系更为开门见山、清晰明了。它让我们从年度预算平衡的思维桎梏中解放开来，也就是说，预算不要求每个预算年度都实现收支平衡，而是以灵活的、开放的、长远的方式来看待及安排我们的公共收支活动。但更为重要的是，要实现其对"平衡"的根本坚守，即要求不能以伤害预算的中长期平衡为代价满足其他公共目标的实现。欧洲主权债务危机之后，欧洲民众便广受教育，他们越来越关心政府的收支是否可持续，即便福利政府受到欢迎，但他们更清楚不能指望政府一直靠"寅吃卯粮"来维持福利，除了要想办法提高公共支出的效率外，做平预算是政府赢得民众信任的重要基石。

一路走来，中国预算平衡管理有着不同于他国的故事脉络。这一脉络可归纳为中国从一个预算小国成长为预算大国。在一国预算收支规模较小，政府收支规模与结构相对简单时，预算平衡即使不作强调，其自身也较容易实现。但是当财政收支总量达到一定规模，政府财政职能增多，预算赤字频繁出现，并且规模日增时，如何保持预算平衡便成为一个备受关注的主题。伴随着我国成为世界第二经济大国，财政收支作为一种重要的资源分配形态，对经济增长、社会民生，甚至对国际经济格局都将产生非同一般的影响，而预算的中长期平衡管理也因此提上日程，预算的中长期平衡可持续被视为社会处于“良治”的标杆。在方法上，无论称其为跨年度预算平衡管理也好，还是称其为中期预算也罢，本质上都是以预算平衡驱动国家社会走向“良治”。

而关于各类方法，我们需要对其进行理论阐释。跨年度预算平衡管理，除了要有更长的时间视野，还包括支出控制、收入管理、债务管控、预算调整规范等。总而言之，它是一个综合性的框架体系。预算不单单是设计收支方案，还关心方案是否能得到各方的接受、采纳与改进。预算过程还是一个公共选择的过程。推进预算改革要降低部门与地方利益对改革的阻力。从这一意义上来说，预算平衡兼具经济性与政治性的双重特征，试图从单一学科专业来阐释预算活动是有问题的。纯经济的分析角度会引导我们将问题只集中在预算的收支两端，以为只要摆弄好收支两端，使收支相等或大抵相等，预算平衡即告实现。这种预算平衡管理逻辑将预算置于“真空”之中——隔离于政治过程之外，显然不合现实。如果完全将预算归结于政治，仅加之以纯政治分析，我们看到的预算将是一场各预算参与者的多元博弈，预算平衡的初始意义将日渐模糊，成为一种可供任意言说的社会状态。甚至，我们可能彻底告别预算平衡，使预算平衡让位于政治博弈均衡，成为政治博弈过程的牺牲品。因此，预算平衡管理必然是结合经济过程与政治过程的活动。为促进这两个过程的有机融合，一方面，预算管理的专业工作者需要理解政治过程，即需要将预算政治过程中环境、主体分析纳入预算的编制管理；另一方面，预算中的各政治参与者要形成预算平衡的内在约束意识，即无论政治博弈过程如何展开，大家都必须遵守预算平衡这一共同“底线”。

跨年度预算平衡管理是一种待认识，也更待实践的模式。我们并不完全了解跨年度预算平衡管理的所有机理，仍处于对这一机制的摸索阶段。或者，跨年度预算平衡仍是一个值得从不同角度言说的命题。至少不同国家，应该有着不同的背景叙事，实施多年期预算平衡管理的国家在具体的管理方法上差别很大。换言之，跨年度预算平衡管理套用某种统一的模式很可能是有问题的。因此，需要结合各国国情加以调适——“量体裁衣”。而我国的国情是什么？我国是一个从计划经济转型为市场经济的国家；一个从中央到地方的多层级、结构复杂的国家；一个地方政府债务规模庞大且亟须应对的国家；一个分税制改革以来,中央与地方关系长期动态博弈的国家；一个多经济结构板块，国有经济与民营经济齐驱并驾的国家；一个有着中央集权传统但又从未如此开放的国家。诸如此类，不一而足，建构跨年度预算平衡管理机制，同样也需要考虑我国错综复杂的国情特征。

可以认为，央地间财政体制的运行调整构成了我国预算平衡管理最大的国情背景。无论是中华人民共和国成立初期的统收统支的预算管理，还是改革开放初期的财政大包干，抑或是分税制改革后的央地预算关系设置，都有着强烈的中国国情特色。从这一角度来看，不管是不是跨年度预算，预算的平衡诉求一直都很强烈，而折射到平衡主体上，便是中央与地方财权与事权的不匹配问题，说得更具体一些，就是地方预算平衡能力不足的问题。只有梳理从哪里来、到哪里去的历史演进脉络，才能从国情上找准跨年度预算平衡管理的基点与着力方向。

就现阶段而言，地方的预算平衡压力是主要的，而跨年度预算平衡管理则需找准地方预算改革动力。本书认为，通过制度创新为地方政府积极平衡预算创造条件是改革的关键。新《预算法》（2014）赋予了省级地方政府公债发行权力，正是促进地方政府实施跨年度预算平衡管理改革的重要制度供给。发债权力的取得，开拓了地方政府的收入来源，增强了地方的财权，以满足必须的事权开支。债务管理问题应运而生，债务预算的时间跨期管理必须同时纳入地方政府工作日程。同时，债务是一柄“双刃剑”，债务管理不当就会演变为债务危机，因此，大家需要保持警惕。目前的“开前门，堵后门”的做法无疑是正确的，但是，“开前门”稍易，“堵后门”则需要下功夫，关键在于对地方债务历史存量的制度安排。地方政府过重的债务包袱如何卸下来是当务之急,故而地方的增量债务发行恐怕仍需与存量债务的化解结合起来。因此，可以说，对地方政府债务发行权力的认可，为实施跨年度预算打开了一个口子，只是这个口子打开得还是有点被动，有明显的应急性特征。当然，需要指出的是，就长期而言，跨年度预算平衡管理不是管理债务的权宜之计，而是包括债务在内的各项预算管理的常规化制度。就近期而言，我国仍处在地方政府债务管理的关键过渡期,促使地方政府向债务发行及偿还的担责主体转变，将是跨期预算平衡管理改革的重要一步。为此，中央作为主要的制度供给者，需要设计好过渡期的相应激励约束，为化解地方政府债务创造制度条件，也为后期跨年度预算管理进入常态化管理提供可能。

回到预算收支本身，预算平衡就是要平衡好收支两端。

在收入端，首先要保持财政收入的适度规模。增加财政收入规模，虽然能在短期内增加公共财政的支付能力，但是会造成社会整体税负过重，降低社会的生产积极性，反过来又影响到财政收入规模。财政收入规模太小也不行，这可能造成某些必要政府职能的履行困难。规模适度的财政收入是财政收支的平衡与匹配。所谓“适度”，不仅是简单的收支在规模上等量持平，更是公共财政链条一环环相互咬合，即实现“公共偏好—政府职能—财政支出—财政收入”传递匹配，实现政府公共职能履行上的合意状态。其次要实行收入预期管理。通过规范财政收入制度,明确规定不同类别财政收入的财权归属、征收标准等环节，在保障收入的权威性和严肃性的同时，稳定各预算管理主体的预算预期。收入不再是硬性的任务约束指标，而需依法征税，清理规范税收优惠，杜绝“应征少收，不征”，或者征收“过头税”。再次，随着经济新常态的到来，财政收入不再如以往那样充裕，支出压力会日渐增大，这就需要统筹盘活现有的各类存量现金，从以往的现金控制思维转变为现代现金管理思维，从预算执行用款计划、现金保值增值以及投资安全性角度管理现金，为公共现金注入活力。最后，针对分税制改革以来，地方主体税种不稳定、收入不足以支撑财政支出的难题，应着力开拓新的地方主体税种。

在支出端，首先要有效管理政府支出。管理支出的首要任务是要建立起预算上限总额控制制度，保证各级支出上限不被突破，硬化预算约束，这已经成为推行中期预算框架国家的普遍共识。其次是对预算支出项目的比较排序，根据支出项目与国家财政政策目标的衔接情况、轻重缓急进行排序，保证优先项目得到优先支持。此外，支出项目排序还要与事后的绩效评价相结合，促使资金流向使用效率高的部门。支出总额上限与支出项目优先排序是管理支出的微观性基础，是每一个预算主体都必须遵守的规则。在宏观方面，我国还存在明显的预算分割现象，尽管我国已经实施全口径预算，但是并没有实现完全的支出统筹整合。当然，统筹整合各项预算支出，应当作为支出管理的更远期目标。

目前，我国低层级政府财政收入的自主性与稳定性普遍不足，人员配备上亦缺乏专业的预算管理人员，面临跨年度预算管理水平低的问题，短期内全面铺开的学习成本极高。低层级政府的简单且有效的做法是，因地制宜地部分采用跨年度预算平衡管理的方法。考虑到省级政府新制度的学习成本较低，再加上其放开政府债后，亟须加强债务管理，在省级政府系统地引入跨年度预算平衡管理恰逢其时。然而，我国新《预算法》（2014）关于跨年度预算平衡管理的主体选择有些宽泛，要求各级政府都应当建立跨年度预算平衡管理机制，对省级政府并未作特别的要求，把省级政府与其他低层级政府等量齐观。我们期待着后续会有更为明细的规则条例，来重点推进省级政府的跨年度预算平衡管理。当省级政府跨年度平衡管理水平得以巩固后，再逐步向其他低层级政府推广。

从根本上来说，预算制度改革本身便是国家的法治化和民主化进程的一部分。然而，我国仍处于法治化与民主化的初级阶段，这反过来也会减缓预算制度改革的步伐，甚至对预算改革能走多远产生一定的影响。当然，我们也有理由相信，经过40多年风风雨雨的改革历程，中国政府已经具备了一定的社会回应能力，能够听取民意、尊重民意、回应民意，这样一来，改革的道路看似长，行则短！

参考文献

[1]安体富．积极财政政策“淡出”的必要性、条件与对策[J]．税务研究，2003（11）：5–10.

[2]安徽省财政厅课题组．建立中期财政规划和滚动预算制度难点问题研究[J]．预算管理与会计，2016（06）：9–12.

[3]安徽省财政科学研究所课题组，叶翠青，汪文志．推行中期财政规划管理研究[J]．公共财政研究，2016（03）：45–60.

[4]财政部财政科学研究所课题组，张鹏，王志刚，等．宏观经济形势与财政调控：从短期到中长期的分析认识[J]．经济研究参考，2012（61）：3–50.

[5]陈共．稳健财政政策刍议[J]．财政研究，2005（01）：10–12.

[6]陈治．地方预算参与的法治进路[J]．法学研究，2017，39（05）：53–73.

[7]崔志坤，朱秀变．中国近期及中期财政收入预测分析[J]．统计与决策，2010（11）：112–115.

[8]戴维·罗默．高级宏观经济学：第四版[M]．吴化斌，龚关，译．上海：上海财经大学出版社，2014.

[9]达摩达尔·N. 古扎拉蒂．计量经济学基础：第四版[M]．费剑平，孙春霞，等译．北京：中国人民大学出版社，2005.

[10]邓力平．中国特色社会主义财政、预算制度与预算审查[J]．厦门大学学报（哲学社会科学版），2014（04）：16–23.

[11]邓力平．新预算法：基于中国特色社会主义财政的理解[J]．财政研究，

2015（10）：21–25.

[12]邓研华．公共预算中的权力与民主[J]. 云南社会科学，2012（02）：85–89.

[13]刁义俊．新预算法与人大预算审查监督[J]. 国家行政学院学报，2015（04）：52–56.

[14]刁伟涛．纵向博弈、横向竞争与地方政府举债融资及其治理[J]. 当代经济科学，2017，39（05）：87–94+127.

[15]段发达．德国预算管理及审查监督的几点启示[J]. 人大研究，2013（09）：42–44.

[16]付伯颖．就业财政政策研究[M]. 北京：中国社会科学出版社，2011.

[17]付敏杰．市场化改革进程中的财政政策周期特征转变[J]. 财贸经济，2014（10）：17–31.

[18]付敏杰．如何看待中长期预算报告的科学性？[J]. 经济研究参考，2015（24）：12–13.

[19]傅宏宇．美国预算立法中的跨年度平衡及自动减支机制[J]. 国家行政学院学报，2016（03）：123–127.

[20]甘行琼，赵兴罗．西方财政思想史[M]. 北京：高等教育出版社，2014.

[21]高培勇．中国财税改革40年：基本轨迹、基本经验和基本规律[J]. 经济研究，2018，53（03）：4–20.

[22]高培勇．新一轮积极财政政策：进程盘点与走势前瞻[J]. 财贸经济，2010（01）：5–12.

[23]郭文轩，周雄飞，云伟宏，等．积极财政政策执行效果及隐忧问题研究——H省执行情况个案分析[J]. 经济研究，2003（04）：13–21＋91.

[24]顾海兵，刘栩畅．财政收支平衡程度的多维检测和大国比较[J]. 国家行政学院学报，2014（03）：38–44.

[25]费里德里希·奥古斯特·哈耶克．致命的自负[M]. 冯克利，胡晋华，等译．北京：中国社会科学出版社，2000.

[26]郝昭成．健全地方税体系的思考[J]. 国际税收，2018（06）：12–16.

[27]黄严．法国中期预算规划改革："政策导向型"预算模式[J]. 公共行政评论，2016，9（06）：87–107＋198.

[28]贾康、刘薇．论支持科技创新的税收政策[J]. 税务研究，2015（1）：16-20.

[29]姜竹．论预算绩效理念植入中期财政规划的必要性[J]. 经济研究参考，2017（50）：10–16.

[30]四川省财政厅．建立中期财政规划和滚动预算制度难点问题研究报告[J]. 预算管理与会计，2016（08）：12-16.

[31]健全地方税体系研究课题组，陈伟．健全地方税体系问题研究[J]. 公共财政研究，2018（2）：16-24.

[32]寇明风．中期预算：技术难题与体制困境[J]. 地方财政研究，2015（03）：1.

[33]邝艳华．德国中期财政规划改革经验及启示：综合协同型预算模式[J]. 公共行政评论，2016，9（06）：127–143＋199–200.

[34]李丹．我国政府债务可持续性研究[D]. 长春：吉林大学，2017.

[35]李俊生，姚东旻．中期预算框架研究中术语体系的构建、发展及其在中国应用中的流变[J]. 财政研究，2016（01）：9–25.

[36]李红霞，刘天琦．中国经济增长与经济周期（2013）[J]. 中央财经大学学报，2016（06）：34–40.

[37]李顺明，杨清源，葛琳玲，等．新时期推进中国财政可持续发展的思考[J]. 地方财政研究，2017（04）：81–87.

[38]李淑芳，张启春．横向预算权力配置与政府治理能力：一个预算交易费用的视角[J]. 地方财政研究，2016（12）：37–43.

[39]梁春鼎．基于中期财政规划视角的滚动项目库分类管理研究——以某县级地方政府的实践为案例[J]. 经济研究参考，2015（34）：35–41.

[40]刘尚希．不确定性：财政改革面临的挑战[J]. 财政研究，2015（12）：2–11.

[41]刘晓嵘．我国中期财政规划实施情况、困境及对策[J]. 地方财政研究，

2018（07）：48–53.

[42]吕侠．后危机时代我国预算管理体系的重构 [J]. 经济研究参考，2018（28）：37–42.

[43]吕贤德，林永平，胡爱萍．关于县级建立部门预算经常性项目库的几点思考 [J]. 预算管理与会计，2016（05）：59–60.

[44]马蔡琛，苗珊．中国政府预算改革四十年回顾与前瞻——从“国家预算”到“预算国家”的探索 [J]. 经济纵横，2018（06）：39–50＋2.

[45]马蔡琛，袁娇．中期预算改革的国际经验与中国现实 [J]. 经济纵横，2016（04）：114–120.

[46]马蔡琛，张莉．构建中的跨年度预算平衡机制：国际经验与中国现实 [J]. 财政研究，2016（01）：26–37.

[47]马骏，牛美丽．重构中国公共预算体制：权力与关系——基于地方预算的调研 [J]. 中国发展观察，2007（02）：13–16.

[48]马拴友．中国公共部门债务和赤字的可持续性分析——兼评积极财政政策的不可持续性及其冲击 [J]. 经济研究，2001（08）：15–24.

[49]马拴友．积极财政政策：评价与展望 [J]. 管理世界，2002（05）：8–21＋152.

[50]满向昱，宋彦蓉，郑志聪．我国财政政策对经济增长的非对称性效应研究 [J]. 财政研究，2015（04）：60–68.

[51]聂锋杰．中国公共预算决策机制研究 [D]. 北京：中国财政科学研究院，2014.

[52]牛美丽，崔学昭．英国中期财政规划：公共政策转型下的预算改革 [J]. 公共行政评论，2016，9（06）：108–126＋198–199.

[53]欧阳志刚．中国经济增长的趋势与周期波动的国际协同 [J]. 经济研究，2013，48（07）：35–48.

[54]潘玉虎．基层财政部门编制中期财政规划的问题及建议 [J]. 财会学习，2018（13）：32＋34.

[55] 彭健 . 政府预算理论演进与制度创新 [D]. 大连：东北财经大学，2005.

[56] 国预算与会计研究会总课题组 . 建立中期财政规划和滚动预算制度难点问题研究主报告：上 [J]. 预算管理与会计，2016（02）：16–18.

[57] 任伟峰,刘洪锋 . 中期财政规划与预算管理制度改革 [J]. 预算管理与会计，2016（06）：13–14.

[58] 沈昱池 . 跨年度预算平衡范式的目标定位、机理分析与实现路径 [D]. 大连：东北财经大学，2015.

[59] 孙洪波 . 智利财政改革成功经验及启示 [J]. 地方财政研究，2006（06）：53–56.

[60] 石英华 . 积极稳妥推行中期财政规划管理 [J]. 公共财政研究，2015（01）：61–73.

[61] 孙传辉，王丽艳 . 中期财政规划管理的财政收支预测研究 [J]. 现代管理科学，2018（04）：70–72.

[62] 孙开，沈昱池 . 跨年度预算平衡：范式升级、运行机理与架构设计 [J]. 财政研究，2016（08）：14–27.

[63] 孙静，杜爽 . 编制中期财政规划的建议 [J]. 经济研究参考，2016（06）：12–13.

[64] 童锦治，徐翔，黄克珑，等 . 南非中期财政规划改革的经验与启示 [J]. 中国财政，2016（09）：60–62.

[65] 河南省财政厅预算局 . 推行中期财政规划管理难点问题研究 [J]. 预算管理与会计，2016（10）：7-10.

[66] 王雍君 . 跨年度预算平衡机制需要克服的四个障碍 [J]. 地方财政研究，2016（12）：4–7+13.

[67] 王雍君 . 中期财政规划的最优选择 [J]. 新理财（政府理财），2016（Z1）：26–27.

[68] 汪文志 . 推行中期财政规划管理研究 [J]. 经济研究参考，2017（22）：18–29.

[69] 韦森．从“税收法定”走向“预算法定”[J]. 中国经济报告，2014（10）：38–40.
[70] 乌尔里希·贝克．风险社会 [M]. 何博闻，译．南京：译林出版社，2004.
[71] 吴俊培，王玥人．积极财政政策风险的实证分析 [J]. 中央财经大学学报，2014（01）：3–12
[72] 吴旅燕．论美国公共预算中的立法控制 [J]. 福州大学学报（哲学社会科学版），2010，24（02）：62–66.
[73] 谢林．引入中期基础预算：进程评述与展望 [J]. 地方财政研究，2015（03）：13–16＋23.
[74] 许金柜．我国政府预算制度的历史演进与改革模式研究（1949–2013）[D]. 福州：福建师范大学，2014.
[75] 薛菁．积极财政政策对地方政府财力的影响及对策 [J]. 地方财政研究，2009（12）：25–28.
[76] 杨灿明，鲁元平．地方政府债务风险的现状、成因与防范对策研究 [J]. 财政研究，2013（11）：58–60.
[77] 姚东旻，王东平，陈珏宇．中国财政可持续性研究——基于财政缺口的视角 [J]. 中央财经大学学报，2013（05）：6–13.
[78] 闫坤，张鹏.2016 年我国宏观经济与财政政策分析报告——“民粹主义”下的世界经济失衡与中国“L”形 1.0 运行特征 [J]. 经济研究参考，2017（09）：3–24.
[79] 闫坤．中国经济新时代与世界经济“调适”[N]. 经济参考报，2018–01–31（006）.
[80] 俞可平，蔡昉，李培林，等．中国的治理变迁 [M]. 北京：社会科学文献出版社，2018.
[81] 于雯杰．中期预算编制国际比较及借鉴——以英美等发达国家为案例 [J]. 地方财政研究，2016（12）：32–36.
[82] 张明．我国跨年度预算平衡机制的理论与实践分析 [J]. 财政监督，2015

（07）：5–8.

[83] 张韬 . 构建中期预算与年度预算联动机制的思考 [J]. 中央财经大学学报，2017（04）：14–20.

[84] 张志超 . 美国政府绩效预算的理论与实践 [M]. 北京：中国财政经济出版社，2006.

[85] 张玉周 . 中期财政规划编制的国际经验及启示 [J]. 财政研究，2015（06）：111–114.

[86] 张爱龙 . 我国积极财政政策风险实证分析 [J]. 中央财经大学学报，2003（08）：7–10.

[87] 浙江省磐安县财政局课题组，胡爱萍 . 关于建立部门预算经常性项目库的几点思考——以浙江省磐安县为例 [J]. 财政科学，2016（05）：125–127 + 145.

[88] 中国财政科学研究院课题组，王朝才，马洪范，等 . 中期预算总量控制与结构调整的国际比较研究 [J]. 财政科学，2017（06）：40–63.

[89] 中国财政科学研究院《实施中期财政规划的路径与条件研究》课题组，苏明，赵福昌，等 . 实施中期财政规划的路径与条件研究 [J]. 财政科学，2016（06）：5–17.

[90] 周慧 . 健全我国地方税体系的思路及原则 [J]. 税收经济研究，2018，23（02）：20–23.

[91] 朱俊立 . 提高跨年度预算平衡机制与中期财政规划管理协同性研究 [J]. 经济研究参考，2017（50）：16–22.

[92] Wildavsky A. Why the Traditional Budget Lasts, A Budget for All Seasons? [J]. Public Administration Review ,1978,38(6):501-509.

[93] Ardagna S. Fiscal Policy Composition, Public Debt and Economic Activity[J]. Public Choice, 2001(12):301–325.

[94] Baharumshah A Z, Soon S V, Lau E. Fiscal sustainability in an emerging market economy: When does public debt turn bad?[J].Journal of Policy

Modeling, 2017, 39(1): 99-113.

[95] Akgay O C, Alper C E, Ozmucur S. Budget Deficit, Inflation and Debt Sustainability: Evidence from Turkey(1970-2000) In Inflation and Disinflation in Turkey[J]. Routledge, 2011(10): 83-102.

[96] Ho, Alfred Tat - Kei. From Performance Budgeting to Performance Budget Management: Theory and Practice[J]. Public admistration review, 2018(5): 748-758.

[97] Benati I, Coccia M. General Trends and Causes of High Compensation of Government Managers in the OECD Countries[J]. International Journal of Public Administration, 2018, 41(12): 1018-1031.

[98] Balázs É. Public debt economic growth and nonlinear effects: Myth or reality?[J]. Journal of Macroeconomics, 2015, 43(1): 226-238.

[99] Baharumshah A Z, Soon S V, Lau E. Fiscal sustainability in an emerging market economy: When does public debt turn bad?[J] Journal of Policy Modeling, 2017, 39(1): 99-113.

[100] Eibl F, Lynge-Mangueira H. Electoral Confidence and Political Budget Cycles in Non-OECD Countries[J]. Studies in Comparative International Development, 2017, 52(1): 45-63.

[101] Fazzari S M, Petersen B C. Searching for non-linear effects of fiscal policy:Eviidence on Finance Constraints[J]. Journal of Economics, 1993(12): 58-63.

[102] Goerke L. Tax evasion, tax progression, and efficiency wages[J]. Economics Letters, 2004, 82(1): 35-42.

[103] Hemming, Richard, Kell,et al. Promoting Fiscal Responsibility: Transparency, Rules and Independent Fiscal Authorities[J]. Ssrn Electronic Journal, 2001(1): 18-25.

[104] Fournier J M, Fall F. Limits to government debt sustainability in OECD

countries[J]. Economic Modelling, 2017, 66(C): 30-41.

[105]Combes J J, Minea A, Sow M. Is fiscal policy always counter- (pro-) cyclical? The role of public debt and fiscal rules[J]. Economic Modelling, 2017, 65(9): 138-146.

[106]Lipford J W. How Transparent Is the U.S. Budget?[J]. The Independent Review, 2001, 5(4): 575-591.

[107]Guzmán J P M. The Use of Performance Information under Performance Budgeting Systems: A Comparative Analysis of Chilean Line Ministries[J]. International Public Management Journal, 2018: 1-20.

[108]Schroeder L. Local Government Multi-Year Budgetary Forecasting: Some Administrative and Political Issues[J]. Public Administration Review, 1982, 42(2): 121-127.

[109] Boex L F J. Jorge Martinez - Vazquez, Robert M M. Multi - Year Budgeting: A Review of International Practices and Lessons for Developing and Transitional Economies[J]. Public budgeting and financing, 2000, 20(2): 91-112.

[110]Coccia M. Asymmetric paths of public debts and of general government deficits across countries within and outside the European monetary unification and economic policy of debt dissolution[J]. The Journal of Economic Asymmetries, 2017(15): 17-31.

[111]Coccia M. National debts and government deficits within European Monetary Union: Statistical evidence of economic issues[J]. cornell university, 2018(4):1-35.

[112] Teică R A. Analysis of the Public Debt Sustainability in the Economic and Monetary Union[J]. Procedia Economics and Finance,2012(3):1081-1087.

[113]Razvan V, Marijn V, Grigoli F, et al. Multiyear budgets and fiscal performance: Panel data evidence[J]. Journal of Public Economics, 2014,

111(C): 79-95.

[114] Allen R, Chaponda T, Fisher L,et al. Medium-Term Budget Frameworks in Sub-Saharan African Countries[J]. IMF Working Papers, 2017(2): 88-93.

[115] Shin, Moo-Sup. Mid Term Financial Planning as a Papers Work for its Sake: A Case Study of a Provincial Office in Korea[J]. Korean Journal of Local Government & Administration Studies, 2012, 26(2): 75.

[116] Adiguna S, Dewanti D D, Odoki J B. Multi-Year Program under Budget Constraints Using Multi-Criteria Analysis[J]. Journal of the Civil Engineering Forum, 2018, 4(3): 45-53.

[117] Panizza U, Presbitero A F. Public debt and economic growth: Is there a causal effect?[J]. Journal of Macroeconomics, 2014(41): 21-41.